# GÉOGRAPHIE-ATLAS

DU

## COURS MOYEN

# EXERCICES PRÉLIMINAIRES DE GÉOGRAPHIE LOCALE

NOTA. On mettra successivement sous les yeux des élèves les plans de la classe, de l'école et de la commune, et les cartes du canton, de l'arrondissement, du département. (Voir *Méthodologie*, p. 81.)

CHERS ÉLÈVES. Vous aimez la Terre que nous habitons, car le bon Dieu l'a créée pour nous et l'a peuplée de plusieurs centaines de millions d'hommes, qui sont nos frères. Vous désirez certainement la connaître : c'est la *Géographie* qui vous en décrira les différents pays, les montagnes, les plaines, les mers, les fleuves et les rivières, les richesses de tout genre, et les différents peuples qu'elle renferme.

Vous désirez surtout connaître la France, notre belle patrie. Mais, en France même, il y a un petit pays que vous aimez avant tous les autres : c'est la *localité*, la *ville* ou le *village* qui vous a vus naître et que vous habitez.

Commençons donc par la GÉOGRAPHIE LOCALE. Nous partirons même de la classe. La *commune* et ses environs nous offriront l'exemple, l'idée, d'un grand nombre d'accidents géographiques : rivières, collines, etc., et l'observation des choses qui sont autour de nous et que nous pouvons voir par nous-mêmes nous fera comprendre les choses qui sont plus éloignées.

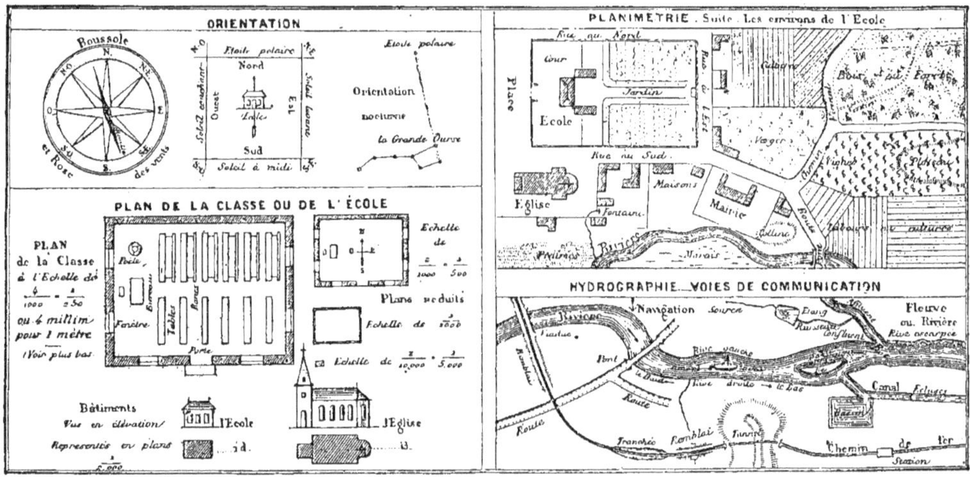


## DEVOIRS ORAUX OU PAR ÉCRIT

NOTA. Les exercices ci-après se font *oralement* avec tous les élèves en général. En outre, les plus avancés *copient* les questions et y répondent *par écrit* à titre de devoirs à faire en classe ou à domicile.

Pour la *Géographie locale*, il est nécessaire que le maître prépare d'avance les réponses aux questions posées. (Voir *Méthodologie*, page 81.)

**Devoir 1.** — 1. Quelle localité ou quelle commune habitons-nous? — 2. Nommez quelques localités voisines. — 3. Indiquez le côté où le soleil se lève. — 4. Citez une localité qui se trouve dans cette direction. — 5. Qu'est-ce que le *levant?* — 6. Indiquez le côté où le soleil se couche. —7. Nommez une localité dans cette direction. — 8. Qu'est-ce que le *couchant?* — 9. Qu'est-ce que le midi? — 10. Le nord? — 11. Indiquez des localités dans ces directions.

**Devoir 2** (*oral*). LA CLASSE. — Voici le plan de la classe que nous occupons. — 1. Quel est le côté de la classe tourné au nord, au sud, à l'est, à l'ouest? — 2. Quelles sont les choses représentées sur ce plan de la classe? — 3. Montrez les bancs, le bureau, le poêle, la porte, les fenêtres. — 4. Comment représente-t-on chaque chose? — 5. Quelles sont les dimensions de la classe, en longueur, largeur et hauteur? Mesurons-les avec le mètre...

**Devoir 3** (*oral*). L'ÉCOLE. — Voici le plan de l'école tout entière. — 1. Comment sont orientés la façade et les autres côtés de ce bâtiment? — 2. Montrez les diverses classes de l'école, les portes, les fenêtres, le logement de l'instituteur. — 3. Montrez le préau, la cour, le jardin, le mur de clôture, les rues ou propriétés voisines, etc.

**Devoir 4.** LA COMMUNE : *son territoire.* — 1. Qu'est-ce qu'une *commune?* (C'est une petite partie du territoire français administrée par un maire.) — 2. Quelle est notre commune? — 3. Quelles sont les *bornes* ou limites de notre commune? — 4. Notre commune est-elle une ville ou un village? — 5. Nommez les *quartiers* ou les hameaux. — 6. Dans quelle partie de la commune se trouve notre école? — 7. Citez quelques *rues* avoisinant l'école. — 8. Dans quelle direction se trouve l'*église*, et par quel chemin s'y rend-on? — 9. Où se trouve la *mairie* et par quel chemin y arrive-t-on? — 10. Indiquez les *places publiques*. — 11. Nommez quelques *édifices*.

**Devoir 5.** *Géographie physique.* — 1. Le *territoire* de la commune est-il tout à fait plat? N'est-il pas *montueux*, accidenté, plus élevé ou plus bas dans certains endroits? — 2. Citez les endroits les plus élevés. — 3. Le point le plus bas du territoire. — 4. Y a-t-il dans la commune quelque *montagne, colline* ou *plateau?* — 5. Y a-t-il quelque *plaine* ou *vallée?* — 6. Citez quelque *fleuve, rivière* ou *ruisseau* qui traverse la commune. — 7. Citez quelque *canal, lac, étang, source* ou *fontaine*. — 8. Citez d'*autres accidents* géographiques remarquables dans la commune ou dans les environs.

**Devoir 6.** *Industrie et commerce.* — 1. Quels sont les principaux *produits agricoles* de la commune ou des environs? — 2. Quels sont les *animaux domestiques?* — 3. Quels sont les principaux *produits industriels* concernant les aliments, la boisson, le vêtement et le logement? — 4. Les produits des *carrières*, des *mines* et des *usines* qui travaillent les métaux? — 5. Les produits qui se rapportent à la *littérature*, aux *sciences* et aux *arts?* — 6. Quelles sont les *rues* et les *routes* qui traversent la commune, et vers quelles localités se dirigent-elles? — 7. Avons-nous quelque *canal, rivière navigable* ou *chemin de fer?*

**Devoir 7.** *Administration communale.* — 1. Quelle est la *population* de la commune? — 2. Sa *superficie* en hectares? — 3. Quels sont les *administrateurs* de la commune? (M. le maire, MM. les adjoints et les conseillers...) — 4. Citez d'autres fonctionnaires. — 5. Par qui et dans quelles *écoles* l'instruction se donne-t-elle? — 6. Combien la commune compte-t-elle de *paroisses*, et quels sont les ministres du culte? — 7. De quel *canton* (ecclésiastique) et de quel *diocèse* notre paroisse fait-elle partie?

**Devoir 8.** LE CANTON, L'ARRONDISSEMENT. — 1. De quel *canton* notre commune fait-elle partie? — 2. Nommez quelques communes de ce canton. — 3. De quel *arrondissement* notre canton de... fait-il partie? — 4. Quels sont les cantons de cet arrondissement? — 5. Comment appelle-t-on l'administrateur de l'arrondissement? — 6. Comment appelle-t-on la ville où réside le sous-préfet?

**Devoir 9.** LE DÉPARTEMENT. *La Patrie.* — 1. De quel *département* notre arrondissement fait-il partie? — 2. Quels sont les autres arrondissements de ce département? — 3. Comment appelle-t-on l'administrateur d'un département? — 4. Comment appelle-t-on la ville où réside le préfet? — 5. Quelle est la population du département de...? — 6. Combien de communes compte-t-on dans le département? — 7. Quelles sont les villes principales du département? — 8. Combien y a-t-il de départements dans toute la France? — 9. Quelle est la capitale de la France?

**Devoirs** *supplémentaires*, 10. — Les élèves dessineront ou reproduiront le *croquis* des plans et des cartes locales, faites par le maître, d'après le cahier cartographique n° 1, pages 1 et 2, et les indications de la MÉTHODOLOGIE.

# GÉOGRAPHIE-ATLAS DU COURS MOYEN

## PAR LES FRÈRES DES ÉC. CH.

## TEXTE, CARTES ET DEVOIRS

(Pour les détails sur la Méthode d'enseignement, voir la *Partie du maître.*)

### PANORAMA

### OU PAYSAGE IDÉAL

**Explication du panorama**. Ces eux écoliers sont en promenade. s examinent, du haut d'une *colline rocheuse* et *boisée*, le *paysage* ui se déroule à leurs pieds :

Au premier plan, la *plaine* ultivée, le *hameau*, le *village* et on *église;*

Plus loin, l'embouchure d'un *euve* et une *rivière* ou *canal* avigable; un train de *chemin de fer*, qui traverse un *pont-viaduc*, e dirige vers le *tunnel* perçant a colline;

Au delà, dans le fleuve, un *rchipel;* puis un *port* et ses *aisseaux;* sur la rive gauche, es *rochers*, une *cascade*, un *volan*. Une *presqu'île*, dont l'*isthme* st très étroit, s'avance dans la *aie*, où se trouve aussi une *rande île;*

Panorama ou paysage présentant des types d'accidents ou formes géographiques.

Sur la rive droite, un *phare*, puis une chaîne de *collines* séparant un *lac* et allant se rattacher à une chaîne de *montagnes;* celle-ci aboutit par un *cap* dans l'*océan*, où un navire à vapeur vogue à l'*horizon* vers des pays lointains.

N. B. L'*interrogation* amènera aisément d'autres *observations* et donnera lieu à des *explications* plus complètes. Il en est de même pour les vignettes des pages suivantes.

L'*enseignement par l'image* est essentiel lorsqu'on ne peut *faire* voir les choses en nature. Le maître se servira de vues, gravures, photographies, cartes et reliefs géographiques.

*Manière* de s'orienter.

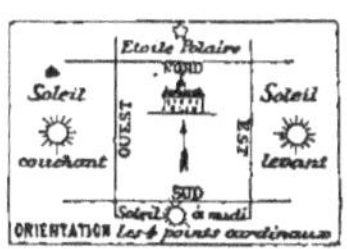

*Carte* ou plan d'orientation.

## NOTIONS PRÉLIMINAIRES

### Les points cardinaux.

1. La **Géographie** est la description de la urface de la *Terre*.

2. La **Terre est un astre**, aussi bien que la une et le Soleil. *Sa forme est ronde.* On la eprésente par une boule appelée SPHÈRE ou LOBE. (Voir p. 35.) Les détails de sa surface e dessinent sur un *plan* ou *carte*, telle que la arte de France de la page 7.

Pour étudier une carte, il est nécessaire de onnaître les quatre *points cardinaux* de l'*horizon*.

3. L'**horizon** est le cercle qui, bornant notre ue au loin, semble réunir le ciel et la terre.

4. Les quatre **points cardinaux** de l'horizon sont : le *Levant*, le *Couchant*, le *Midi* t le *Nord*.

5. On appelle **Levant** le côté du ciel où e soleil se lève.

Le **Couchant** est le côté où le soleil se ouche.

Le **Midi** est le côté où le soleil se trouve à l'heure de midi.

Le **Nord** est le côté opposé au midi. La nuit, on y observe l'*étoile polaire* et les *sept* étoiles de la Grande-Ourse.

6. Le *Levant* s'appelle encore **est** ou *orient*.

Le *Couchant* s'appelle encore **ouest** ou *occident*.

Le *Midi* est appelé aussi **sud**.

Le *Nord* est appelé aussi **septentrion**, à cause des *sept* étoiles de la Grande-Ourse.

7. Il y a quatre **points intermédiaires** *ou collatéraux* placés entre les points cardinaux.

Ce sont : le *nord-est*, situé entre le N. et l'E.;
le *sud-est*, situé entre le S. et l'E.;
le *sud-ouest*, situé entre le S. et l'O.;
le *nord-ouest*, situé entre le N. et l'O.

8. **S'orienter**, c'est reconnaître la direction de l'*orient* et des autres points cardinaux.

9. *On s'oriente*, pendant le jour, au moyen du soleil; pendant la nuit, au moyen de l'étoile polaire, et, en tout temps, au moyen de la boussole.

10. POUR S'ORIENTER, il faut se placer de manière à avoir le côté droit tourné vers le lieu du soleil levant; alors on a l'est ou *orient* à droite, l'ouest à gauche, le nord en face, et le sud derrière soi.

11. La **boussole** est une petite boîte renfermant une aiguille aimantée, qui se **tourne** toujours du côté du nord.

12. La **rose des vents** est une figure qui représente les points cardinaux dans leur position relative.

13. Les quatre points cardinaux sont indiqués au sommet de quelques édifices par deux tiges de fer assemblées en forme de croix, et portant aux extrémités les lettres N, S, E, O, qui signifient *nord, sud, est, ouest.*

---

**Devoir 11** (*oral ou par écrit*). — 1. Qu'est-ce que la *Géographie?* — 2. Qu'est-ce que *la Terre?* Quelle est sa *forme?* Comment la représente-t-on? — 3. Quels sont les quatre *points cardinaux* ou principaux de l'horizon? — 4. Quels autres noms donne-t-on encore au levant? — 5. Quelles *lettres initiales* emploie-t-on pour écrire ces noms en abrégé? — 6. Qu'est-ce que *s'orienter?* — 7. Quels sont les *trois moyens* de s'orienter? — 8. Comment faut-il se placer de préférence pour s'orienter? — 9. Qu'est-ce que la *boussole?* — 10. Qu'est-ce que la rose des vents?

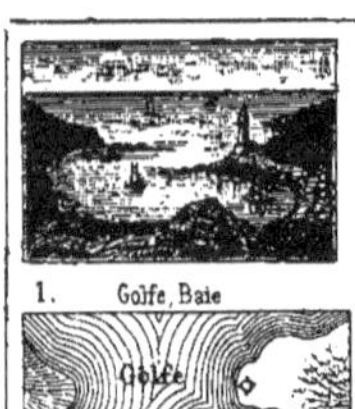

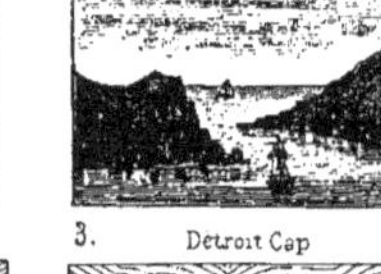

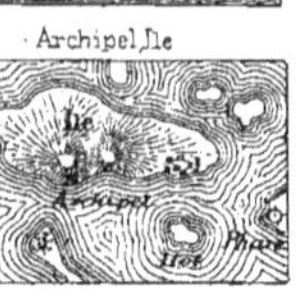



1. Golfe, Baie 2. Rade, Port, Bassin 3. Détroit Cap 4. Archipel, Ile 5. Presqu'île, Isthme, Cap.

## NOMENCLATURE GÉOGRAPHIQUE

### DÉFINITIONS GÉNÉRALES

14. La Géographie en général comprend la **Géographie physique**, qui traite du sol et des accidents naturels; et la **Géographie politique**, qui traite spécialement des peuples.

15. La *surface de la terre* n'est pas uniforme : elle présente un grand nombre d'accidents géographiques.

16. Les accidents géographiques peuvent se classer en quatre divisions : 1° *parties de mer :* mers, golfes, détroits; 2° *parties de terre :* continents, îles, caps; 3° parties formant le *relief du sol :* montagnes, plateaux, plaines; 4° *eaux continentales :* fleuves, rivières, lacs, etc.

#### I. — Parties de mer.

17. L'**Océan** est l'ensemble des eaux salées qui environnent les terres.

18. Une **mer** est une partie de l'Océan.

Ex. : la mer Méditerranée, située au sud de l'Europe; la Manche, entre la France et l'Angleterre.

19. Un **golfe** est une partie de mer s'avançant dans les terres.

Ex. : le golfe de Gascogne, situé entre la France et l'Espagne; le golfe de Bristol, en Angleterre.

20. Une **baie** est un petit golfe.

Ex. : le Morbihan, dans la Bretagne; la baie du mont Saint-Michel, au fond du golfe de Saint-Malo.

21. Une **rade** est une partie de la mer plus ou moins abritée des vents, où les vaisseaux peuvent tenir à l'ancre.

Ex. : les rades de Brest, de Toulon, etc.

22. Un **port** est un endroit du rivage de la mer ou d'un fleuve propre à recevoir les vaisseaux.

Ex. : les ports de Marseille, du Havre, de Rouen.

23. Un **détroit** est un bras de mer resserré entre deux terres et qui unit deux mers ou deux parties de mer.

Ex. : le détroit de Gibraltar et le détroit de Bonifacio.

24. Un détroit s'appelle parfois *canal*, *manche, pas, pertuis, phare, bosphore, sund.*

Ex. : le canal Saint-Georges, la Manche d'Angleterre, le pas de Calais, le pertuis d'Antioche, le phare de Messine. Le Bosphore est le canal de Constantinople; le Sund est le détroit de Copenhague.

#### II. — Parties de terre.

25. Un **continent** est une grande étendue de terre non interrompue par la mer.

Ex. : l'Amérique.

26. Une **île** est une terre plus petite qu'un continent, entourée d'eau de tous côtés.

Ex. : la Corse et l'île de Candie, dans la Méditerranée.

27. Un **archipel** est une réunion d'îles plus ou moins nombreuses. Un petit archipel forme un *groupe d'îles.*

Ex. : l'archipel Grec, formé des îles de la Grèce.

28. Une **presqu'île**, ou *péninsule*, est une terre entourée d'eau, excepté d'un seul côté.

Ex. : la Crimée, située en Russie, dans la mer Noire; la Morée, en Grèce.

29. Un **isthme** est un terrain étroit réunissant deux terres de dimensions plus considérables.

Ex. : l'isthme de Pérécop, qui joint la Crimée à la Russie; l'isthme de Corinthe, en Grèce.

30. Un **cap** est un avancement de la côte dans la mer.

Ex. : le cap Saint-Mathieu, situé à l'ouest de la Bretagne; le cap Matapan, au sud de la Morée.

31. La *côte* ou *littoral* est le rivage ou le bord de la mer.

Une *grève* ou *plage* est la partie du rivage que la mer recouvre par le flux.

Une *falaise* est une côte élevée et escarpée.

#### III. — Relief du sol.

32. Une **montagne** est une élévation considérable du sol au-dessus des parties environnantes.

Ex. : le mont Blanc, situé dans la Savoie.

33. L'*altitude* d'une montagne, ou d'un point quelconque du sol, est sa **hauteur** au-dessus du niveau de la mer.

Ex. : l'altitude du mont Blanc est de 4,8[illegible] mètres.

34. Une petite montagne s'appelle *colline*, *butte, coteau, monticule*, etc.

Ex. : la butte Montmartre, située dans Paris; elle a 136 mètres d'altitude.

35. Une **chaîne de montagnes** est un ensemble de montagnes qui se touchent par la base.

Ex. : les Alpes, au sud-est de la France, les Pyrénées, au sud.

36. Un **volcan** est généralement une montagne qui vomit par un *cratère* des tourbillons de flammes, des laves et autres matières embrasées.

Ex. : le Vésuve, volcan actif, situé en Italie; les volcans éteints de l'Auvergne.

37. Une **plaine** est un terrain plat et sensiblement de même niveau, qui a généralement moins de 300 mètres d'altitude.

Ex. : les plaines de la Flandre et de la Champagne.

38. Un **plateau** est une plaine élevée plus ou moins accidentée.

Ex. : le plateau de Langres, qui a 400 mètres d'altitude, et le plateau d'Auvergne, qui en a plus de 800.

39. Une **vallée** est une dépression du sol entre deux lignes de hauteurs, et ordinairement parcourue par un cours d'eau.

Ex. : la vallée du Rhône, depuis Lyon jusqu'à la Méditerranée.

40. Un **désert** est une vaste contrée peu habitée, souvent privée d'eau et brûlée par le soleil. Ex. : le Sahara, en Afrique. — La Sibérie est un désert *glacé.*

41. Une **oasis** est une partie du désert fertilisée par des sources.

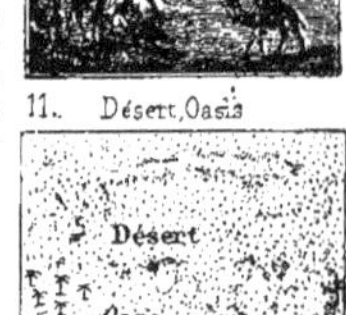



11. Désert, Oasis

**Devoir 12.** — 1. Comment divise-t-on la *Géographie?* — 2. La surface de la terre est-elle uniforme? — 3. Comment groupe-t-on les accidents géographiques? — 4. Quelle *différence* y a-t-il entre l'océan et une mer? — entre un golfe et une baie? — 5. Citez un golfe dans l'océan Atlantique, — un dans la Méditerranée. — 6. Où est la baie de Saint-Malo? — la rade de Toulon? — la baie de Brest? — 7. *Dessinez* un golfe, une baie, un détroit, un port, d'après les figures de la page 4, ou d'après le cahier cartographique n° 1.

**Devoir 13.** — 1. Qu'est-ce qu'un *continent?* — une *île?* — une *presqu'île?* — 2. Citez deux exemples de chaque sorte. — 3. Comment appelle-t-on une pointe de terre s'avançant dans la mer? — une mer s'avançant dans les terres? — une terre située au milieu de la mer? — une réunion d'îles? — 4. Citez sur les côtes de France deux îles, — trois caps, — deux presqu'îles. — 5. Citez-en d'autres sur la carte de l'Europe. — 6. *Dessinez* un grand golfe, renfermant un archipel, une presqu'île, deux caps et un détroit.

**Devoir 14.** — 1. Qu'est-ce qu'une *montagne?* — une chaîne de montagnes? — un *volcan?* — un plateau — 2. Citez en Europe deux volcans; — en France trois chaînes de montagnes, — un plateau, — une plaine, — deux vallées. — 3. Quels noms donne-t-on aux petites montagnes? — 4. Qu'entend-on par *altitude?* — 5. *Dessinez* des montagnes d'après les figures des pages 3 et 5. — 6. *Dessinez* la chaîne des Pyrénées et celle des Alpes.

Vue

Carte ou Plan

3. Montagnes, Collines

7. Plaine, Plateau, Volcan

8. Fleuve. Rivière. Cascade.

9. Lac

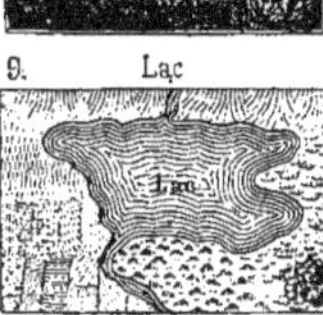

10. Tunnel, Viaduc

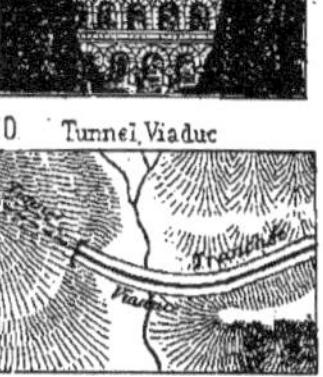

IV. — **Eaux continentales.**

42. Le **bassin** *d'une mer* ou *d'un fleuve* t l'ensemble des terres dont les eaux se ndent dans cette mer ou dans ce fleuve.

Ex. : le bassin de la Manche; — le bassin de Seine.

3. Le bassin est dit *hydrographique*, du mot hy-graphie, signifiant *description des eaux*.

.es plus grands bassins sont les bassins *océaniques*, de chaque océan; ils se subdivisent en bassins *ma-imes*, pour chaque mer; en bassins *fluviaux*, pour que fleuve, et en bassins *de rivières* ou *de lacs*.

44. Un **versant** est une partie de bassin.

Ex.: le versant français de la Manche; — le sant de la rive droite de la Seine.

45. Une **ligne de partage des eaux** est la paration de deux bassins. Elle suit tantôt crêtes des montagnes, tantôt les ondu-ions de la plaine.

Ex. : les monts Cévennes forment la ligne de rtage des bassins du Rhône et de la Garonne. La plaine de la Beauce fait partie de la ligne partage entre les bassins de la Loire et de Seine.

OMPARAISON. La *toiture* d'une maison offre ordi-ement deux pentes, qui sont les *versants;* la crête *faîte* est la ligne de partage des eaux; les *rangées uiles* peuvent figurer les *ruisseaux;* les *chéneaux* les *rivières*, et la *gouttière* est le *fleuve*.

46. Un **fleuve** est un cours d'eau consi-rable qui se rend dans la mer.

Ex. : la Seine, — la Loire.

47. Une **rivière** est un cours d'eau moins nsidérable qu'un fleuve; — un *ruisseau* un cours d'eau moins considérable une rivière.

Ex. : la Marne, la Saône, sont des rivières. s ruisseaux sont généralement trop petits ur figurer sur une carte ordinaire.

48. Un **torrent** est un cours d'eau rapide momentané, produit, dans les pays mon-neux, par une pluie abondante ou par fonte des neiges.

49. Un **affluent** est un cours d'eau qui jette dans un autre.

Ex. : la Saône est un affluent du Rhône.

50. Un **confluent** est l'endroit où deux rs d'eau se réunissent.

Ex. : Lyon est situé au confluent de la Saône du Rhône.

51. La **source** est l'endroit où un cours au commence; — l'**embouchure** est l'en-droit où un cours d'eau se jette dans la mer ou dans un fleuve.

Ex.: la Seine a sa source dans la Côte d'Or, et son embouchure dans la Manche.

52. Le *haut* ou l'*amont* d'un cours d'eau, en un point quelconque, est la partie située vers la source ou à l'opposé du courant; — le *bas* ou l'*aval* d'un cours d'eau est la partie située vers l'embouchure ou dans le sens du courant.

Ex.: Paris est en amont de Rouen et en aval de Troyes.

53. La **rive droite** et la **rive gauche** *d'un cours d'eau* sont les terrains situés à la droite ou à la gauche d'une personne qui se trouverait en bateau, le visage tourné dans le sens du courant.

Ex.: Orléans est sur la rive droite de la Loire.

54. Le **lit** d'un cours d'eau est le creux du sol sur lequel il coule et où il est main-tenu par les deux rives ou berges.

55. Une **chute d'eau** prend le nom de *cascade*, de *cataracte* ou de *rapide*.

56. Un **lac** est une étendue d'eau ren-fermée dans les terres.

Ex. : le lac de Genève.

Un *étang* est un petit lac.

57. Un **canal** est une rivière artificielle faite par les hommes, pour les besoins de la navigation.

Ex. : le canal du Midi. — Un canal est muni d'écluses ou portes pour retenir les eaux. (Voir fig. page 22.)

58. Un **tunnel** est une ouverture pratiquée dans une montagne pour le passage d'un chemin de fer. — Un **viaduc** est un pont en arcades sur lequel passe un chemin de fer.

V. — **Atmosphère et climat.**

59. L'**atmosphère** est la masse d'air qui entoure le globe sur une hauteur de plus de 100 kilomètres.

60. L'**air** est un mélange formé d'oxygène (gaz que les animaux respirent), d'azote, avec un peu d'acide carbonique (respiré par les plantes) et de vapeur d'eau.

61. Les **vents** sont des mouvements de l'air qui change de place, transportant avec lui les nuages et les pluies.

62. L'**humidité** de l'air provient surtout de l'évaporation des eaux de la mer, sous l'action de la chaleur du soleil.

63. La **température** est le degré de cha-leur de l'atmosphère. On la mesure au moyen du *thermomètre*, comme on mesure le poids de l'air par le *baromètre*.

64. Le **climat** est la disposition habituel-lement chaude ou froide, humide ou sèche, de l'atmosphère d'une contrée.

65. On distingue les climats *froids*, comme, par exemple, en Sibérie; *tempérés*, comme dans l'Europe centrale; *chauds*, comme en Afrique. — Le climat **marin**, ou des bords de la mer, est plus humide et plus constant; le climat **continental** est plus sec et plus exces-sif dans le chaud et dans le froid.

VI. — **Géographie politique.**

66. La *géographie politique* traite spécia-lement des *peuples*, de leur gouvernement, des villes, de l'industrie, du commerce, etc.

67. Un **peuple** ou nation est un ensemble d'hommes appartenant à un même État ou à un même pays.

Ex. : le peuple français.

68. Un **État** est un pays soumis à un même gouvernement et formant une indi-vidualité politique.

Ex. : la France, la Belgique, la Suisse, sont des États.

69. Les grandes *divisions administra-tives* d'un État prennent le nom de *dépar-tements*, en France; de *provinces*, en Bel-gique; de *gouvernements*, en Russie; de *comtés*, en Angleterre; de *cantons*, en Suisse, etc.

70. La *commune* est la plus petite division administrative. — On distingue les communes *urbaines*, formées par les villes, et les com-munes *rurales*, formées par les bourgs, les villages et les hameaux qui en dépendent.

71. Le **gouvernement** est l'autorité sou-veraine qui régit un État.

72. Le gouvernement est une **monarchie**, lorsqu'il a pour chef un souverain hérédi-taire appelé empereur, roi. — Ex. : la Russie.

73. Le gouvernement est une **république**, lorsqu'il n'a qu'un chef temporaire appelé président. — Ex. : la France.

74. Une **confédération** est un ensemble d'États associés pour la défense de leurs intérêts communs. — Ex. : la Suisse.

---

**Devoir 15.** — 1. Quelle différence y a-t-il entre bassin et un *versant?* — 2. Qu'est-ce qu'un *fleuve?* une rivière? — 3. Citez la rivière ou le ruisseau traverse notre commune. — 5. *Dessinez* un fleuve ses affluents. — 5. Nommez en France quatre ves, — trois rivières, — deux lacs. — 6. Dans quelles es passent la Seine, — le Rhône, — la Loire? — Dans quelle direction cardinale coulent ces fleuves?

**Devoir 16.** — 1. *Dessinez* la figure intitulée *Hydrographie* sur la page 2. — 2. *Dessinez* les deux figures du cahier cartographique nº 1, intitulées *Parties de mer* et *Parties de terre*, avec des golfes, des îles, etc.

**Devoir 17.** — *Dessinez* les figures relatives aux montagnes (Orographie).

**Devoir 18.** *Dessinez* la figure représentant un bassin de mer (*Hydrographie*) avec lignes de partage, et le fleuve avec ses affluents.

**Devoir 19.** — 1. Quelle différence y a-t-il entre l'air et l'atmosphère? — 2. A quoi servent le thermomètre et le baromètre?

**Devoir 20.** — 1. De quoi s'occupe la géographie politique? — 2. Quelles sont les formes de gouvernement? — 3. Comment se distinguent les communes?

# LA FRANCE

## I. — GÉOGRAPHIE PHYSIQUE

### Les côtes de la France.

**75. Situation.** — La France, notre patrie, est l'un des grands États de l'Europe occidentale.

**76. Bornes.** — La France est bornée :
Au N.-O., par la Manche, le Pas de Calais, la mer du Nord;
Au N.-E., par la Belgique, le grand duché de Luxembourg et l'Allemagne (Alsace-Lorraine);
A l'E., par l'Allemagne, la Suisse et l'Italie;
Au S.-E., par la Méditerranée;
Au S.-O., par l'Espagne;
A l'O., par l'océan Atlantique.

**77. Configuration.** — Les contours de la France affectent la forme générale d'un *hexagone irrégulier*, dont les sommets sont : au *nord*, la ville de Dunkerque; — à l'*ouest*, le cap Saint-Mathieu; — au *sud-ouest*, l'embouchure de la Bidassoa; — au *sud*, le cap Cerbère; — au *sud-est*, la ville de Menton, près l'embouchure de la Roya; — à l'*est*, le mont Donon, dans les Vosges.

**78. Littoral de la France.** — La côte est basse et bordée de *dunes sablonneuses* depuis Dunkerque jusqu'à la Somme; ensuite elle présente des *falaises* ou escarpements rocheux de 60 m. à 120 m. d'élévation, jusqu'à la Seine; — puis les écueils ou *rochers du Calvados*, dangereux pour la navigation et ainsi nommés d'un vaisseau espagnol, le *Salvador*, qui s'y brisa en 1588. De Cherbourg à la Loire, ce sont des *falaises*, des *galets*, des *bancs de sable*, des *îlots rocheux*, de nombreuses et profondes découpures en *presqu'îles* et *baies*.

De la Loire à la Gironde, la côte est basse, découpée, sablonneuse, bordée de *prairies endiguées* (polders) et de *marais salants*. — De la Gironde à l'Adour, la côte est droite, régulière, sans ports, et bordée d'une chaîne de *dunes* longue de 225 kilom. et large de 4 à 8 kilom. Ces dunes de sable ont jusqu'à 90 m. de hauteur : poussées par le vent d'ouest, elles s'avançaient de 20 m. par année dans l'intérieur des terres; mais on les a fixées par des plantations de pins.

Le littoral de la Méditerranée, depuis le cap Cerbère jusqu'à Marseille, est bas, bordé de *lagunes* ou *étangs*, de *barres sablonneuses*, d'*îles d'alluvion* (delta du Rhône); — de Marseille à Nice, il est elevé, montagneux, rocheux et creusé de bons ports.

**79. Mers.** — La **mer du Nord**, qui ne touche que les côtes des départements du Nord et du Pas-de-Calais; — la **Manche**, qui baigne la France au nord-ouest; — l'**Atlantique**, qui la baigne à l'ouest; — la **Méditerranée**, qui la baigne au sud-est.

**80. Golfes.** — Dans la Manche : les golfes de *Normandie* et de *Saint-Malo*; — dans l'Atlantique : le *golfe de Gascogne*; — dans la Méditerranée : le *golfe du Lion*.

Les golfes moins importants sont : l'*estuaire de la Seine*, la *baie de Brest*, le *Morbihan* et le *bassin d'Arcachon*.

**81. Détroits.** — Le *Pas de Calais*, entre la France et l'Angleterre (31 kilomètres de largeur); — le *détroit de Bonifacio*, entre la Corse et la Sardaigne.

Le *pertuis Breton*, entre la Vendée et l'île de Ré, et le *pertuis d'Antioche*, entre les îles de Ré et d'Oleron.

**82. Iles.** — Dans l'Atlantique : l'île d'*Ouessant*, — les îles de *Sein*, *Groix*, *Belle-Ile*, — *Noirmoutier* et *Yeu*, — *Ré* et *Oleron*;

Dans la Méditerranée : les îles d'*Hyères*, — et la grande île de **Corse**, qui forme un département.

**83. Presqu'îles.** — Le *Cotentin*, ou la presqu'île normande, qui forme en partie le département de la Manche; — la *Bretagne*, à l'ouest de la France.

**84. Caps.** — Le cap *Gris-Nez*, entre Calais et Boulogne; — la pointe de *Barfleur* et le cap de la *Hogue*, au nord du Cotentin; — le cap *Saint-Mathieu*, à l'ouest du Finistère; — le cap *Cerbère*, à l'est des Pyrénées.

### Relief du sol, ou les montagnes.

**85. Montagnes des frontières.** — Les montagnes situées sur les frontières de la France sont : les Pyrénées, les Alpes, le Jura et les Vosges.

1° Les **Pyrénées** sont dirigées ou orientées de l'E. à l'O.; elles séparent la France de l'Espagne sur un développement d'environ 450 kilom. Elles atteignent 3 290 m. au mont Vignemale.

2° Les **Alpes** forment le massif montagneux le plus important de l'Europe; les *Alpes occidentales*, orientées du S. au N., s'étendent jusqu'au Rhône, et séparent la France de l'Italie sur une longueur d'environ 400 kilom.

On y remarque le **mont Blanc**, 4810 mèt. d'altitude, le point culminant de l'Europe.

3° Le **Jura**, formé de nombreux chaînons parallèles, s'étend du S.-O. au N.-E. sur une longueur de 300 kilom.; il sépare la France de la Suisse. — Altitude 1 723 m.

4° Les **Vosges** se dirigent du S. au N., et séparent aujourd'hui la France de l'Allemagne. — Altitude 1 366 m.

**86. Montagnes de l'intérieur.** — A l'O. du Rhône se développe le large massif du Plateau central, auquel se rattachent la plupart des plateaux et des collines de l'intérieur de la France. On y remarque :

1° Les **Cévennes**, qui forment le rebord oriental du Plateau central et qui comprennent du S. au N. : la *Montagne Noire*, les monts du *Gévaudan*, les *Cévennes proprement dites*, suivies des monts du *Vivarais*, du *Lyonnais* et du *Charollais*.

2° La *Côte d'Or*, le *plateau de Langres* et les monts *Faucilles*, qui, avec les Cévennes, forment la ligne de partage des eaux du versant de la Méditerranée.

3° Les monts du *Velay* et du *Forez* séparent le bassin de l'Allier du bassin de la Loire supérieure.

4° Les **Monts d'Auvergne** forment le noyau du Plateau central, et séparent, avec les monts du *Limousin*, les bassins de la Loire et de la Garonne.

5° Les monts du *Morvan*, à l'O. de la Côte d'Or, forment, avec les plaines de la Beauce et les collines de *Normandie* et de *Bretagne*, la ligne de partage des versants de l'Atlantique et de la Manche.

6° Les monts de l'*Argonne* et de l'*Ardenne* occidentales appartiennent à la ligne de ceinture du versant de la Manche.

**87. Plateaux et plaines.** — Une ligne plus ou moins droite menée de Bayonne à Sedan sépare sommairement les plaines de la *basse France du Nord-Ouest*, des plateaux et des montagnes de la *haute France du Sud-Est*.

Les plateaux remarquables sont le *Plateau central* (800 m. d'altitude moyenne), ceux de la Côte d'Or, de Langres (400 mètres), de la Lorraine, des Ardennes, de la Normandie et de la Bretagne.

Les plus vastes plaines sont celles de la *Flandre*, de la *Picardie*, de la *Champagne*, de l'Ile-de-France, de la Beauce, de l'Anjou, de la *Touraine*, de la Guyenne, des *Landes* et du bas Languedoc.

### Hydrographie, ou les eaux.

**88. Versants maritimes.** — Le territoire français se divise en quatre versants maritimes, faisant partie des bassins des quatre mers qui le baignent. Ce sont :

Au N., le *versant de la mer du Nord;*
Au N.-O., le *versant de la Manche;*
A l'O., le *versant de l'Atlantique;*
Au S.-E., le *versant de la Méditerranée.*

Chaque versant maritime se subdivise en bassins *fluviaux*.

**89. Ligne de partage des eaux.** — La ligne de partage principale est celle qui sépare le VERSANT DE LA MÉDITERRANÉE des versants de l'Atlantique, de la Manche et de la mer du Nord.

Cette ligne part du golfe de Gênes, remonte du S. au N. le haut massif des *Alpes occidentales*, en passant par les Alpes Maritimes, les Alpes Cottiennes, les Alpes Graies, les Alpes Pennines, où elle s'élève au *mont Blanc* à 4 810 m. d'altitude; de là elle se dirige vers les sources du Rhône, où elle se rattache à la grande ligne de partage européenne.

Elle entre en France par le *Jura*, à plus de 1 500 m., passe par les *Vosges* méridionales, 1 250 m., et par les monts *Faucilles;* s'abaisse sur le plateau de *Langres* à 400 m. d'altitude moyenne, se relève sur la *Côte d'Or* et les *Cévennes* à 1 754 m. (mont Mézenc); puis elle redescend à 190 m. au *col de Naurouse*, où passe le canal du Midi; elle remonte enfin par les *Corbières occidentales*, suit la crête des *Pyrénées* à une altitude de 2000 à 3 404 m., et pénètre en Espagne par le sud du golfe de Gascogne.

**90. Ceintures des bassins.** — Chaque *bassin fluvial* est circonscrit par une ligne de partage formant *ceinture*.

1° La ceinture du bassin du **Rhin** est formée en France par le *Jura*, les *Vosges*, les Faucilles, l'Argonne et l'Ardenne orientales.

2° La ceinture du bassin de la **Meuse** est formée, en France, de l'Ardenne et de l'Argonne orientales, des Faucilles, de l'Argonne et de l'Ardenne occidentales.

3° La ceinture du bassin de l'**Escaut** est formée par les Ardennes occidentales, le plateau de Saint-Quentin et les collines de l'Artois.

4° La ceinture du bassin de la **Seine**, à partir du cap de la Hève, comprend les plateaux ou collines du pays de Caux et de la Picardie, l'Ardenne occidentale, l'Argonne occidentale, le plateau de Langres, la *Côte d'Or*, le *Morvan*, les collines du Nivernais, le plateau d'Orléans ou plaine de la Beauce, les collines du Perche et du Lieuvin; elle finit près de Honfleur, en face du cap de la Hève.

5° La ceinture du bassin de la **Loire**, à partir de Saint-Nazaire, comprend les collines du Maine, de la *Normandie* et du Perche, le plateau d'Orléans, les collines du Nivernais, le *Morvan*, la *Côte d'Or*, les *Cévennes* (monts du Charollais, du Lyonnais, du Vivarais); les monts de la Margeride, les *monts d'Auvergne*, les collines du Limousin, du Poitou et le plateau de Gâtine, pour finir à la pointe Saint-Gildas.

6° La ceinture du bassin de la **Garonne**, à partir de la pointe de la Coubre, comprend la plaine de la Saintonge, les collines du Périgord, du Limousin, les *monts d'Auvergne* et de la Margeride, les *Cévennes* (monts du Gévaudan, l'Espinouse et la Montagne Noire), les *Corbières* occidentales, les *Pyrénées* centrales, les collines de l'Armagnac et la plaine des Landes, jusqu'à la pointe de Grave.

7° La ceinture du bassin du **Rhône**, à partir de la plaine du Languedoc, aux environs d'Aigues-Mortes, comprend les *Cévennes* (monts du Gévaudan, du Vivarais, du Lyonnais, du Charollais), la *Côte d'Or*, le plateau de Langres, les monts Faucilles, les *Vosges* méridionales, le *Jura*, les *Alpes Bernoises*, les *Alpes Pennines*, les *Alpes Graies*, les *Alpes Cottiennes* et les *Alpes de Provence*, jusqu'à la plaine de la Crau.

r H. Hausermann

**Les cartes hypsométriques.** — Aujourd'hui qu'on ...it se généraliser l'usage des cartes *hypsométriques* ...ypométrie, mesure de hauteur) par des *teintes con...ntionnelles* limitées par des *courbes de niveau*, il ... juste de rappeler que ce sont les Frères des Écoles ...rétiennes qui, les premiers, les ont employées dans ...urs atlas (dès 1868), et dans leurs cartes murales de ...elgique (1867), d'Europe (1870) et de France (1872). — ...oir les témoignages, en France, de M. Levasseur, à ... Société de Géographie de Paris, 1872; de M. Buis...n, Rapports sur les Expositions de Vienne, 1873, et ... Philadelphie, 1875. — Voir aussi MÉTHODOLOGIE DE ...ÉOGRAPHIE, par F. I. C. et A. M. G.

DEVOIRS ORAUX OU PAR ÉCRIT

**Devoir 21.** — 1. Qu'est-ce que la France? — Pourquoi ...t-elle notre patrie? — 2. Quelles sont les *bornes* ou les limites de la France? — 3. Décrivez le littoral: disant où sont les dunes, les falaises, les marais salants.

**Devoir 22.** — 1. Quelles sont les *mers* qui baignent la France au N.-O.? — à l'O.? — au S.-E.? — 2. Citez deux *golfes* dans la Manche, — un dans l'Atlantique, — un dans la Méditerranée. — 3. Citez les *détroits* principaux. — 4. Citez les *îles* de la France, — 5. ses *presqu'îles*, — 6. ses *caps*. — 7. Qu'appelle-t-on île? — cap? golfe? mer? — 8. A quoi donne-t-on le nom de Manche, de Morbihan, de Noirmoutier, de Cotentin?

**Devoir 23.** — 1. Qu'est-ce qu'une montagne? — une chaîne de montagnes? — 2. Citez les *montagnes* de la France, — dites où se trouvent: les Alpes, le Jura, le mont Blanc, le Gévaudan, l'Argonne. — 3. Quelle est l'*altitude* du mont Blanc, du Jura, du Vignemale, du mont Mézenc? — 4. Nommez les grands *plateaux* et les *plaines* remarquables.

**Devoir 24.** — 1. Nommez les 4 *versants maritimes* français. — 2. Comment sont-ils séparés entre eux? — 3. Décrivez la grande *ligne de partage* de la Méditerranée: désignez les subdivisions des Alpes, l'altitude des chaînes, etc. — 4. Où sont les Corbières, la Côte d'Or, le col de Naurouse?

**Devoir 25.** — 1. Décrivez les montagnes, collines ou plaines qui forment la *ceinture du bassin*: 1° du Rhin, — 2° de la Meuse, — 3° de l'Escaut, — 4° de la Seine. — 2. Faites-en la carte d'après le cah. cart. n° 2 ou 3.

**Devoir 26.** — Déterminez la ceinture du bassin 1° de la Loire, 2° de la Garonne. — Dessinez-en la carte.

**Devoir 27.** — 1. Indiquez quelques *rivières* dont la direction générale est vers le nord, — vers le sud, — vers l'ouest, — vers le nord-ouest. — 2. Quels sont les *cours d'eau* qui descendent des Alpes, — du Jura, — des Vosges, — de la Côte d'Or, — du Plateau central ou des monts d'Auvergne, — du Plateau de Langres, — des Pyrénées?

## FRANCE PHYSIQUE (Suite)

### Fleuves et rivières.

91. **Cours du Rhin.** — Le Rhin prend sa source au massif du Saint-Gothard, dans les Alpes, en Suisse; forme le lac de Constance, coule du S. au N. dans la plaine de l'Alsace, traverse l'Allemagne occidentale et forme dans les Pays-Bas hollandais, en se jetant dans la mer du Nord, un vaste delta qui s'étend des bouches de la Meuse au Zuiderzée. — (1 300 km. de longueur.)

Le Rhin passe à Bâle et près de Strasbourg; il baigne Mayence, Coblentz et Cologne.

92. **Affluents**[1]. Le Rhin n'arrose plus le territoire français depuis la perte de l'Alsace, mais il reçoit la **Moselle** (qui passe à Épinal), grossie de la *Meurthe* (Nancy), traversant nos départements des Vosges et de Meurthe-et-Moselle.

93. **Cours de la Meuse.** — La Meuse prend sa source à Pouilly, près de Bourbonne-les-Bains, au plateau de Langres, et coule du S. au N. dans une vallée étroite et encaissée, qui coupe les Ardennes en France et en Belgique; elle traverse ensuite la grande plaine des Pays-Bas hollandais, et, unissant ses bouches à celles du Rhin et de l'Escaut, elle se jette dans la mer du Nord. — (900 km.)

94. La Meuse traverse 4 *départements :* Haute-Marne, Vosges, Meuse et Ardennes. — Elle arrose en France le village de Meuse, — Neufchâteau, — Verdun, — Sedan, Mézières et Givet. — En Belgique, elle baigne Namur et Liège; — en Hollande, elle arrose Maestricht et Rotterdam.

95. **Affluents.** — La Meuse reçoit : à droite, la *Chiers;* — à gauche, à Namur, la *Sambre,* qui passe à Maubeuge.

96. **Cours de l'Escaut.** — L'Escaut prend sa source au plateau de Saint-Quentin. Il traverse les plaines basses et fertiles de la Flandre française et de la Belgique, et se jette en Hollande dans la mer du Nord par un large estuaire. — (400 km.)

97. L'Escaut traverse 2 *départements :* Aisne et Nord. — Il arrose en France le Catelet, — Cambrai, Valenciennes et Condé; — en Belgique, Tournai, Gand et Anvers.

98. **Affluents.** — L'Escaut reçoit, à gauche, la *Scarpe* (Arras, Douai) et la *Lys* (Armentières).

99. **Cours de la Seine.** — La Seine prend sa source près du mont Tasselot, dans la commune de Saint-Germain-la-Feuille (Côte-d'Or). La vallée de la Seine, étroite et en pente rapide d'abord, s'élargit et traverse généralement de vastes plaines. En aval de Paris, elle est bordée d'agréables coteaux, et le fleuve décrit de nombreux *méandres* ou détours, avant de se jeter dans la Manche par un *estuaire* de 13 kilom. d'ouverture. — (776 km.)

100. La Seine arrose 9 *départements :* Côte-d'Or, Aube, Marne, Seine-et-Marne, Seine-et-Oise, Seine (Seine-et-Oise), Eure, Seine-Inférieure, Calvados.

La Seine baigne Châtillon-sur-Seine, — Bar-sur-Seine, Troyes et Nogent-sur-Seine, — Montereau et Melun, — Corbeil, — Paris et Saint-Denis, — Mantes, — les Andelys, — Elbeuf, Rouen et le Havre, — Honfleur.

101. **Affluents**[1]. — La Seine reçoit : à droite, l'*Aube,* la **Marne** (Langres, Chaumont, Châlons-sur-Marne) et l'**Oise** (Chauny, Compiègne, Pontoise), grossie de l'*Aisne* (Soissons); — à gauche, l'**Yonne** (Auxerre), le *Loing* (Montargis) et l'*Eure* (Chartres, Louviers).

[1] Les villes *arrosées* par les affluents sont entre parenthèses.

102. Les **rivières maritimes** suivantes forment des bassins côtiers se rattachant au bassin de la Seine :

La **Somme** arrose Saint-Quentin, Péronne, Amiens, Abbeville;
L'**Orne** passe à Caen;
La *Vire* arrose Vire et Saint-Lô;
La *Rance* baigne Saint-Malo.

103. **Cours de la Loire.** — La Loire prend sa source au mont Gerbier-de-Jonc, dans les Cévennes (Ardèche). Elle parcourt le Plateau central par une vallée profonde qui s'élargit successivement jusque dans l'Orléanais, d'où le fleuve, se dirigeant vers l'ouest par une série de courbes allongées, ne rencontre plus que de vastes plaines, et il finit dans l'Atlantique, par une embouchure large de 12 kilomètres. — (1 040 km.)

104. La Loire traverse ou touche 12 *départements :* Ardèche, Haute-Loire, Loire, Saône-et-Loire, Allier, Nièvre, Cher, Loiret, Loir-et-Cher, Indre-et-Loire, Maine-et-Loire, Loire-Inférieure.

La Loire passe non loin du Puy — et de Saint-Étienne; elle baigne Roanne, — Digoin, — Decize et Nevers, — Briare, Gien et Orléans, — Blois, — Amboise et Tours, — Saumur, — Ancenis, Nantes, Paimbœuf et Saint-Nazaire.

105. **Affluents.** — La Loire reçoit : à droite, la *Nièvre* (Nevers), la **Maine** (Angers), formée par la réunion de la *Mayenne* (Laval) et de la *Sarthe* (Alençon, le Mans) grossie du *Loir* (Vendôme), l'*Erdre;* — à gauche, l'**Allier** (Moulins), le *Loiret,* le **Cher** (Montluçon), l'**Indre** (Châteauroux), la **Vienne** (Limoges, Châtellerault) grossie de la *Creuse,* et la *Sèvre-Nantaise* (Nantes).

106. Les **rivières maritimes** suivantes forment des bassins côtiers se rattachant au bassin de la Loire :

L'*Aulne* se jette dans la baie de Brest;
Le *Blavet* baigne Lorient;
La **Vilaine** passe à Rennes, où elle reçoit l'*Ille.*

107. **Cours de la Garonne.** — La Garonne prend sa source au val d'Aran, dans les Pyrénées espagnoles, et coule rapidement jusqu'à Toulouse, où sa vallée s'élargit; en face du Plateau central, elle oblique vers l'ouest, traverse de vastes plaines, se réunit à la Dordogne au Bec d'Ambez, et va se jeter dans le golfe de Gascogne par un estuaire remarquable, auquel on donne le nom de *Gironde.* — (605 km., ou 680 avec la Gironde.)

108. La Garonne arrose 5 *départements :* Haute-Garonne, Tarn-et-Garonne, Lot-et-Garonne, Gironde et Charente-Inférieure.

La Garonne passe près de Saint-Gaudens et à Toulouse, — ensuite près de Castelsarrasin, — baigne Agen et Marmande, — la Réole, Bordeaux et Blaye.

109. **Affluents.** — La Garonne reçoit : à droite, l'*Ariège* (Foix), le **Tarn** (Albi, Montauban) grossi de l'*Aveyron* (Rodez), le **Lot** (Mende, Cahors), la **Dordogne** (Bergerac, Libourne) grossie de la *Vézère,* où afflue la *Corrèze* (Tulle), et de l'*Isle* (Périgueux); — à gauche, le *Gers* (Auch).

110. Les **rivières maritimes** suivantes forment des bassins côtiers se rattachant au bassin de la Garonne :

La *Sèvre-Niortaise* passe à Niort et reçoit la *Vendée;*

La **Charente** baigne Angoulême et Rochefort;

L'**Adour** baigne Tarbes et Bayonne et reçoit le *Gave de Pau;*

La *Bidassoa,* dans son cours inférieur, sépare la France de l'Espagne.

111. **Cours du Rhône.** — Le Rhône sort des glaciers du Saint-Gothard, dans les Alpes suisses, coule vers l'ouest en traversant le canton du Valais, forme le lac de Genève et contourne le Jura méridional par un étroit défilé. A Lyon, arrêté par le massif des Cévennes, il se dirige au S. par une longue et belle vallée, et va se jeter dans la Méditerranée, en formant, du limon qu'il dépose, un vaste delta qui s'accroît sans cesse et s'avance dans la mer de 1 km. par siècle. — (812 km.)

112. Le Rhône limite 11 *départements :* à droite, l'Ain, le Rhône, la Loire, l'Ardèche, le Gard; — à gauche, la Haute-Savoie, la Savoie, l'Isère, la Drôme, Vaucluse et les Bouches-du-Rhône.

Le Rhône arrose Seyssel, — Lyon, — Vienne, — Valence, — Viviers, — Avignon, — Beaucaire, — Tarascon, Arles.

113. **Affluents.** — Le Rhône reçoit : à droite, l'**Ain**, la **Saône** (Châlon, Mâcon) grossie du *Doubs* (Besançon, Dôle), l'*Ardèche* et le *Gard;* — à gauche, l'*Arve,* l'**Isère** (Grenoble), la *Drôme,* la *Sorgues* et la **Durance** (Briançon).

114. Les **rivières maritimes** suivantes forment des bassins côtiers se rattachant au bassin du Rhône :

L'**Aude** passe à Carcassonne; l'*Hérault.*

Le **Var** passe à Puget-Théniers; il n'arrose plus le département qui porte son nom;

La *Roya,* qui a sa source et son embouchure en Italie, traverse en France l'extrémité du département des Alpes-Maritimes.

### Lacs.

115. Les principaux lacs sont le *Léman* ou *lac de* **Genève**, qui appartient à la France et à la Suisse; les lacs d'*Annecy* et du *Bourget,* situés en Savoie; le lac de *Grand-Lieu,* près de l'embouchure de la Loire.

116. **Cours d'un fleuve.** (Lecture.) — Le fleuve le plus considérable n'est souvent, à sa naissance, qu'un mince *filet d'eau,* un *ruisseau* qui sort d'une *source,* d'un *marais* ou d'un *glacier,* et qui se réunit successivement à d'autres ruisseaux pour devenir une *rivière* plus importante, laquelle, *confluant* avec d'autres rivières, forme enfin un grand *fleuve.*

Dans les régions hautes, le cours d'eau, suivant une forte pente ou changeant brusquement de niveau, s'élance en *torrent* impétueux, se précipite en *chute,* en *cascades,* en *cataracte* mugissante. Plus loin il s'arrête et forme un *lac* d'eau dormante dans une dépression du sol, ou bien parcourt une vallée plus ou moins longue, profonde et sinueuse.

Dans la plaine, le fleuve, moins rapide, élargissant son *lit* de plus en plus, serpente en décrivant de nombreux replis ou méandres. Ses eaux troubles sont chargées de vase ou *limon* qu'elles déposent sur les prairies au moment des inondations, et elles ont assez de profondeur pour être navigables.

En parcourant ainsi un bassin hydrographique plus ou moins étendu, qu'il arrose et assèche tout à la fois, le fleuve reçoit par ses deux *rives* un certain nombre d'affluents, et il baigne des villes souvent considérables, dont il favorise le commerce par la navigation. Enfin il se déverse dans la mer par une *embouchure* qui s'appelle *estuaire* quand elle est très élargie, comme celle de la Seine, et *delta* quand elle se divise en plusieurs branches ou bras, comme celle du Rhône.

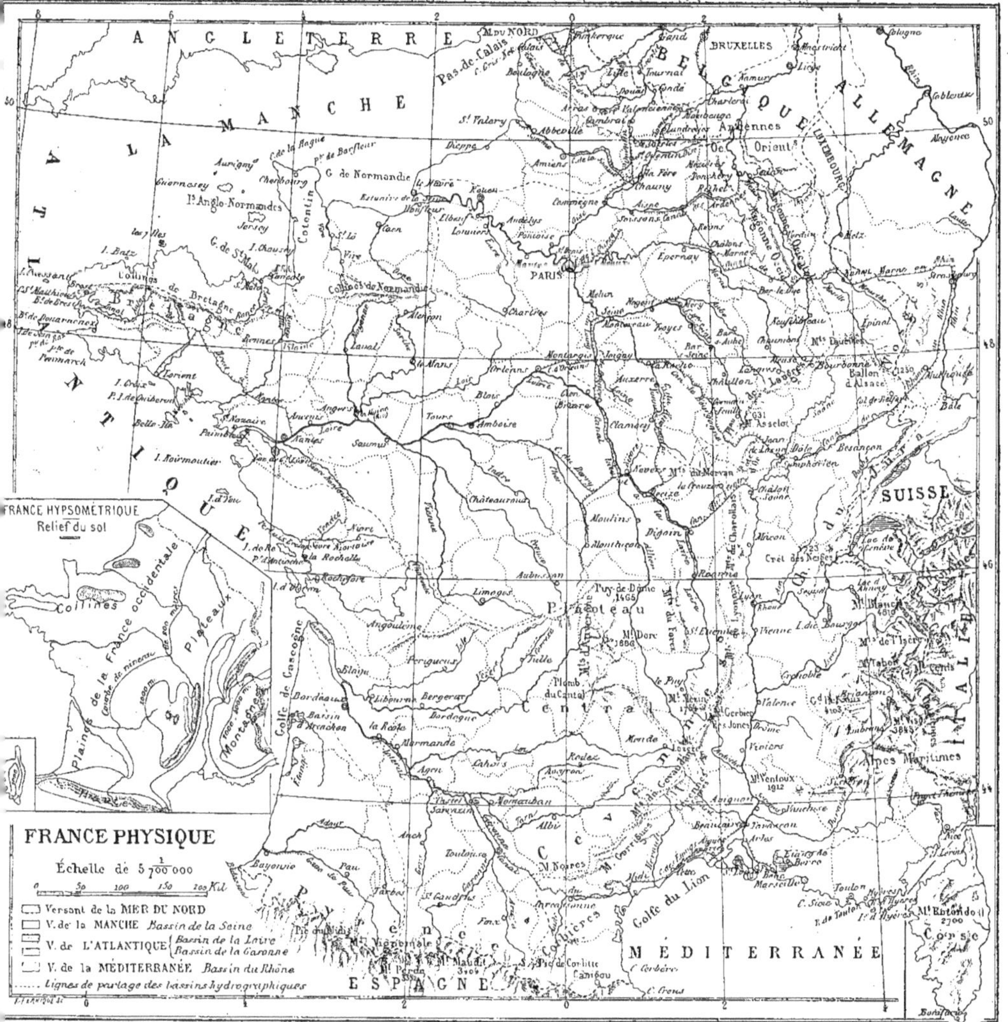


Devoir 28. — 1. Quels plateaux, montagnes ou plaines rencontrerait un voyageur allant en ligne droite : 1° de Bordeaux à Annecy ; — 2° de Nantes à Nice ; — 3° de Bar-le-Duc à Foix ; — 4° de Brest à Besançon ?

### Hydrographie.

Devoir 29. — 1. Quels sont les fleuves français ? Quel est le plus long ? — 2. Où le *Rhin* prend-il sa source ? — 3. Dans quelles villes passe-t-il ? — 4. Quel affluent français reçoit-il ? — 5. La *Meuse* : où est sa source ? — 6. Quelle est sa direction ? — 7. Départements et villes qu'elle traverse. — 8. L'*Escaut* : décrivez son cours, en indiquant départements et villes arrosés en France. — 9. Tracez la carte de leurs bassins.

Devoir 30. — 1. Décrivez le cours de la *Seine* : sa source. — 2. Dites les villes et les départements arrosés. — 3. Nommez ses affluents de droite et de gauche. — 4. Cours de la *Loire* : sa source. — 5. Départements traversés ; villes arrosées. — 6. Ses affluents. — 7. Tracez la carte de leurs bassins.

Devoir 31. — 1. Décrire le cours de la *Garonne* : sa source. — 2. Départements arrosés. — 3. Villes arrosées. — 4. Ses affluents. — 5. Le *Rhône* : sa source. — 6. Départements et villes arrosés en France. — 7. Ses affluents. — 8. Nommez les *lacs* français.

Devoir 32. — 1. De quel *massif montagneux* descend le Rhin, — la Seine, — l'Isère, — la Dordogne, — la Saône ?

2. Quel *cours d'eau* passe à Orléans, — à Grenoble, — à Amiens, — à Valence, — à Carcassonne ?

3. Remarquez les *rivières* et les *canaux* qui mettent en communication la Seine avec l'Escaut, — avec la Meuse, par Reims, — avec le Rhin, — avec le Rhône, — avec la Loire, par Montargis.

4. Remarquez les *cours d'eau* et les *canaux* qui établissent la communication de la Méditerranée avec la mer du Nord, — avec la Manche, par Nevers, — avec l'Océan ; — la Manche avec la mer du Nord, par Amiens, — avec l'Océan, par Rennes.

Devoir 33. — Colorier et compléter la carte 5 du cahier cartographique n° 1.

Devoir 34. — Colorier et compléter la carte 6.

Devoir 35. — 1. Un fleuve est-il considérable à sa source ? — 2. Comment grossit-il ? — 3. Comment se forment les torrents, les chutes, les lacs ? — 4. Comment le fleuve s'élargit-il dans la plaine ? — 5. Que dépose-t-il dans les inondations ? — 6. Que reçoit-il et que baigne-t-il dans son parcours ? — 7. Quelle différence y a-t-il entre un estuaire et un delta ? — 8. Citez-en des exemples.

## TABLEAU DES PROVINCES ET DES DÉPARTEMENTS FRANÇAIS (GROUPÉS EN 9 RÉGIONS)

### I. Région du Nord.

| Province | Département | Chef-lieu | Sous-préfectures |
|---|---|---|---|
| Ile-de-France (5 départ.) | **Seine** | c. *Paris*. | (Pas de sous-préfectures.) |
| | **Seine-et-Oise** | c. *Versailles* | s. Corbeil, Étampes, Mantes, Pontoise, Rambouillet. |
| | **Seine-et-Marne** | c. *Melun* | s. Coulommiers, Fontainebleau, Meaux, Provins. |
| | **Oise** | c. *Beauvais* | s. Clermont, Compiègne, Senlis. |
| | **Aisne** | c. *Laon* | s. Château-Thierry, S.-Quentin, Soissons, Vervins. |
| Picardie | **Somme** | c. *Amiens* | s. Abbeville, Doullens, Montdidier, Péronne. |
| Artois | **Pas-de-Calais** | c. *Arras* | s. Béthune, Boulogne, Montreuil, S.-Omer, S.-Pol. |
| Flandre | **Nord** | c. *Lille* | s. Avesnes, Cambrai, Douai, Dunkerque, Hazebrouck, Valenciennes. |

### II. Région du Nord-Est.

| Province | Département | Chef-lieu | Sous-préfectures |
|---|---|---|---|
| Champagne (4 départ.) | **Aube** | c. *Troyes* | s. Arcis-s.-Aube, Bar-s.-A., Bar-s.-S., Nogent-s.-S. |
| | **Haute-Marne** | c. *Chaumont* | s. Langres, Vassy. |
| | **Marne** | c. *Châlons-sur-M.* | s. Epernay, Reims, Ste-Menehould, Vitry-le-Franç. |
| | **Ardennes** | c. *Mézières* | s. Rethel, Rocroi, Sedan, Vouziers. |
| Lorraine (3 départ.) | **Meuse** | c. *Bar-le-Duc* | s. Commercy, Montmédy, Verdun. |
| | **Vosges** | c. *Épinal* | s. Mirecourt, Neufchâteau, Remiremont, Saint-Dié. |
| | **Meurth.-et-M.** | c. *Nancy* | s. Briey, Lunéville, Toul. |

### III. Région du Nord-Ouest.

| Province | Département | Chef-lieu | Sous-préfectures |
|---|---|---|---|
| Normandie (5 départ.) | **Seine-Infér.** | c. *Rouen* | s. Dieppe, le Havre, Neufchâtel, Yvetot. |
| | **Eure** | c. *Evreux* | s. Les Andelys, Bernay, Louviers, Pont-Audemer. |
| | **Calvados** | c. *Caen* | s. Bayeux, Falaise, Lisieux, Pont-l'Evêque, Vire. |
| | **Manche** | c. *Saint-Lô* | s. Avranches, Cherbourg, Coutances, Mortain, Valognes. |
| | **Orne** | c. *Alençon* | s. Argentan, Domfront, Mortagne. |
| Maine (2 départ.) | **Sarthe** | c. *Le Mans* | s. La Flèche, Mamers, Saint-Calais. |
| | **Mayenne** | c. *Laval* | s. Chât.-Gontier, Mayenne. |

### IV. Région de l'Ouest.

| Province | Département | Chef-lieu | Sous-préfectures |
|---|---|---|---|
| Bretagne (5 départ.) | **Ille-et-Vilaine** | c. *Rennes* | s. Fougères, Montfort, Redon, Saint-Malo, Vitré. |
| | **Côtes-du-Nord** | c. *S.-Brieuc* | s. Dinan, Guingamp, Lannion, Loudéac. |
| | **Finistère** | c. *Quimper* | s. Brest, Châteaulin, Morlaix, Quimperlé. |
| | **Morbihan** | c. *Vannes* | s. Lorient, Ploërmel, Pontivy. |
| | **Loire-Infér.** | c. *Nantes* | s. Ancenis, Châteaubriant, Paimbœuf, S.-Nazaire. |
| Anjou | **Maine-et-Loire** | c. *Angers* | s. Baugé, Cholet, Saumur, Segré. |
| Poitou (3 départ.) | **Vendée** | c. *La Roche-s.-Yon* | s. Fontenay-le-Comte, les Sables-d'Olonne. |
| | **Deux-Sèvres** | c. *Niort* | s. Bressuire, Melle, Parthenay. |
| | **Vienne** | c. *Poitiers* | s. Châtellerault, Civray, Loudun, Montmorillon. |

### V. Région du Centre.

| Province | Département | Chef-lieu | Sous-préfectures |
|---|---|---|---|
| Orléanais (3 départ.) | **Loiret** | c. *Orléans* | s. Gien, Montargis, Pithiviers. |
| | **Eure-et-Loir** | c. *Chartres* | s. Châteaudun, Dreux, Nogent-le-Rotrou. |
| | **Loir-et-Cher** | c. *Blois* | s. Romorantin, Vendôme. |
| Touraine | **Indre-et-Loire** | c. *Tours* | s. Chinon, Loches. |
| Berry (2 départ.) | **Indre** | c. *Châteauroux* | s. Le Blanc, la Châtre, Issoudun. |
| | **Cher** | c. *Bourges* | s. S.-Amand, Sancerre. |
| Nivernais | **Nièvre** | c. *Nevers* | s. Château-Chinon, Clamecy, Cosne. |
| Bourbonnais | **Allier** | c. *Moulins* | s. Gannat, Montluçon, la Palisse. |
| Marche | **Creuse** | c. *Guéret* | s. Aubusson, Bourganeuf, Boussac. |
| Limousin (2 départ.) | **Haute-Vienne** | c. *Limoges* | s. Bellac, Rochechouart, S.-Yrieix. |
| | **Corrèze** | c. *Tulle* | s. Brive, Ussel. |
| Auvergne (2 départ.) | **Puy-de-Dôme** | c. *Clerm.-Ferd.* | s. Ambert, Issoire, Riom, Thiers. |
| | **Cantal** | c. *Aurillac* | s. Mauriac, Murat, S.-Flour. |

### VI. Région du Sud-Ouest.

| Province | Département | Chef-lieu | Sous-préfectures |
|---|---|---|---|
| Angoumois | **Charente** | c. *Angoulême* | s. Barbezieux, Cognac, Confolens, Ruffec. |
| Aunis | **Charente-Inf.** | c. *La Rochelle* | s. Jonzac, Marennes, Rochefort, Saintes, S.-Jean-d'Angély. |
| Guyenne (6 départ.) | **Gironde** | c. *Bordeaux* | s. Bazas, Blaye, Lesparre, Libourne, la Réole. |
| | **Dordogne** | c. *Périgueux* | s. Bergerac, Nontron, Ribérac, Sarlat. |
| | **Lot** | c. *Cahors* | s. Figeac, Gourdon. |
| | **Aveyron** | c. *Rodez* | s. Espalion, Millau, Saint-Affrique, Villefranche. |
| | **Lot-et-Garon.** | c. *Agen* | s. Marmande, Nérac, Villeneuve-d'Agen. |
| | **Tarn-et-Gar.** | c. *Montauban* | s. Castelsarrasin, Moissac. |
| Gascogne (3 départ.) | **Gers** | c. *Auch* | s. Condom, Lectoure, Lombez, Mirande. |
| | **Landes** | c. *Mont-de-Marsan* | s. Dax, Saint-Sever. |
| | **Htes-Pyrénées** | c. *Tarbes* | s. Argelès, Bagnères-de-Big. |
| Béarn | **Bses-Pyrénées** | c. *Pau* | s. Bayonne, Mauléon, Oloron, Orthez. |

### VII. Région du Sud.

| Province | Département | Chef-lieu | Sous-préfectures |
|---|---|---|---|
| Foix | **Ariège** | c. *Foix* | s. Pamiers, Saint-Girons. |
| Roussillon | **Pyrénées-Or.** | c. *Perpignan* | s. Céret, Prades. |
| Languedoc (8 départ.) | **Hte-Garonne** | c. *Toulouse* | s. Muret, S.-Gaudens, Villefranche. |
| | **Tarn** | c. *Albi* | s. Castres, Gaillac, Lavaur. |
| | **Aude** | c. *Carcassonne* | s. Castelnaudary, Limoux, Narbonne. |
| | **Hérault** | c. *Montpellier* | s. Béziers, Lodève, S.-Pons. |
| | **Gard** | c. *Nîmes* | s. Alais, Uzès, le Vigan. |
| | **Ardèche** | c. *Privas* | s. Largentière, Tournon. |
| | **Lozère** | c. *Mende* | s. Florac, Marvejols. |
| | **Haute-Loire** | c. *Le Puy* | s. Brioude, Yssingeaux. |

### VIII. Région de l'Est.

| Province | Département | Chef-lieu | Sous-préfectures |
|---|---|---|---|
| Lyonnais (2 départ.) | **Rhône** | c. *Lyon* | s. Villefranche. |
| | **Loire** | c. *Saint-Etienne* | s. Montbrison, Roanne. |
| Bourgogne (4 départ.) | **Ain** | c. *Bourg* | s. Belley, Gex, Nantua, Trévoux. |
| | **Saône-et-Loire** | c. *Mâcon* | s. Autun, Châlon-s.-Saône, Charolles, Louhans. |
| | **Côte-d'Or** | c. *Dijon* | s. Beaune, Châtillon-s.-Seine, Semur. |
| | **Yonne** | c. *Auxerre* | s. Avallon, Joigny, Sens, Tonnerre. |
| Franche-Comté (3 départ.) | **Haute-Saône** | c. *Vesoul* | s. Gray, Lure. |
| | **Doubs** | c. *Besançon* | s. Baume, Montbéliard, Pontarlier. |
| | **Jura** | c. *Lons-le-Saunier* | s. Dôle, Poligny, S.-Claude. |

### IX. Région du Sud-Est.

| Province | Département | Chef-lieu | Sous-préfectures |
|---|---|---|---|
| Savoie (2 départ.) | **Haute-Savoie** | c. *Annecy* | s. Bonneville, S.-Julien, Thonon. |
| | **Savoie** | c. *Chambéry* | s. Albertville, Moutiers, S.-Jean-de-Maurienne. |
| Dauphiné (3 départ.) | **Isère** | c. *Grenoble* | s. Saint-Marcellin, la Tour-du-Pin, Vienne. |
| | **Drôme** | c. *Valence* | s. Die, Montélimar, Nyons. |
| | **Hautes-Alpes** | c. *Gap* | s. Briançon, Embrun. |
| Comtat | **Vaucluse** | c. *Avignon* | s. Apt, Carpentras, Orange. |
| Provence et Nice (4 départ.) | **B.-du-Rhône** | c. *Marseille* | s. Aix, Arles. |
| | **Var** | c. *Draguignan* | s. Brignoles, Toulon. |
| | **Basses-Alpes** | c. *Digne* | s. Barcelonnette, Castellane, Forcalquier, Sisteron. |
| | **Alpes-Marit.** | c. *Nice* | s. Grasse, Puget-Théniers. |
| Corse | **Corse** | c. *Ajaccio* | s. Bastia, Calvi, Corte, Sartène. |

**Algérie**, 3 départements. (Voir p. 32.)

NOTA 1. Dans le cas où un département est formé aux dépens de plusieurs bassins ou de plusieurs provinces, il est attribué au *bassin* ou à la *province* qui en a fourni la plus grande partie.

2. Pour faciliter l'étude de ce tableau, les départements sont groupés en 9 grandes régions, désignées suivant leur orientation par rapport au centre du pays : *régions du* NORD, *du* N.-E., *du* N.-O., *de l'*OUEST, *du* CENTRE, *du* S.-O., *du* SUD, *de l'*EST *et du* S.-E.

3. En outre, les régions, les provinces et les départements se suivent, autant que possible, dans l'ordre des bassins fluviaux. Il a paru convenable toutefois de commencer par la région du Nord, qui renferme la capitale de la France.

## Les départements.

**Devoir 36.** — 1. En combien de *régions* peut-on diviser la France? — 2. Combien de *provinces* comptait-on autrefois? — 3. Nommez les provinces situées dans les 9 régions. — 4. Dans quelle région se trouve l'Anjou, — la Provence, — la Champagne, — l'Orléanais? — 5. Quelles sont les plus grandes provinces?

**Devoir 37.** — 1. Quels sont les *départements* compris dans l'Ile-de-France? — 2. Quel est le dép. formé de la Picardie? — de l'Artois? — de la Flandre? — 3. Nommez les dép. formés de la Champagne, — de la Lorraine. — 4. Nommez ceux de la Normandie, — du Maine. — 5. Combien y a-t-il de dép. dans la région du N.? — du N.-E.? — du N.-O.?

**Devoir 38.** — 1. Nommez et comptez les *provinces* et les *départements* de la région de l'O. — 2. Du centre. — 3. Du S.-O. — 4. Faites de même pour la région du S. — 5. De l'E. — 6. Du S.-E.

**Devoir 39.** — 1. Dans quelle province et quelle région se trouvent les départements de la Meuse? de la Drôme? de la Corrèze? de la Somme? des Landes? des Basses-Alpes? de la Savoie? de la Vendée? de la Nièvre? — 2. De quoi tirent leur nom les dép. de la Somme? de Vaucluse? du Cantal? du Nord? du Finistère? de la Savoie? — 3. Nommez les dép. dont les chefs-lieux sont Amiens, Tulle, Agen, Vannes, Guéret, Saint-Étienne. — 4. Dans quel dép. se trouve le Havre? Bazas? Fréjus? Saint-Gaudens? Saint-Sever?

**Devoir 40.** DÉPARTEMENTS RANGÉS PAR BASSINS. — 1. Quels sont les 6 dép. situés dans le versant de la *mer du Nord?* — 2. Les 7 dép. traversés par la *Seine?* — 3. Les 11 autres du versant de la Manche? — 4. Les 10 dép. traversés ou limités par la *Loire.* — 5. Les 11 autres du bassin de la Loire et de son annexe. — 6. Les 4 dép. traversés par la *Garonne.* — 7. Les 15 autres du bassin de la Garonne et de ses deux annexes? — 8. Les 10 dép. séparés par le *Rhône?* — 9. Les 12 autres du versant de la Méditerranée? — 10. Comptez le nombre de dép. dans chacun des bassins.

**Devoir 41.** — 1. Quels sont les dép. français situés sur les frontières de la Belgique? — de l'Allemagne? — de la Suisse? — de l'Italie? — de l'Espagne? — 2. Quels sont les départements baignés par la mer du Nord? — par la Manche? — par l'Océan? — par la Méditerranée?

**Devoir 42.** — 1. Quel est le dép. situé le plus au nord? — le plus à l'est? — le plus au sud? — le plus à l'ouest? — 2. Quels sont les dép. situés sous le méridien de Paris? — sous le 4e degré de longitude orientale? — sous le 2e de longitude occidentale? — sous le 44e et le 48e degré de latitude septentrionale?

**Devoir 43.** — 1. Citez les départements qui *tirent leur nom* de la Seine, — de l'Oise, — de la Loire, — du Cher, — de la Garonne, — du Lot, — du

## II. — GÉOGRAPHIE POLITIQUE

### Du peuple français.

118. La **population** *absolue* ou totale de la France est de 38 500 000 hab. (En 1890.)

119. La *superficie* du pays étant de 530 000 kilom. carrés, sa *population relative* est de 72 hab. par km².

120. **Langues.** — La *langue française*, formée principalement du latin, est d'un usage général dans tout le pays. C'est en même temps l'une des langues vivantes les plus cultivées à l'étranger.

L'*italien*, le *flamand*, le *breton* et le *basque*, sont aussi parlés dans quelques parties de la France.

121. **Religion.** — Les Français appartiennent à la *religion catholique*; cependant il y a environ 600 000 *protestants calvinistes*, répandus surtout dans le Languedoc et la Charente, et 70 000 *israélites*.

### Les anciennes provinces.

122. **Historique.** — La France actuelle correspond à la plus grande partie de la *Gaule*, qui s'étendait entre l'Océan, les Pyrénées et les Alpes jusqu'au Rhin. Elle fut conquise par César cinquante ans avant J.-C., et pendant cinq cents ans elle fit partie de l'empire romain. — Au v° siècle, les Francs s'en emparèrent sous la conduite de Clovis; mais la Gaule ne prit le nom de France que vers le IX° siècle, à la suite du démembrement de l'empire de Charlemagne. — Par suite du régime féodal, la France se couvrit d'un grand nombre de fiefs ou souverainetés particulières, plus ou moins indépendantes de la royauté, et nos rois mirent plus de huit siècles pour étendre le domaine de la couronne jusqu'aux frontières actuelles.

123. **Formation du domaine royal.** — Au X° siècle, à l'avènement de Hugues Capet à la couronne de France, le domaine royal comprenait seulement l'*Ile-de-France*, l'*Orléanais* et la *Picardie*, apanage particulier de ce prince.

Au XII° siècle, — Philippe I^er acheta le *Berry*.

Au XIII° siècle, Philippe-Auguste conquit la *Touraine*, et confisqua la *Normandie* sur Jean sans Terre.

Saint Louis et Philippe le Hardi héritèrent du *Languedoc*.

Philippe le Bel acquit le *Lyonnais* et prépara la réunion de la *Champagne* par son mariage avec Jeanne de Navarre.

Au XIV° siècle, — Philippe VI obtint le *Dauphiné* par don du dernier de ses comtes, et acheta le comté de *Montpellier*.

Charles V conquit sur les Anglais le *Poitou*, l'*Aunis* et la *Saintonge*.

Au XV° siècle, — Charles VII conquit sur les Anglais la *Guyenne* et la *Gascogne*.

Louis XI hérita de René d'Anjou, du *Maine*, de l'*Anjou* et de la *Provence*, et confisqua la *Bourgogne* et la *Picardie* sur Marie, héritière de Charles le Téméraire.

Au XVI° siècle, — François I^er confisqua sur le connétable de Bourbon le *Bourbonnais*, l'*Auvergne* et la *Marche*. — Il réunit par apanage l'*Angoumois*, et par mariage la *Bretagne*.

Henri IV réunit par apanage le *Béarn*, le *comté de Foix* et le *Limousin*.

Au XVII° siècle, — Louis XIII et Louis XIV conquirent l'*Artois*, le *Roussillon*, la *Flandre française*, la *Franche-Comté* et l'*Alsace*.

Louis XIV acheta en outre le *Nivernais*.

Au XVIII° siècle, Louis XV hérita de la *Lorraine*, à la mort de Stanislas Leczinski, et acheta la *Corse* aux Génois.

La Révolution annexa le *comtat d'Avignon*, enlevé au Pape.

Au XIX° siècle, — Napoléon III annexa la *Savoie* et le *comté de Nice*, cédés par l'Italie; mais perdit l'Alsace et une partie de la Lorraine.

124. **Tableau des provinces.** — Avant 1789, la France comprenait 32 grandes provinces. Ces provinces étaient des divisions territoriales administrées par des intendants et séparées entre elles par des lignes de douanes intérieures. Leur administration n'était pas uniforme; chacune d'elles jouissait de privilèges particuliers.

125. Ces provinces sont aujourd'hui au nombre de 35, en y comprenant la Corse, le comtat Venaissin, la Savoie et le comté de Nice, acquis depuis 1789, et déduisant l'Alsace, perdue récemment. Les voici, rangées par ordre de position géographique.

1° AU NORD, l'*Ile-de-France*, cap. Paris; — la *Picardie*, cap. Amiens; — l'*Artois*, c. Arras; — la *Flandre française*, c. Lille.

2° AU NORD-EST, la *Champagne*, cap. Troyes; — la *Lorraine*, cap. Nancy.

3° AU NORD-OUEST, la *Normandie*, cap. Rouen; — le *Maine*, cap. le Mans.

4° A L'OUEST, la *Bretagne*, cap. Rennes; — l'*Anjou*, cap. Angers; — le *Poitou*, cap. Poitiers.

5° AU CENTRE, l'*Orléanais*, cap. Orléans; — la *Touraine*, cap. Tours; — le *Berry*, cap. Bourges; — le *Nivernais*, cap. Nevers; — le *Bourbonnais*, cap. Moulins; — la *Marche*, cap. Guéret; — le *Limousin*, cap. Limoges; l'*Auvergne*, cap. Clermont.

6° AU SUD-OUEST, l'*Angoumois*, cap. Angoulême; — l'*Aunis*, cap. la Rochelle, avec la *Saintonge*, cap. Saintes; — la *Guyenne*, cap. Bordeaux, avec la *Gascogne*, cap. Auch; — le *Béarn*, cap. Pau.

7° AU SUD, le *comté de Foix*, cap. Foix; — le *Roussillon*, cap. Perpignan; — le *Languedoc*, cap. Toulouse.

8° A L'EST, le *Lyonnais*, cap. Lyon; — la *Bourgogne*, cap. Dijon; — la *Franche-Comté*, cap. Besançon.

9° AU SUD-EST, la *Savoie*, cap. Chambéry; — le *Dauphiné*, cap. Grenoble; — le *Comtat*, cap. Avignon; — la *Provence*, cap. Aix; — le *comté de Nice*, cap. Nice; — la *Corse*, cap. Bastia.

### Les départements.

126. **Départements.** — *Origine et but de la division en départements.* La division de la France en départements fut établie, en 1790, par l'Assemblée constituante, dans le but de rendre uniforme l'administration du pays, en faisant disparaître les traditions et les privilèges des provinces.

Le *nombre* de nos départements, qui était de 89 avant la perte du Haut-Rhin, du Bas-Rhin et de la Moselle, en 1871, est actuellement de 86, outre le petit territoire de Belfort.

127. Les **noms des départements** sont tirés: 1° soit des *cours d'eau* qui les arrosent (Seine, Seine-et-Oise, etc.); c'est le cas le plus ordinaire; — 2° soit des *montagnes* qui s'y trouvent (Hautes-Alpes, Jura, Lozère, etc.); 3° soit de quelque *particularité remarquable*, telle que la *position relative* (Nord, Côtes-du-Nord, Finistère); de la *mer* (Pas-de-Calais, Manche, Morbihan); de *rochers* (Calvados), d'une fontaine (Vaucluse), de la *nature du sol* (Landes); 4° la Corse et les deux départements de la Savoie ont seuls conservé leurs *noms historiques*.

### Du gouvernement.

128. **Pouvoir exécutif.** La France est une *république* gouvernée par un *président*, avec le concours de *ministres* de son choix.

129. Les divers **ministères** sont ceux de l'*intérieur*, de la *justice* et des *cultes*, de l'*instruction publique* et des *beaux-arts*, des *finances*, de la *guerre*, de la *marine*, des *colonies*, des *affaires étrangères*, de l'*agriculture* et du *commerce*, des *travaux publics*, des *postes et télégraphes* (1889).

Le nombre et les attributions des ministères sont variables.

130. Le **pouvoir législatif**, ou celui de faire les lois, est exercé par le Sénat et la Chambre des députés.

Le **Sénat** comprend 300 membres, dont 75 inamovibles, élus par les sénateurs, et 225 élus par tiers tous les trois ans, et par un corps électoral restreint.

La **Chambre des députés** comprend 567 membres, élus par le suffrage universel.

**Tout Français** âgé de 21 ans **est électeur**, aussi bien pour les élections des députés que pour les conseils généraux des départements, les conseils d'arrondissement et les conseils municipaux. Il doit *voter* en choisissant le candidat le plus digne, le plus capable de soigner les intérêts politiques, moraux et religieux de la patrie.

Le **Conseil d'État**, non électif, donne au gouvernement son avis sur certains projets de lois, et sur les projets de décrets et règlements d'administration publique.

131. **Divisions administratives.** — Pour faciliter l'administration d'un pays, on établit diverses sortes de *divisions territoriales*, dont les principales sont, en France: 1° la division *administrative* proprement dite, ou division *civile*, 2° la division *judiciaire*, 3° la division *militaire*, 4° la division *maritime*, 5° la division *financière*, 6° la division *académique*, 7° la division *ecclésiastique*.

Rhône, — de la Saône. — 2. Citez les départements qui tirent leur nom des Pyrénées, — des Alpes. — 3. Citez les départements qui tirent leur nom de quelque autre particularité.

**Devoir 44.** — *Coloriez* et *complétez* la carte 8 (départements, cahier cartog. n° 1).

**Devoir 45.** — *Coloriez* et *complétez* la carte 9 (provinces).

**Devoir 46.**—Tracez à nouveau chacune de ces cartes, en tout ou en partie.

**Administration.**

**Devoir 47.**—1. Quelle est la *population* de la France? — Quels sont les États de l'Europe plus peuplés qu'elle? (voir p. 38). — 2. Quelle est sa *superficie*? Quel rang occupe-t-elle sous ce rapport en Europe? (id.). — 3. A quelle famille ethnographique (ou de peuples) appartenons-nous? — 4. Quelles sont les *langues* parlées en France? — La *religion* dominante?

**Devoir 48.** — Résumez l'*histoire* de notre pays. — 2. Combien de temps fallut-il pour réunir nos provinces? — 3. Dites quelles provinces furent réunies dans chaque siècle. — 4. Comment Louis XI, François I^er, Henri IV et Louis XIV agrandirent-ils la France?

**Devoir 49.** — 1. Énumérez les 32 *provinces* avec leurs anciennes capitales. — 2. Tracez la *carte* par provinces.

**Devoir 50.** — 1. Quelle est la *forme du gouvernement* français? — 2. Combien y a-t-il de ministères? Nommez-les. — 3. A qui appartient le *pouvoir exécutif*? — 4. Et le *pouvoir législatif*? — 5. A quelles élections peut participer un *électeur*? — 6. Combien de sortes de subdivisions administratives y a-t-il?

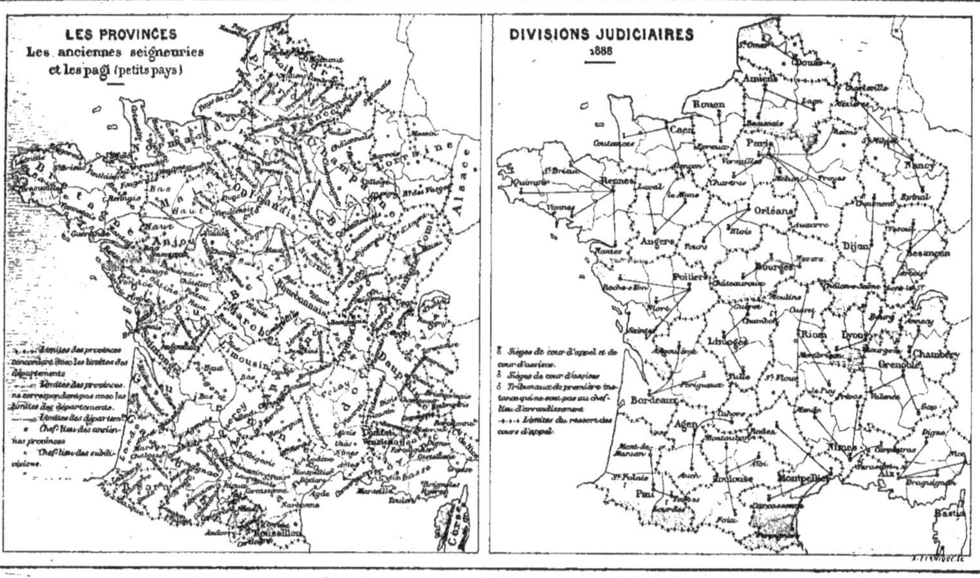


### Administration civile.

132. Sous le rapport de l'administration civile, la France est divisée en 86 *départements*, subdivisés en 362 *arrondissements*, 2 871 *cantons* et 36 121 *communes*.

133. Un **département** est une circonscription territoriale administrée par un préfet.

Le **préfet**, nommé par le chef de l'État, est assisté d'un conseil de préfecture, et il administre avec le concours d'un *conseil général électif* et d'un *conseil de préfecture nommé*.

134. L'**arrondissement** est la première subdivision du département, ayant un administrateur particulier appelé **sous-préfet**. L'arrondissement de la préfecture est administré directement par le préfet.

Le **sous-préfet** est subordonné au préfet. Il est assisté d'un **conseil d'arrondissement**, qui se compose ordinairement d'autant de membres qu'il y a de cantons dans l'arrondissement.

135. Le **canton** est une subdivision de l'arrondissement et comprend un certain nombre de communes.

Le canton sert de base à l'élection des membres du conseil général et du conseil d'arrondissement. Il est le ressort de la *justice de paix*, autorité judiciaire du degré inférieur.

136. La **commune** est une portion du territoire français administrée par un *maire*. Un certain nombre de communes forment un canton.

La commune, bien que la plus petite des divisions administratives, en est l'une des plus importantes par sa stabilité et pour l'intérêt particulier des familles qui la composent. — On distingue les *communes urbaines* et les *communes rurales*. (Voir n° 70.)

137. Le **maire** de la commune est assisté d'un ou de plusieurs *adjoints*, et d'un conseil municipal.

Le maire est à la fois le délégué du gouvernement et le représentant de la commune. Ses principales fonctions sont administratives; il est chargé de la police municipale, de la proposition du budget, etc.

Le **conseil municipal** se compose de 10 à 36 membres, suivant l'importance de la commune. Il est élu par les habitants de la commune et présidé par le maire.

138. Les villes de Paris et de Lyon ont une administration particulière. Le *préfet* du département y remplit les fonctions de maire pour toute la commune; mais celle-ci se divise en arrondissements urbains, ayant chacun leur maire spécial avec plusieurs adjoints. Paris a 20 arrondissements, et Lyon en a 6.

### Divisions judiciaires.

139. Sous le rapport judiciaire, la France comprend les *justices de paix*, — les *tribunaux de première instance*, — les *tribunaux de commerce*, — les *cours d'appel*, — les *cours d'assises*, — la *cour de cassation*.

140. Le **tribunal de justice de paix**, établi au chef-lieu de chaque canton, prononce sur les affaires de peu d'importance : il concilie les parties et apaise les différends. Il forme le premier degré de juridiction, comme *tribunal de police*.

**Le tribunal de première instance**, établi dans chaque arrondissement et généralement au chef-lieu, prononce sur les matières civiles et de police correctionnelle, les délits, etc.

Il statue sur toutes les affaires dont la connaissance n'a pas été attribuée à d'autres juges par des lois particulières.

Le *tribunal de commerce*, établi dans les villes industrielles, prononce sur les contestations qui s'élèvent entre les commerçants.

Le tribunal de première instance et le tribunal de commerce forment le deuxième degré de juridiction. On peut référer de leurs jugements à la cour d'appel.

141. La **cour d'appel** est un tribunal supérieur qui prononce sur les oppositions formées contre les jugements rendus par les tribunaux de première instance et de commerce.

Il y a 26 *cours d'appel* pour toute la France : **Agen, Aix, Amiens, Angers, — Bastia, Besançon, Bordeaux, Bourges, — Caen, Chambéry, Dijon, Douai, — Grenoble, Limoges, Lyon, Montpellier, — Nancy, Nîmes, Orléans, Paris, — Pau, Poitiers, Rennes, Riom, — Rouen, Toulouse.** — Pour l'Algérie, **Alger**.

142. La **cour d'assises** est un tribunal temporaire qui prononce sur les affaires criminelles, avec le concours d'un jury. — Elle se tient quatre fois l'année, ordinairement au chef-lieu du département.

Le jury se prononce sur la culpabilité ou décide le point de *fait*, et les magistrats décident le point de *droit* et appliquent la loi, s'il y a culpabilité.

Les membres du jury se nomment *jurés*. Pour être juré, il faut avoir 30 ans, savoir lire et écrire, et n'être dans aucun des cas d'incapacité prévus par la loi. Pour chaque affaire, le jury se compose de 12 jurés tirés au sort.

**Devoir 51.** — 1. En combien de *départements* notre pays est-il divisé? — 2. En combien d'*arrondissements*, de cantons et de communes? — 3. Qu'est-ce qu'un département, et quel est son administrateur? — 4. Dites de même pour l'arrondissement? — 5. A quoi sert le *canton*? — 6. Qui administre la *commune*? — 7. De qui se compose le conseil municipal?

**Devoir 52.** — 1. A quoi sert le tribunal de justice de paix? — 2. Par quel tribunal sont jugés les délits? les affaires de commerce? les crimes? — 3. Pourquoi la cour de cassation est-elle ainsi appelée? — 4. Qu'appelle-t-on *cour des comptes*? — 5. Que signifie le budget? — 6. Dessinez la *carte* des divisions judiciaires.

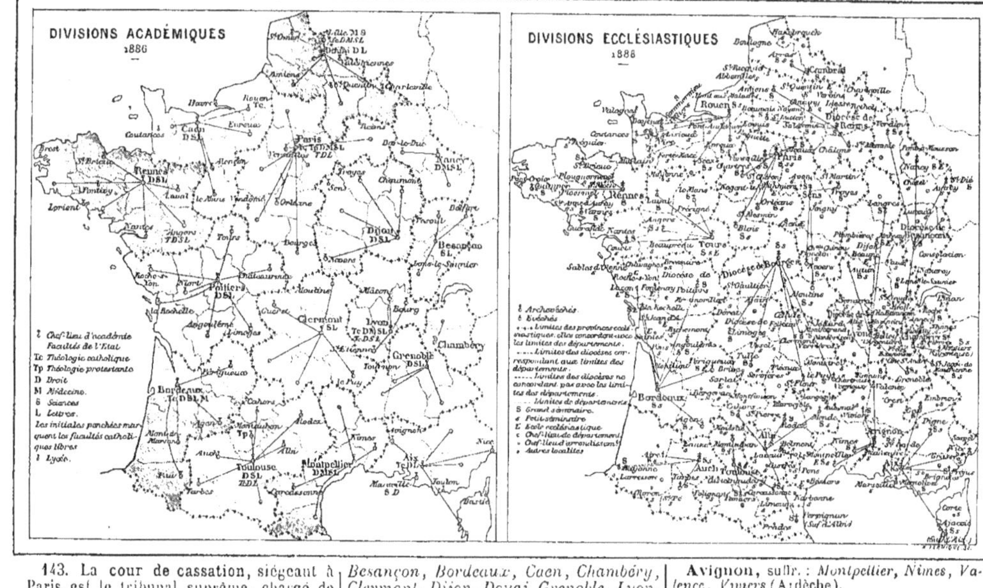


143. La cour de cassation, siégeant à Paris, est le tribunal suprême, chargé de maintenir l'uniformité de jurisprudence dans toute la France.

La cour de cassation examine *seulement* si le jugement qui lui est soumis *est conforme ou non* à la loi : dans le premier cas, elle rejette le pourvoi ; dans le second, elle *casse* le jugement et renvoie l'affaire à un autre tribunal.

144. **Division financière.** — Pour la perception des revenus publics, chaque arrondissement forme une recette particulière et chaque département une recette générale, en rapport avec la caisse centrale du Trésor public à Paris.

Une *cour des comptes*, siégeant à Paris, vérifie l'emploi des fonds du gouvernement.

Le **budget**, ou l'état annuel des finances publiques, comprend : 1° la fixation des dépenses et la formation du revenu, qui sont de la compétence du pouvoir législatif; 2° la perception et la comptabilité, qui appartiennent à l'ordre administratif.

Le budget de l'État est préparé chaque année par le ministre compétent, et présenté aux Chambres, qui l'examinent, le discutent et le votent.

145. Les **recettes publiques** comprennent les contributions directes, les contributions indirectes, les droits d'enregistrement, de timbres et de douane, les produits des domaines, des postes, etc.

Les contributions directes sont celles qui se perçoivent *directement*, d'après un rôle nominatif, sur les personnes qui en sont passibles, ainsi que sur les propriétés bâties ou non bâties, etc.

Les contributions indirectes sont celles qui ne portent sur personne nominativement; cependant elles atteignent tout le monde, mais *indirectement*, car elles frappent certaines denrées servant à la consommation, telles que les boissons, le sel, le sucre, le tabac.

Le budget de l'État est de plus de 3 milliards de francs, et la dette publique dépasse 30 milliards. Ces chiffres n'étaient que de moitié avant la guerre.

146. **Divisions académiques.** — Pour l'administration de l'instruction publique, la France est divisée en 16 *académies* ou circonscriptions territoriales dont les établissements, qui dépendent de l'*Université*, sont régis par un *recteur*.

Les sièges des 16 académies sont : *Aix, Besançon, Bordeaux, Caen, Chambéry, Clermont, Dijon, Douai, Grenoble, Lyon, Montpellier, Nancy, Paris, Poitiers, Rennes, Toulouse.* — Pour l'Algérie, *Alger.*

147. L'enseignement se divise en trois degrés : *primaire, secondaire, supérieur.*

L'enseignement *primaire* comprend les premiers éléments des connaissances : religion, lecture, écriture, langue française, histoire, géographie, arithmétique, dessin, etc. (Écoles ordinaires, communales ou libres, salles d'asile, cours d'adultes, pensionnats.) On décerne un *certificat d'études primaires.*

L'enseignement *primaire supérieur*, dit aussi enseignement *secondaire spécial*, comprend en outre la littérature française, les mathématiques appliquées, les sciences physiques et naturelles.

L'enseignement *secondaire* embrasse les langues anciennes, la rhétorique, les éléments des mathématiques et de la philosophie. (*Lycées, collèges, petits séminaires*, etc.)

L'enseignement *supérieur* comprend dans toute leur étendue les connaissances humaines. Il se donne dans l'Université de l'État et dans les Facultés libres. (*Facultés de théologie, de droit, de médecine*, des *sciences* et des *lettres; écoles normale supérieure, polytechnique, navale, centrale, de Saint-Cyr,* etc.

148. **Divisions ecclésiastiques.** — Pour l'administration du culte catholique, la France est divisée en 84 *diocèses*, ou portions de territoire soumises à la juridiction spirituelle d'un archevêque ou d'un évêque.

Il y a 67 évêchés et 17 archevêchés.

L'Algérie et les colonies comptent en outre 6 diocèses, dont 5 évêchés et 1 archevêché.

149. **Aix**, archevêché, a pour *suffragants* les évêchés d'*Ajaccio, Digne, Fréjus* (Var), *Gap, Marseille* et *Nice.*

**Albi**, suffr.: *Cahors, Mende, Perpignan, Rodez.*

**Alger**, suffr. : *Oran, Constantine.*

**Auch**, suffr.: *Aire* (Landes), *Bayonne, Tarbes.*

**Avignon**, suffr. : *Montpellier, Nîmes, Valence, Viviers* (Ardèche).

**Besançon**, suffr. : *Belley, Nancy, Saint-Dié* et *Verdun.*

**Bordeaux**, suffr. : *Agen, Angoulême*, la *Rochelle, Luçon* (Vendée), *Périgueux, Poitiers, Basse-Terre* (Guadeloupe), *Saint-Pierre* (Martinique), et *Saint-Denis* (île de la Réunion).

**Bourges**, suffr. : *Clermont, Saint-Flour, Limoges*, le *Puy* et *Tulle.*

**Cambrai**, suffr. : *Arras.*

**Chambéry**, suffr. : *Annecy, Moûtiers-en-Tarentaise* et *Saint-Jean-de-Maurienne.*

**Lyon**, suffr. : *Autun, Dijon, Grenoble, Langres* et *Saint-Claude.*

**Paris**, suffr. : *Blois, Chartres, Meaux, Orléans* et *Versailles.*

**Reims**, suffr. : *Amiens, Beauvais, Châlons-sur-Marne* et *Soissons.*

**Rennes**, suffr.: *Quimper, S.-Brieuc, Vannes.*

**Rouen**, suffr. : *Bayeux, Coutances, Évreux* et *Séez* (Orne).

**Sens**, suffr. : *Moulins, Nevers* et *Troyes.*

**Toulouse**, suffr. : *Carcassonne, Montauban* et *Pamiers.*

**Tours**, suffr.: *Angers, Laval*, le *Mans, Nantes.*

150. Chaque diocèse ou *évêché* correspond en général à un département. Chaque archevêché ou archidiocèse constitue une *province ecclésiastique.*

La *paroisse* est la plus petite circonscription ecclésiastique. On distingue les *cures*, administrées par un curé inamovible, et les *succursales*, dont les desservants sont amovibles.

151. Outre le culte catholique, l'État reconnaît et subsidie le *culte protestant*, luthérien ou calviniste, qui tient ses assemblées dans des *temples*, et dont les prêtres se nomment *pasteurs* ou *ministres*, — et le *culte israélite*, qui a ses synagogues et ses rabbins.

Devoir 53. — 1. Qu'appelle-t-on Université?... académie?... recteur? — 2. Quelles sont les seize académies? — 3. Comment se divise l'enseignement? — 4. Que comprend l'enseignement primaire? — 5. Comment obtient-on le certificat d'études? — 6. Qu'enseigne-t-on dans les écoles secondaires?... — 7. et supérieures? — 8. Nommez quelques grandes écoles. — 9. Dessinez la *carte* des académies.

Devoir 54. — 1. Qu'appelle-t-on *diocèses?*... évêchés, archevêchés? — 2. Combien de diocèses en France? — 3. Qu'appelle-t-on métropolitain?... suffragant? Donnez des exemples. — 4. Qu'est-ce qu'une paroisse? Qui la dessert? — 5. Comment sont constitués les cultes protestant et israélite? — 6. Faites la *carte* des diocèses.

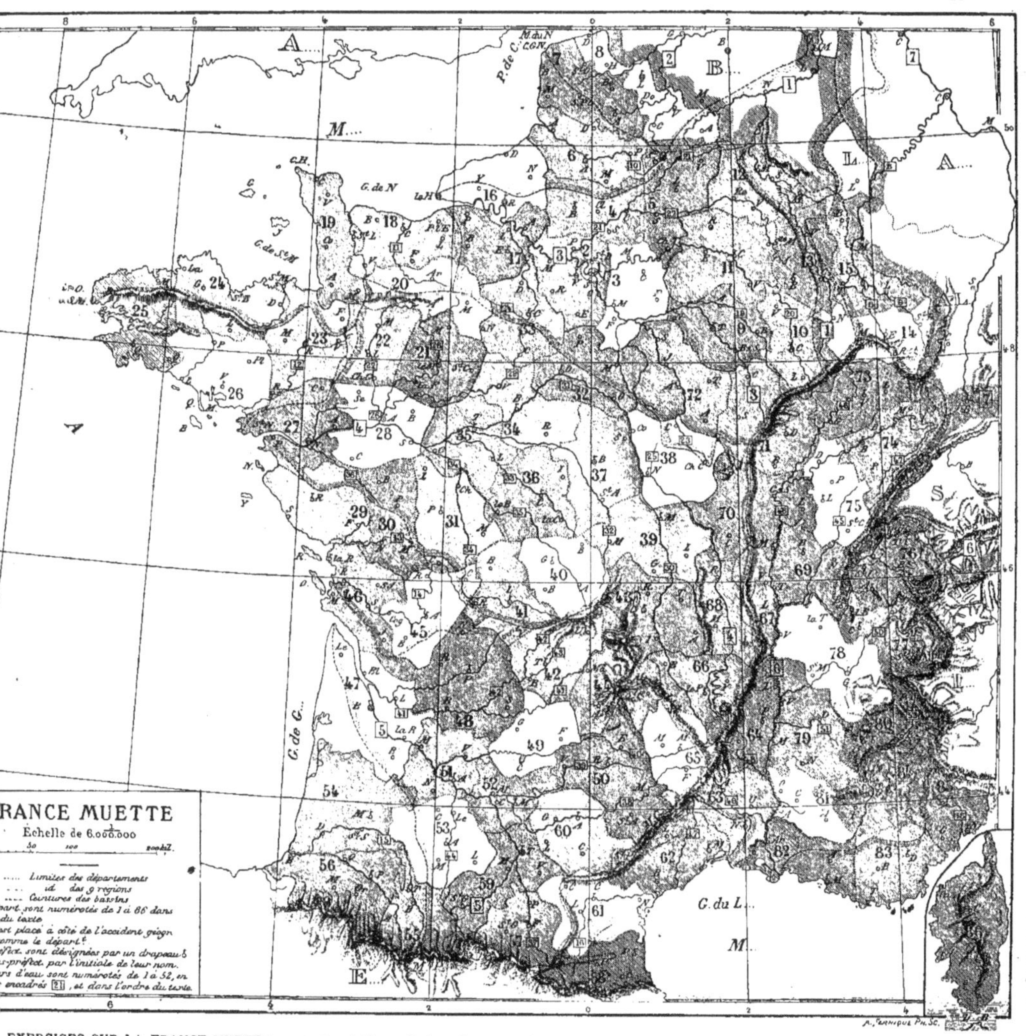


## EXERCICES SUR LA FRANCE MUETTE

### UTILITÉ DES CARTES MUETTES

.a carte ci-dessus est dite *muette*, parce qu'elle ne ıne aucun nom des choses qu'elle représente. Nous plaçons ici afin que les élèves s'habituent à recon- tre la carte de la France, comme de tout autre pays, *ses caractères propres*, c'est-à-dire par le contour ses frontières de terre ou de mer, par la forme de ses ières et de ses chaînes de montagnes, etc. L'en- ıble de ces caractères donne à chaque pays une ıre qui le distingue de tout autre, comme les traits visage distinguent les hommes entre eux... En outre, ève doit apprendre à reproduire ces figures par les cés cartographiques.

### USAGE DE LA CARTE MUETTE CI-CONTRE

a légende explique les signes employés sur cette te, qui est destinée à des exercices oraux de réca- ılations. Voici quelques questions types.

**Devoir 55.** — Quel est le dép. 50 (ou numéro 50)? Indiquez-en le chef-lieu (distingué par le petit drapeau), ainsi que les sous-préfectures (lettres initiales de leurs noms), les cours d'eau (numéros d'ordre), et les montagnes (initiales).

**Devoir 56.** — Nommez le département 68, — les sous-préfectures du département 71, — le cours d'eau nº 28 (département 21), — le fleuve nº 4 (département 68). — la montagne qui traverse le département 62; — l'île N. (département 29).

**Devoir 57.** — 1. Nommez au N. de la France, avec leurs chefs-lieux, les départements 3, 6, 8; — au N.-E., les dép. 9, 14, 15. — 2. A l'O., les dép. 23, 25, 28, 31; — au centre, les dép. 33, 37, 40, 44. — 3. Au S.-O., les dép. 48, 50, 53, 55; — au S., les dép. 59, 60, 63, 65.

**Devoir 58.** — 1. Nommez à l'E., avec leurs chefs-lieux, les dép. 74, 72, 67, 69; au S.-E., les dép. 76, 79, 85. — 2. Citez les dép. traversés par une ligne droite allant de Saint-Brieuc à Draguignan. — 3. De quelles anciennes provinces sont formés les dép. 43, 30, 84, 33, 59? — les dép. 72, 48, 56, 20, 11?

**Devoir 59.** — 1. Nommez les dép. du N.-O., baignés par la Manche; — ceux du S.-E., baignés par la mer M.; — les départements traversés par le 48e parallèle. — 2. Citez avec leurs préfectures et sous-préfectures les dép. 28, 44, 56; — les dép. 32, 73, 84. — 3. Dites les cours d'eau 42 (dép. 48), 35 (dép. 36), ceux qui arrosent les dép. 28, 52, 69, 2.

**Devoir 60.** — 1. Indiquez les affluents du fleuve 3. — 2. Les départements qu'il traverse et les villes principales qu'il arrose. — 3. Quels dép. et villes principales baigne le fleuve 4? — 4. Quels sont ses affluents?

**Devoir 61** — 1. Quels sont les affluents du fleuve 6? — 2. Les villes qu'il baigne en France, et les départ. qu'il sépare? — 3. Les monts qui forment la ceinture de son bassin? — 4. Quels monts ou collines traversent les dép. 13, 20, 43, 44?

# DÉFENSE NATIONALE

## I. La marine.

152. Comme l'armée de terre, la **marine de guerre** est appelée à défendre le territoire, spécialement les côtes ; en outre sa mission spéciale est de protéger au loin nos colonies, nos nationaux et leur commerce.

153. La marine militaire comprend :

1° **Le personnel**, qui se compose d'environ 25 000 hommes d'équipages et de 15 000 hommes de troupes. Le recrutement se fait par l'*inscription maritime*, qui comprend tous les pêcheurs et les matelots ordinaires.

2° **Le matériel**, qui se compose non seulement de la *flotte*, mais encore des *ports fortifiés* avec leurs *arsenaux* et leurs chantiers de construction.

La **flotte** comprend plus de 400 bâtiments de guerre, dont 60 cuirassés. C'est la plus forte du monde, après la flotte anglaise.

**154. Divisions maritimes.**—Les côtes de la France forment 5 *arrondissements maritimes*, dont les chefs-lieux sont les grands ports militaires de *Cherbourg*, *Brest*, *Lorient*, *Rochefort* et *Toulon*.

Chaque arrondissement est commandé par un vice-amiral, *préfet maritime*, et se subdivise en *sous-arrondissements*, qui sont au nombre de 12.

**Cherbourg** commande la côte de la Belgique à Granville. — Sous-arrondissements : *Dunkerque*, le *Havre* et *Cherbourg*.

**Brest** commande depuis Granville jusqu'à Audierne. — Sous-arr. : *Saint-Servan* et *Brest*.

**Lorient** commande depuis Audierne jusqu'à Noirmoutier. — Sous-arr. : *Lorient* et *Nantes*.

**Rochefort** commande depuis Noirmoutier jusqu'aux Pyrénées. — Sous-arr. : *Rochefort* et *Bordeaux*.

**Toulon** commande toute la côte de la Méditerranée. — Sous-arr. : *Marseille, Toulon, Bastia*.

## II. L'armée.

**155. Service militaire.** — Tout Français ayant 20 ans révolus au 1er janvier doit le service militaire personnel.

La *durée du service* est de 25 ans, savoir : 3 ans dans l'*armée active*, 7 ans dans la *réserve* de l'armée active, 6 ans dans l'*armée territoriale*, et 9 ans dans la réserve de l'armée territoriale.

Sont *exemptés* les jeunes gens que leurs infirmités rendent impropres au service. Sont *dispensés* certains jeunes gens remplissant des conditions admises par la loi, dans l'intérêt de la société.

Le *patriotisme*, la *bravoure*, l'*ardeur* au combat, sont des qualités naturelles du soldat français ; en y joignant l'esprit de discipline et la science militaire, notre armée vaut plus que les forteresses pour l'indépendance et la grandeur de la patrie.

L'ensemble des forces militaires de la France en temps de guerre est de plus de *deux millions d'hommes*. Sur le pied de paix, l'armée active est d'environ 450 000 hommes.

En 1888, l'*armée active* comptait 280 000 hom. d'*infanterie*, 70 000 de *cavalerie*, 65 000 d'*artillerie* ; le reste pour le génie, les équipages, l'administration, la gendarmerie ; avec 120 000 chevaux et 3 000 pièces de campagne.

**156. Divisions militaires.** — Le territoire de la France est divisé, pour l'organisation de l'armée active et de l'armée territoriale, en 18 *régions* et en *subdivisions de régions*. L'Algérie forme une 19e région.

Chaque région est occupée par un corps d'armée qui y tient garnison, et commandée par un chef de division appelé *chef de corps*.

Les chefs-lieux ou **quartiers généraux** des 18 régions militaires sont : 1. **Lille**, 2. **Amiens**, 3. **Rouen**, 4. le **Mans**, 5. **Orléans**, 6. **Châlons-sur-Marne**, 7. **Besançon**, 8. **Bourges**, 9. **Tours**, 10. **Rennes**, 11. **Nantes**, 12. **Limoges**, 13. **Clermont**, 14. **Grenoble**, 15. **Marseille**, 16. **Montpellier**, 17. **Toulouse**, 18. **Bordeaux**.

Paris et Lyon ont une organisation militaire spéciale.

## III. Les fortifications.

**157. Places fortes.** — Les frontières continentales de la France sont défendues par plusieurs places fortes, dont les principales sont :

*Au nord*, Dunkerque, Lille, Valenciennes, Maubeuge, Laon, Givet et Mézières ;

*A l'est*, Verdun, Toul, Epinal, Belfort, Reims, Langres, Besançon, Dijon, Lyon, Grenoble, Albertville et Briançon ;

*Au sud*, Perpignan et Bayonne.

**158. Frontières maritimes.** — *Au point de vue de l'art militaire*, le littoral de la Manche, de l'Atlantique et de la Méditerranée forme de trois côtés les frontières maritimes de la France.

Ces frontières sont défendues par une série de **ports fortifiés** dont les principaux sont *Cherbourg*, *Brest*, *Lorient*, *Rochefort* et *Toulon*, qui servent d'appui et de refuge à notre flotte, et où sont établis les chantiers de construction, les arsenaux maritimes et les magasins. Les préfets maritimes y résident.

**159. Frontières de terre.** — Les limites du N.-E., de l'E. et du S.-O. de la France sont des *frontières de terre* ou *continentales* : la première est formée de plaines ou de collines ; les deux autres, de montagnes.

*Au point de vue des relations pacifiques et commerciales*, qui enrichissent les nations, les montagnes sont des obstacles. On ne peut les franchir que par les dépressions appelées *cols* ou *passages* dans les Alpes, *ports* dans les Pyrénées, et situées parfois à une hauteur de 1 000 à 3 000 m.

*Au point de vue de la guerre*, les montagnes sont des remparts naturels qui protègent contre l'invasion, et dont le génie militaire assure la défense en construisant des forteresses sur les passages accessibles aux armées.

1° **La frontière du Nord**, la plus vulnérable puisqu'elle est formée de plaines, mais protégée par la neutralité de la Belgique, est du reste défendue par de nombreuses places fortes, dont les quatre principales sont actuellement *Dunkerque*, avec *Calais* ; **Lille, Valenciennes**, avec *Condé* ; **Maubeuge**.

Toutes les places du nord et de l'est ont surtout pour but de couvrir **Paris**, **la place centrale**, le cœur du pays, d'ailleurs défendu d'une manière formidable par son enceinte bastionnée et par plus de 40 forts détachés. Grâce à son étendue et à ses ressources exceptionnelles, Paris est la première place de guerre de l'Europe.

2° **La frontière du Nord-Est**, ou des *Vosges* et de l'*Ardenne*, laissée à découvert par la perte de l'Alsace-Lorraine, voit actuellement se compléter un système de fortifications échelonnées de Belfort à Mézières. Ces ouvrages se groupent principalement autour de trois centres : **Verdun**, sur la Meuse ; **Toul** et **Epinal**, sur la Moselle. — *Reims, Givet, Montmedy, Longwy, Remiremont*, ont conservé leurs anciennes fortifications ou en ont reçu de nouvelles.

3° La **frontière du Jura**, assez élevée, mais accessible, est défendue par les places de **Besançon** et de *Montbéliard*, qui couvrent la vallée du Doubs, et par plusieurs forts, tels que ceux de *Joux* et de *Salins*. — **Belfort** ferme la large dépression de Valdieu, ou *trouée de Belfort*, qui sépare le Jura des Vosges. — En arrière de ces places, **Langres** et ses nombreux forts, puis ceux de **Dijon** et de **Lyon** complètent la défense de la région du Jura.

4° Les passages des **Alpes**, difficilement praticables, surtout en France, sont défendus par plusieurs forts importants et quelques villes de

**Devoir 62.** — 1. Que comprend la *marine militaire* ? — 2. Qu'appelle-t-on arsenaux, flotte, personnel de la marine ? — 3. Quels sont les arrondissements maritimes ? — 4. Jusqu'où commandent les places de Cherbourg et de Toulon ? — 5. Comment se fait le recrutement des soldats de marine ?

**Devoir 63.** — 1. A qui incombe le service militaire en France ? — 2. Quelle est la durée du service ? — 3. Quel est l'effectif de l'armée en temps de paix ou de guerre ? — 4. Quelles sont les différentes armes ? — 5. Nommez les 18 régions militaires. — 6. Tracez-en la carte.

**Devoir 63 bis.** — 1. Quelles distinctions fait-on des montagnes ou des plaines au point de vue de la guerre ? — 2. Citez les places fortes qui défendent la frontière du côté de la Belgique. — 3. du côté de l'Allemagne. — 4. de la Suisse. — 5. Sur quelles rivières ou montagnes s'appuient les places de Lille, de Toul, de Dijon, de Besançon ? — 6. Comment les Alpes et les Pyrénées sont-elles défendues ? — 7. Citez quelques forts célèbres de la banlieue de Paris.

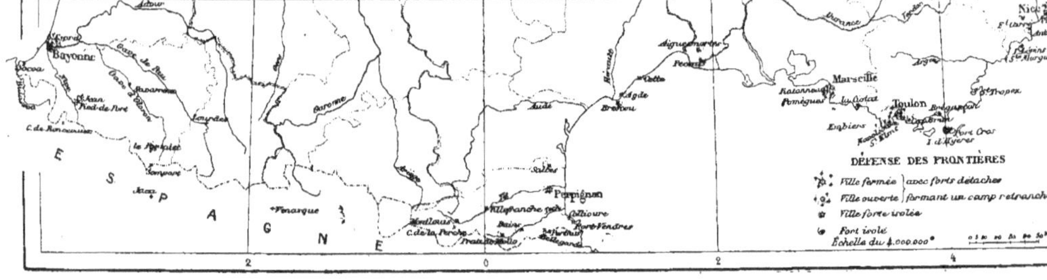

## LA FRANCE MILITAIRE

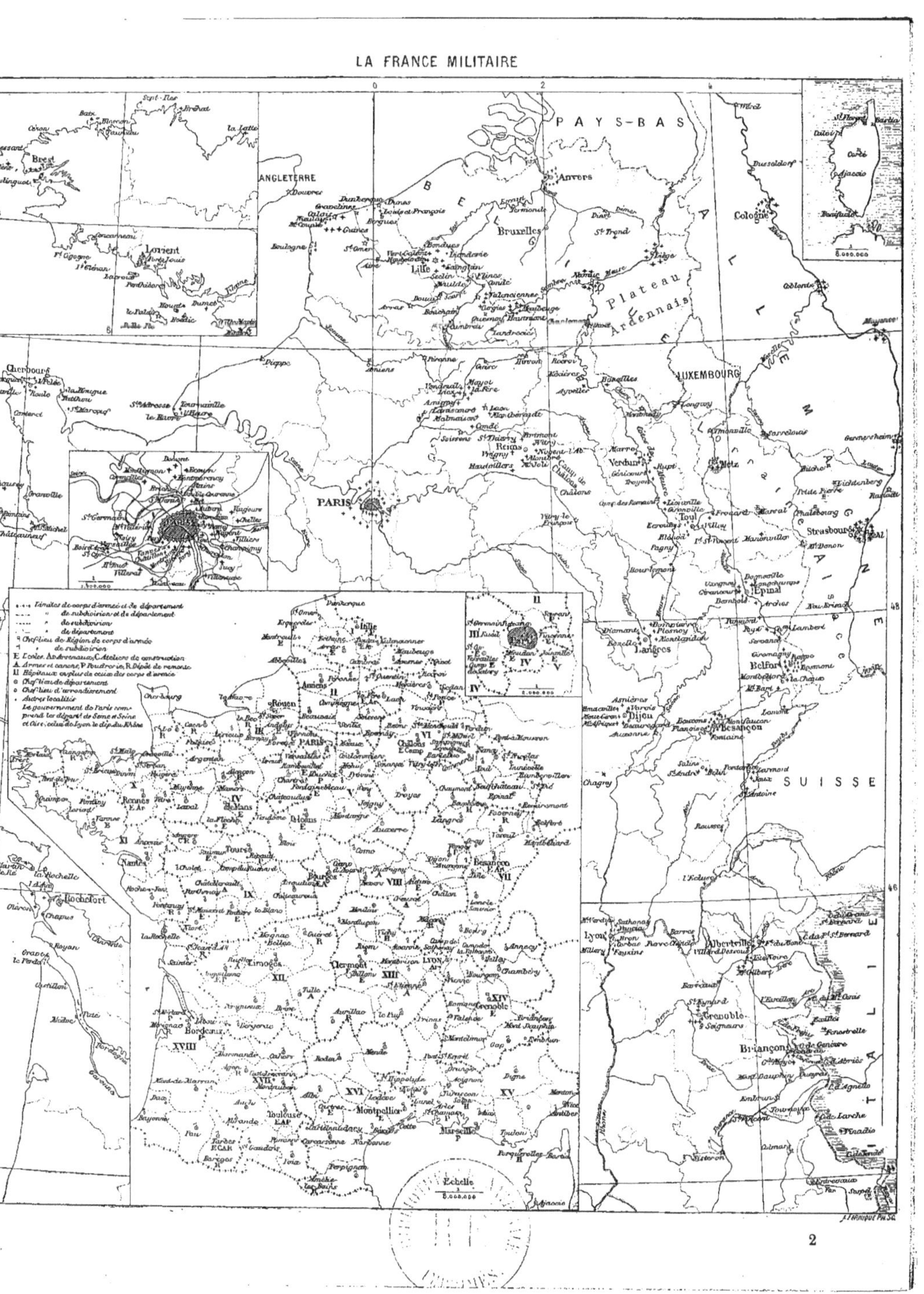

guerre, telles que *Briançon*, qui protège le col du mont Genèvre; *Embrun* et Mont-Dauphin, qui commandent la vallée de la Durance; *Albertville* et **Grenoble** surveillent la vallée de l'Isère et barrent le chemin de la grande *place de Lyon*.

5° Les **Pyrénées**, impraticables aux armées dans leur partie centrale, sont défendues à l'O. par les places fortes de **Bayonne** et Saint-Jean-Pied-de-Port, qui commandent les routes de Saint-Sébastien, de Pampelune et le col de Roncevaux; — à l'E., par les forts de Bellegarde, de Mont-Louis et de **Perpignan**, qui commandent les routes de Figuières et de Barcelone.

160. Les places fortes des pays frontières du N.-E. sont : en Belgique, **Anvers**, **Namur** et **Liège**; — en Allemagne, Cologne, **Coblentz**, **Mayence**, Germersheim, Rastadt, **Strasbourg**, sur le Rhin; **Metz**, sur la Moselle.

## FRANCE ÉCONOMIQUE

161. La *géographie économique* comprend l'**agriculture**, qui occupe les trois quarts de la population française; l'**industrie**, ou fabrication, et le **commerce**, qui occupent chacun environ 5 millions de personnes.

### I. AGRICULTURE

162. **L'agriculture**, ou l'art de cultiver les plantes et d'élever les animaux nécessaires aux besoins de l'homme, est l'industrie la plus importante et la plus universellement exercée en France.

La végétation des plantes est subordonnée au *climat* et à la *nature du sol*.

163. Le **climat** est la disposition habituellement chaude ou froide, sèche ou humide, de l'atmosphère d'une contrée.

La chaleur et l'humidité dépendent de la latitude du pays et de l'altitude du sol, du voisinage des mers et des montagnes, et de la direction des vents dominants.

En France, la **température** (ou chaleur) moyenne annuelle est de 11° centigrades (9° dans le nord, 15° dans le sud).

164. — Les deux **vents dominants**, en France, sont ceux du S.-O. et du N.-E.

Le *vent du S.-O.* est chaud, parce qu'il vient du midi; humide, parce qu'il traverse l'Océan, où il se charge de vapeurs et de nuages : il produit le *climat* dit *marin*, qui est moins chaud en été, moins froid en hiver que le climat continental.

Le *vent du N.-E.* est froid, parce qu'il vient des contrées polaires, et sec, parce qu'il traverse le continent : il produit le *climat* dit *continental*, qui est sec et excessif, très froid en hiver, très chaud en été.

165. Les **sept climats**. — On a divisé la France en *sept climats* ou régions climatologiques :

1. Le **climat vosgien** ou du N.-E. comprend la Lorraine, une partie de la Champagne et la Bourgogne; continental, sec et excessif, il produit céréales et pâturages.

2. Le **climat séquanien** comprend le nord, presque tout le bassin de la Seine et la partie centrale de celui de la Loire; marin, doux et pluvieux, il est favorable aux céréales (blé, etc.), aux betteraves, aux prairies, aux arbres fruitiers, et, dans l'E., à la vigne.

3. Le **climat armoricain**, le plus marin de tous, est favorable aux herbages et arbres fruitiers; il embrasse la Bretagne, la Normandie, le Maine, l'Anjou et la Touraine.

4. Le **climat girondin** comprend presque tout le bassin de la Garonne, ceux de l'Adour et de la Charente; humide et assez chaud, il est favorable au maïs et à la vigne.

5. Le **climat du Plateau central** est froid, rude et inégal; il comprend cette région montagneuse et peu fertile, qui renferme des forêts, des pâturages, et cultive le seigle.

6. Le **climat rhodanien** comprend le bassin du Rhône, moins la partie méridionale; il est très variable : chaud dans les vallées qui produisent céréales, vignes, mûrier; froid et pluvieux dans les montagnes.

7. Le **climat méditerranéen** règne autour de la Méditerranée; plus chaud que les autres, c'est le climat des cultures arbustives et fruitières : l'olivier, la vigne, le mûrier, l'oranger.

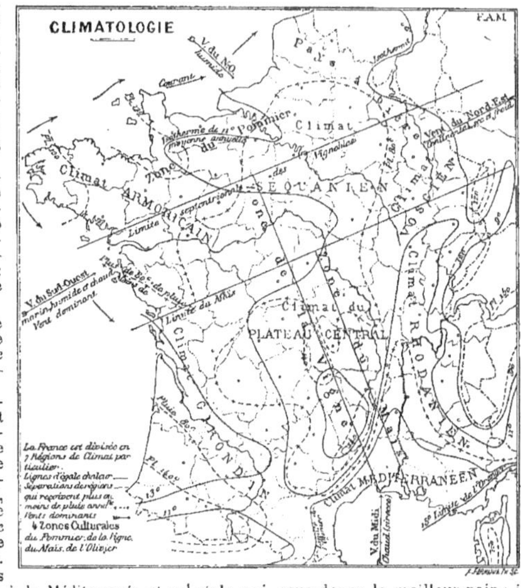


166. **Zones de culture**. — On divise la France en *quatre zones culturales* spéciales :

1° La **zone de l'olivier**, correspondant au climat méditerranéen, a pour limite septentrionale une ligne qui va de Perpignan à Carcassonne, Privas et Digne. - Elle renferme la petite *zone de l'oranger*, située entre Toulon et Nice.

2° La **zone du maïs** commence également à la Méditerranée et se termine au nord par une ligne qui va de l'embouchure de la Gironde vers Strasbourg. — Elle renferme la *zone du mûrier*, qui s'arrête à l'est du Plateau central.

3° La **zone de la vigne** s'étend de la Méditerranée jusqu'à une ligne dirigée de Saint-Nazaire à Mézières.

4° La **zone du pommier** *à cidre* comprend le reste du pays, depuis la limite septentrionale de la vigne jusqu'à la Manche.

167. **Régions altitudinales**. — Au point de vue de l'altitude et de l'agriculture, on distingue : les *régions de montagnes*, où dominent les roches nues, les forêts et les pâturages secs; — les *régions de plateaux*, où les pâturages et les bruyères alternent avec les cultures de seigle et de sarrasin; — les *régions de plaines* et de vallées, où dominent les prairies abondantes et les riches cultures de froment et de plantes industrielles.

168. **Végétaux**. — Les principaux produits végétaux de l'agriculture française sont : la *vigne*, le *froment*, le seigle, le *maïs*, l'orge, l'avoine, la pomme de terre, la *betterave*, le tabac, les plantes textiles, oléagineuses et tinctoriales, et les arbres fruitiers.

169. Les **vignobles**. — La vigne est la richesse agricole caractéristique du sol français.

La production des vins comprend sept groupes principaux : la Bourgogne, la Champagne, le Bordelais, la Charente, le Midi, le Rhône, le Centre.

170. Les **boissons**. — Le *vin* est la boisson ordinaire dans le midi et dans le centre de la France, jusqu'à Paris. Dans les provinces du N.-O., il est remplacé par le *cidre*, qui est le produit de la fermentation du jus de pommes. Dans les provinces du N.-E., il est remplacé par la *bière*, boisson fermentée préparée avec de l'orge, et à laquelle on ajoute la fleur du houblon comme moyen de conservation.

171. **Céréales**. — Le **froment** est la céréale qui nous donne le meilleur pain; il est cultivé dans presque toute la France, particulièrement dans les régions du Nord, dans la Beauce, la Brie, etc.

Le *seigle* et le *sarrasin* suppléent au froment dans les pays pauvres ou sablonneux, surtout en Bretagne et sur le Plateau central.

Le **maïs**, excellent pour le bétail, est très cultivé surtout dans les bassins de la Garonne et de la Saône.

L'orge, dont on fait la bière, et l'*avoine*, qui constitue la meilleure nourriture des chevaux, se cultivent surtout dans le Nord et le Nord-Est.

La **betterave** se cultive en grand dans les départements du Nord pour la fabrication du sucre et de l'alcool.

Les *plantes textiles* sont, en France, le *lin* et le *chanvre*, dont l'écorce fournit la filasse ou les fibres propres à la filature, et dont les graines sont oléagineuses.

Les *plantes oléagineuses*, dont la graine donne de l'huile, sont le lin, le chanvre, le colza, la navette, l'œillette ou pavot noir. On les cultive surtout dans le nord et l'ouest.

Les *plantes tinctoriales*, qui donnent des sucs colorants, sont : la *garance* (teinture rouge), le *safran* et la *gaude* (teinture jaune), le *tournesol* (teinture bleue). Elles sont peu cultivées.

Les **arbres fruitiers** les plus importants sont : l'*olivier*, le *citronnier*, l'*oranger*, le *figuier*, le

---

Devoir 64. — 1. Qu'est-ce que l'*agriculture*? — 2. Comment la chaleur et l'humidité influent-elles sur la végétation d'un pays? — 3. Quels sont les caractères du climat séquanien... du climat méditerranéen?

Devoir 65. — 1. Jusqu'où s'étend la limite de la culture de l'olivier? — du maïs? — de la vigne? — du pommier? — 2. Quels sont les centres de production des vins français? — 3. Comment et dans quelle ré-

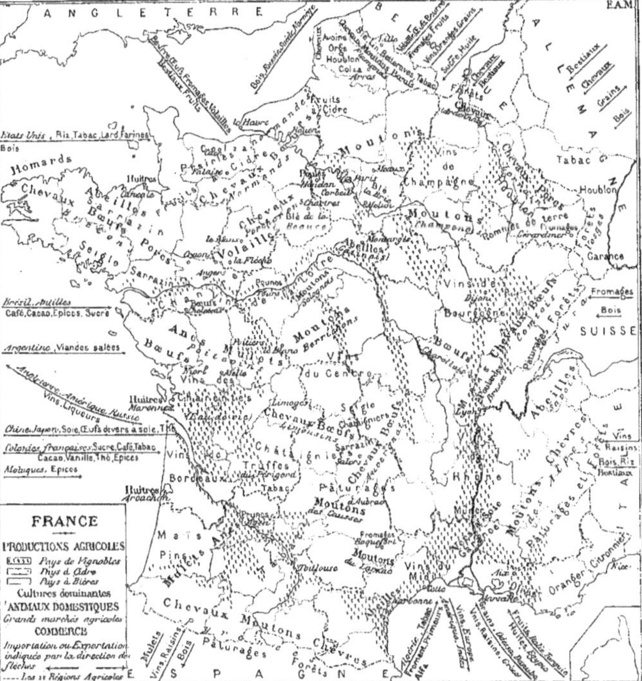


*châtaignier*, le *pommier*, le *prunier*, le *pêcher*, l'*abricotier*, le *mûrier*.

Les **forêts** se trouvent dans les Vosges, l'Argonne, l'Ardenne, le Morvan, le Jura, les Pyrénées.

172. **Animaux.** — Les principaux animaux domestiques sont, en France, le *cheval*, l'*âne*, le *mulet*, le *bœuf* et la *vache*, le *mouton*, la *chèvre*, le *porc*, les *poules*, les *oies*, les *abeilles* et le *ver à soie*.

**Le cheval.** Les races principales sont les *chevaux boulonnais, normands, percherons, bretons, limousins, ardennais*, etc.

Les *ânes* et les *mulets* les plus estimés sont ceux des Pyrénées et du Poitou.

**Le bœuf** et **la vache**. Les *races de trait* sont surtout dans les montagnes du centre; les *races laitières* et *de boucherie* sont celles des prairies grasses du N.-O. et de l'E. : Normandie, Charollais, etc.

Le **mouton**, qui nous donne la laine, s'élève en troupeaux nombreux dans le Nord et dans le centre; les races mérinos, à laine fine, se trouvent surtout dans le bassin de la Seine. — Beaucoup de *brebis* et de *chèvres* sont élevées pour le lait et le fromage dans les pays de montagnes.

Le **ver à soie** est une grosse chenille non velue qui se nourrit de la feuille du mûrier et produit la soie en cocons. On l'élève surtout dans la vallée du Rhône.

173. **Marchés agricoles.** — Les *grands marchés agricoles* sont généralement établis au centre des pays de productions, ou dans les villes importantes par leur consommation.

**Paris** et ses environs ont des marchés pour tous les genres de produits.

Pour les *grains*, **Lille**, Arras, Rouen, Corbeil, Chartres, Meaux, Melun, Dijon, Lyon, Limoges, Toulouse, et la plupart des grandes villes. — Dans les années où la production nationale est insuffisante, Marseille, Cette, le Havre, importent les *blés de Russie*, de Pologne, de Hongrie, les farines d'Amérique.

Pour les *graines oléagineuses*, Cambrai, Douai, Arras, Lille.

Pour les *huiles*, Paris, Lille (huiles de colza et de lin), Marseille, Aix et Nice (huile d'olive).

Pour le *lin* et le *chanvre*, **Lille**, **le Mans**, Angers, Briançon.

Pour les *chevaux*, Caen et Falaise (Calvados), Chartres.

Pour les *mulets*, Poitiers, Niort et Melle.

Pour les *bœufs*, la Villette (Paris), Lille, Rouen.

Pour les *moutons*, le Blanc (Indre), Montargis (Loiret).

## II. INDUSTRIE

174. **Produits industriels.** — Les principaux produits de l'industrie française peuvent se grouper de la manière suivante :

1° Les produits des *carrières* : les ardoises, les marbres, la pierre de taille, le plâtre, la craie, le sel, etc.

2° Les produits des *mines* : la tourbe et la houille, abondantes surtout dans le Nord, le fer, le plomb, etc.

3° Les produits des *usines* : les machines à vapeur, les locomotives, les navires en fer, les fusils, les armes blanches, les canons, les couteaux.

4° Les *tissus*, comprenant les cotons, les toiles de lin et de chanvre, les draps et les lainages, les soieries, etc.

5° Les *articles de toilette et d'ameublement* : les vêtements, les chaussures, les chapeaux, les meubles, les horloges, les glaces, les porcelaines, les papiers, et les instruments de tout genre.

175. **Houille.** — Les principaux *bassins houillers* sont :

1° *Dans le Nord*, le bassin de Valenciennes et d'Anzin (Nord), prolongement du grand bassin belge de la Sambre et de la Meuse, le plus riche du continent;

2° *Dans le centre*, les bassins du Creusot (Saône-et-Loire) et de S.-Étienne (Loire);

3° *Dans le Sud*, le bassin d'Alais et la Grand'Combe (Gard).

**Fer.** — Les départements les plus riches en minerais de fer sont : **Meurthe-et-Moselle**, **la Haute-Marne**, **Saône-et-Loire**, **l'Ardèche**, **les Pyrénées-Orientales**, le Var, le Cher.

176. **Métallurgie.** — Les principaux *produits en fer* sont les *machines à vapeur*, les *métiers* à tisser, les *locomotives*, les *machines* de tous genres, sortant des usines de Paris, Lyon, Saint-Étienne, Saint-Chamond, Rive-de-Gier, le Creusot, Lille, Saint-Quentin.

Les *navires en fer*, des chantiers de Toulon, de Marseille, du Havre, d'Indret, près de Nantes;

Les *fusils* et les *armes blanches* de Saint-Étienne, de Tulle, de Châtellerault;

Les *canons* de Bourges, de Ruelle (Charente), de Tarbes et de Toulouse;

Les *couteaux* de Langres, de Châtellerault, de Thiers, de Nontron.

177. **Cotons.** — Les centres de *fabrication de cotonnades* sont :

1° *Dans la Normandie*, Rouen, Evreux, Flers;

2° *Dans le Nord*, S.-Quentin, Amiens, Lille.

3° *Dans l'Est*, Epinal, Bar-le-Duc, Troyes.

4° *Dans le centre*, Tarare et Villefranche, Roanne, Vichy.

178. **Toiles.** — Les centres de *fabrication de toiles* sont :

1° *En Flandre et en Picardie*, où domine le lin, Lille, Valenciennes, Amiens, Abbeville, Saint-Quentin;

2° *Dans la Normandie et le Maine*, où domine le chanvre, Lisieux, Alençon, Vimoutiers, le Mans, Laval, Angers, Cholet.

Alençon, Bayeux, Caen et le Puy, fabriquent des *dentelles*; Nancy, des *broderies* renommées.

179. **Lainages.** — Les centres de *fabrication de lainages* sont :

1° *Dans le N.-O.*, Elbeuf, Louviers et Vire.

---

gion se fabrique le cidre? — la bière? — 4. Où se cultive le froment? — le seigle? — le maïs? — l'orge? — la betterave? — le lin? — le chanvre? — 5. Quels usages en fait-on? — 6. Où se trouvent les forêts?

**Devoir 66.** — 1. Dans quelles contrées élève-t-on les meilleurs chevaux? — 2. Que veut dire limousin? — ardennais? — normand? — 3. A quels départements correspond le nom de limousin? — d'ardennais? — de normand? — 4. Qu'appelle-t-on bœufs de trait? — vaches laitières? — 5. Quelles sont les meilleures races bovines? — 6. Où s'élèvent les moutons? — 7. Comment se produit la soie et quel usage en fait-on?

**Devoir 67.** — 1. Dressez la carte agricole de la France, en indiquant les principaux produits sur les lieux de production. — 2. Tracez les limites des cultures de la vigne, du maïs, etc., d'après la carte ci-dessus.

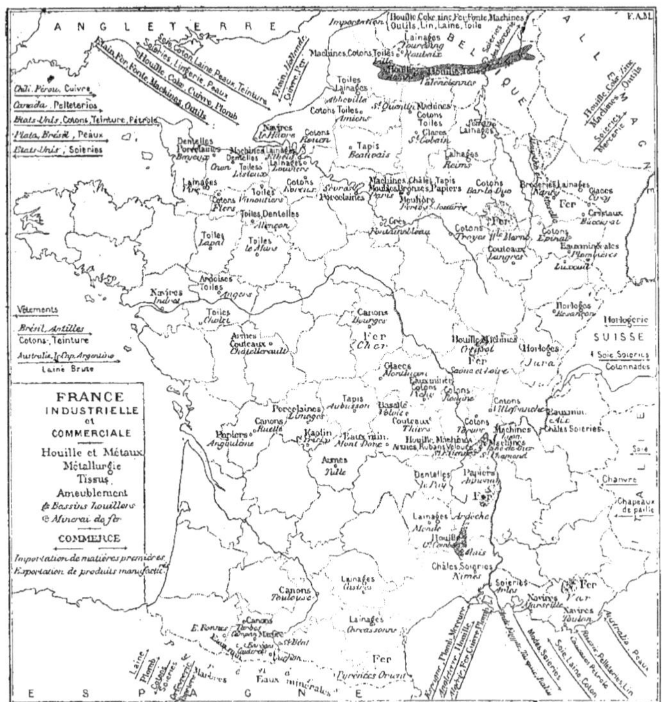


2° *Dans le Nord*, Roubaix, Tourcoing, Abbeville.

3° *Dans le N.-E.*, Sedan, Reims et Nancy.

4° *Dans le Sud*, Mende, Carcassonne et Castres.

On remarque les *châles* de Paris, de Lyon et de Nîmes; — les *tapis* des Gobelins (Paris), d'Aubusson (Creuse) et de Beauvais.

**Soieries.** — Les *soieries façonnées* ou à dessins, les étoffes brochées d'or et d'argent de Lyon, les *rubans* et les *velours* de Saint-Étienne, sont renommés dans le monde entier. Nîmes et Arles sont les autres centres de production.

180. **Objets d'ameublement.** — Les *meubles* et les *bronzes d'art* de Paris.

Les *horloges* de Besançon et du Jura.

Les *glaces* de Saint-Gobain (Aisne), de Cirey (Meurthe-et-M.), de Montluçon (Allier).

Les *cristaux* de Baccarat (Meurthe-et-M.).

Les *porcelaines fines* de Sèvres (Seine-et-Oise), de Limoges, de Bayeux.

Les *papiers peints* de Paris;

Les *papiers* d'Angoulême, d'Annonay (Ardèche).

181. **Centres manufacturiers.** — Les principaux centres manufacturiers de la France sont :

1° *Paris*, qui est le centre industriel de production et de consommation le plus actif du continent. Sa fabrication embrasse tous les genres de produits et atteint une valeur égale au quart de la fabrication de la France entière.

2° *Lyon*, par ses soieries, et *Saint-Étienne*, par ses houilles et ses produits métallurgiques, forment le second centre manufacturier de la France.

3° *Lille, Roubaix, Tourcoing*, par leurs tissus; les nombreux villages de la Flandre, par leurs cultures industrielles; *Valenciennes*, par ses houilles et ses fers, forment le troisième centre.

En 1871, nous avons perdu Mulhouse, Strasbourg et Metz, qui constituaient alors notre 4e centre industriel.

4° *Rouen, Elbeuf* et leurs environs, par leurs tissus; *le Havre*, par son industrie navale, forment actuellement le 4e centre.

5° *Marseille* forme le 5e centre manufacturier.

6° Viennent ensuite, sans ordre bien déterminé : *Bordeaux, Toulouse, Nantes, Amiens, Reims, Sedan* avec *Charleville, Nancy, Besançon, le Creusot, Alais* et *la Grand'-Combe, Toulon*, etc.

## III. COMMERCE

### 1. Voies de communication.

182. Les voies de communication servant au transport des marchandises sont les *routes*, les *chemins de fer*, les *rivières* et *canaux navigables*, et la *navigation maritime*.

183. **Routes.** — On distingue les routes nationales, les routes départementales et les chemins vicinaux.

1° Les *routes nationales* sont de grandes voies de communication entretenues aux frais de l'État.

2° Les *routes départementales* sont entretenues par les départements qu'elles traversent.

3° Les *chemins vicinaux* sont établis et entretenus par les communes intéressées.

184. **Chemins de fer.** — (36 000 km.) La France a six grands *réseaux* de chemins de fer, qui appartiennent à des compagnies différentes, et dont 5 partent de Paris. Ils se relient aux frontières avec les chemins de fer étrangers.

185. Le réseau de l'OUEST comprend :

La ligne de *Paris à Brest*, par Versailles, Chartres, le Mans, Laval, Rennes et Saint-Brieuc.

La ligne de *Paris à Cherbourg*, par Mantes, Evreux et Caen.

La ligne de *Paris au Havre*, par Mantes et Rouen.

186. Le réseau du NORD comprend :

La ligne de *Paris à Calais*, par Amiens et Boulogne.

La ligne de *Paris à Dunkerque*, par Arras et Lille.

La ligne de *Paris à Bruxelles*, par Saint-Quentin et Mons, et à *Cologne*, par Namur et Liége.

187. Le réseau de l'EST comprend :

La ligne de *Paris à Strasbourg*, par Châlons-sur-Marne, Bar-le-Duc et Nancy.

La ligne de *Paris à Mulhouse*, par Troyes, Chaumont, Vesoul et Belfort.

188. Le réseau de PARIS-LYON-MÉDITERRANÉE comprend :

La ligne de *Bourgogne*, ou de Paris à Lyon, par Melun, Dijon et Mâcon.

La ligne du *Bourbonnais*, de Paris à Fontainebleau, Nevers, Moulins et Lyon, avec embranchement de Saint-Germain-des-Fossés sur Clermont et Nîmes.

La ligne de *Lyon à la Méditerranée*, ou de Lyon à Valence, Avignon, Marseille, Toulon et Nice.

Les lignes de Lyon à Saint-Étienne et Roanne, — de Lyon à Genève, — de Lyon à Chambéry et à Turin (Italie).

189. Le réseau d'ORLÉANS comprend :

La ligne de *Paris à Nantes*, par Vendôme, Tours et Angers, avec prolongement de Nantes sur Vannes, Quimper et Brest.

---

**Devoir 68.** — 1. En quoi consiste l'*industrie*? — 2. Qu'est-ce que la houille? — 3. Où la trouve-t-on? — 4. Où sont les bassins d'Anzin, du Creusot et d'Alais? — 5. Dans quels départements trouve-t-on le plus de minerai de fer? — 6. Que produit la métallurgie? — 7. Que fabrique-t-on à Rive-de-Gier? — à Langres? — à Lille? — à Indret? — 8. Où se fabriquent les canons? — les fusils? — les navires en fer?

**Devoir 69.** — 1. Qu'est-ce que le coton? (filasse donnée par le fruit du cotonnier.) — 2. D'où nous vient-il? (de l'Amérique, de l'Inde.) — 3. Où se fabriquent les cotonnades en France? — 4. Avec quoi se font les toiles, les lainages, les draps, les soieries? — 5. Quels tissus fabrique-t-on à Elbeuf? — à Sedan? — à Nîmes? — à Paris? — au Mans? — à Tarare? — à Lyon? — 6. De même à Lille? — à Alençon? — à Abbeville? — aux Gobelins (Paris)? — à Saint-Étienne? — 7. Dites dans quels départements se trouvent ces villes.

**Devoir 70.** — 1. Quels sont les principaux objets d'ameublement? — 2. Que fabrique-t-on à Paris? — à Besançon? — à Sèvres? — à Annonay? — à Limoges? — 3. Quels sont les principaux centres manufacturiers de France? — 4. Par quoi se distingue Lyon? — Saint-Étienne? — Roubaix? — Elbeuf? — le Creusot? — Sedan? — Toulon?

**Devoir 71.** Faire la carte industrielle de la France, en indiquant les gisements de houille..., de fer..., les villes manufacturières.

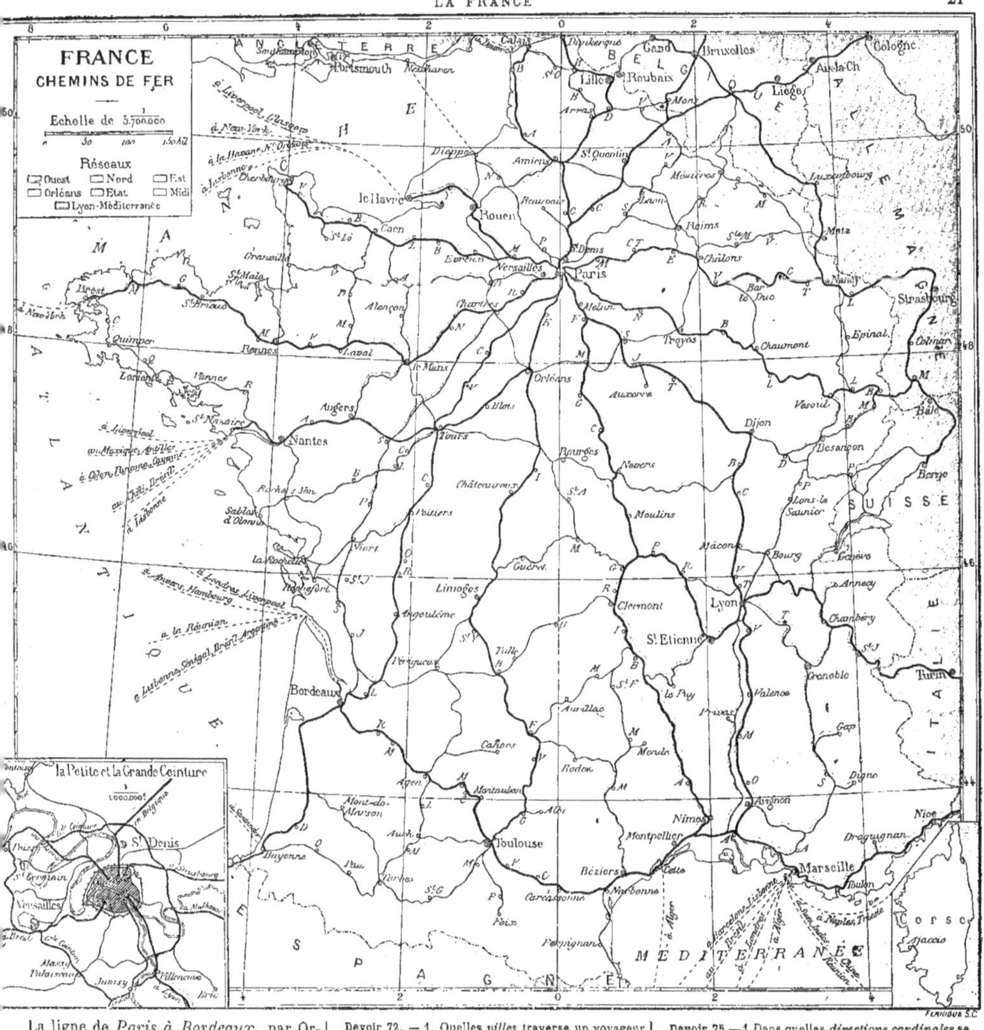


La ligne de *Paris à Bordeaux*, par Orléans, Tours, Poitiers et Angoulême.

La ligne du *Centre*, d'Orléans à Châteauroux, Limoges, Figeac et Toulouse.

190. Le réseau du MIDI comprend :

La ligne de *Bordeaux à Cette*, par Agen, Montauban, Toulouse, Carcassonne et Béziers.

La ligne de Bordeaux à Bayonne, Pau et Tarbes ;

La ligne de Narbonne à Perpignan et Barcelone (Espagne).

191. Le réseau de l'ÉTAT comprend les chemins de fer des *Charentes*, de la *Vendée*, et d'*Orléans* à *Chartres* et à *Châlons*.

**Devoir 72.** — 1. Quelles *villes* traverse un voyageur qui va en *chemin de fer* de Paris à Lille ? — 2. de Paris à Marseille par la Bourgogne ? — 3. de Paris à Bordeaux par Tours ? — 4. de Nancy à Lyon et à Brest ? — 5. de Bordeaux à Nice ?

**Devoir 73.** — 1. Dites par quelles *villes* passe un voyageur qui va en chemin de fer de Paris à Brest. — 2. De Paris à Cherbourg. — 3. De Paris au Havre. — 4. De Paris à Bruxelles. — 5. De Paris à Strasbourg. — 6. De Paris à Marseille par le Bourbonnais. — 7. De Paris à Bordeaux par Châteauroux. — 8. De Bordeaux à Lyon par Cette. — 9. De Lyon à Boulogne.

**Devoir 74.** — 1. Un voyageur de commerce se rend de Paris au Mans, de là à Dijon, puis à Saint-Etienne : dites quelles *villes* il traversera. — 2. Quel est le chemin de fer direct de Paris à Calais ? — à Lille ? — à Mézières ? — à Strasbourg ? — à Belfort ? — à Béziers ?

**Devoir 75.** — 1. Dans quelles *directions cardinales* se rendent les chemins de fer de Toulouse à Nîmes ? — à Lyon ? — à Bordeaux ? — à Orléans ? — à Brest ? — 2. Dites par quelles *villes* passe un voyageur se rendant de Paris à Turin, — 3. à Berne, — 4. à Strasbourg, — 5. à Cologne, — 6. à Bruxelles.

**Devoir 76.** — 1. Dans quels *pays* se rendent les lignes de navigation partant de Marseille ? — 2. du Havre ? — 3. de Bordeaux ? — 4. Dans quel *port* français s'embarque un voyageur se rendant à Panama ? — 5. en Chine ? — 6. à New-York ? — 7. à Douvres ? — 8. dans l'Argentine.

**Devoir 77.** — 1. Tracez la carte du *réseau* de... (à indiquer). — 2. Tracez la carte des principales lignes de chemins de fer, d'après le modèle 10e du cahier cart. no 1.

## COMMERCE (*Suite.*)

### II. OBJET DU COMMERCE FRANÇAIS

192. Le **commerce intérieur** de la France, alimenté par une foule de produits de toute nature, est très considérable, surtout dans les grandes villes. Il se fait en *gros* ou en *détail*, d'une manière permanente dans les magasins et les boutiques, et d'une manière périodique dans les *foires* et les *marchés*.

Le **commerce extérieur** de la France est, après celui de l'Angleterre, le plus important du monde; il s'élève annuellement à environ 10 000 000 000 de francs.

Il comprend l'*importation*, ou l'introduction en France des marchandises venant de l'étranger, et l'*exportation*, c'est-à-dire la sortie des produits nationaux français.

Les pays qui font *le plus d'échanges* avec la France sont l'Angleterre (pour 2 milliards de francs), la Belgique (1 milliard), l'Allemagne (1 milliard), l'Italie (700 millions), les États-Unis, la Suisse (700 m.), l'Espagne, la Turquie, l'Algérie.

193. **Importation.** Principaux articles d'importation.

1° Les FIBRES TEXTILES importées sont : la **soie**, provenant surtout de la Chine, du Japon et de l'Italie; — le **coton** des États-Unis, de l'Inde, de l'Égypte; — la **laine brute** de l'Australie, du Cap et de l'Argentine; — le *lin* de la Belgique et de la Russie; le chanvre; l'alfa, de l'Algérie.

Il faut ajouter les *peaux* de l'Argentine, du Brésil, de l'Australie, et les *pelleteries* de la Russie.

2° Les MÉTAUX et COMBUSTIBLES comprennent: la **houille** provenant de l'Angleterre, de la Belgique et de la Prusse; — le **pétrole**, du Caucase et des États-Unis; — le *cuivre*, de l'Angleterre, du Pérou, du Chili; — le *plomb*, de l'Espagne; — le *zinc*, de la Belgique; — l'*étain*, de Banca (par la Hollande) et d'Angleterre.

Ajoutons les *machines*, outils et ouvrages en *métaux*, de l'Angleterre, de la Belgique, de la Prusse; — les *bois de construction*, de la Norvège, de la Russie, de l'Allemagne, des États-Unis.

3° Les SUBSTANCES ALIMENTAIRES importées comprennent les *céréales* : **farines** des États-Unis, **froment** de la Russie, de la Hongrie, de l'Algérie; *riz* de l'Italie; — les **bestiaux** de l'Allemagne et autres pays limitrophes, et la *viande préparée* de l'Argentine et des États-Unis; — les *poissons de mer* et les *huiles*, des pays du Nord; — les **denrées coloniales** : *sucre de canne* et *café*, du Brésil; *thé*, de Chine; *épices*, des Moluques, etc.; — les **vins** et **raisins** provenant d'Espagne, d'Italie, de Grèce et de Portugal.

194. **Exportation.** Elle comprend : 1° les PRODUITS MANUFACTURÉS, notamment les **tissus de soie**, que la France expédie en Angleterre, aux États-Unis, en Belgique, etc. (pour 350 millions); — les **draps** et autres *tissus de laine*, de coton, de lin, pour divers pays de l'Europe et du dehors (400 mil.); — les *articles de toilette et de mode*, les *vêtements confectionnés*, les *articles de Paris*, etc., exportés dans le monde entier.

2° Les PRODUITS AGRICOLES, tels que : les **vins** et *liqueurs*, pour les pays du Nord; — la **volaille**, les *œufs*, le *beurre*, etc., pour l'Angleterre, la Belgique et ailleurs; — les *chevaux*, les *bestiaux*, les *fibres textiles*, échangés avec les pays voisins.

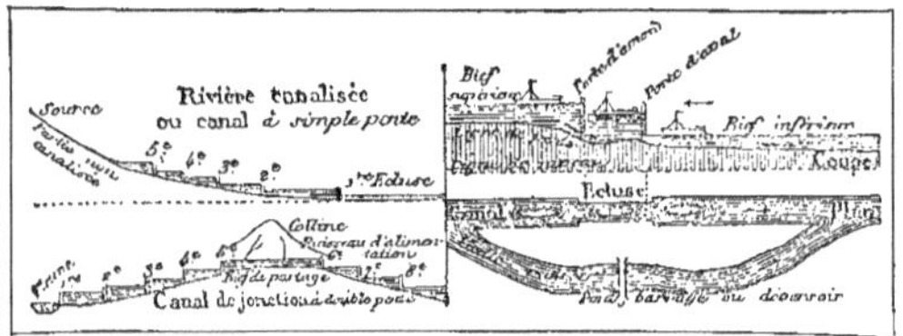


### III. VOIES NAVIGABLES

195. **Canalisation.** — Les *canaux*, de même que les *rivières canalisées*, sont généralement divisés en plusieurs sections appelées *biefs* et séparées par des *écluses*.

D'un bief à l'autre la différence de niveau de l'eau est de 2 à 3 mètres, de sorte que les biefs se succèdent comme les marches d'un escalier.

L'*écluse* est une sorte de bassin (ou *sas*) fermé de deux doubles portes, dont l'une, celle d'amont, communique avec le bief supérieur, et l'autre, celle d'aval, communique avec le bief inférieur. — Lorsque le bateau veut remonter le canal, par exemple, on ouvre d'abord la porte d'aval, pour mettre le bief inférieur en communication avec l'écluse où le bateau entre, puis on ferme cette porte d'aval, et l'écluse se remplit d'eau de manière à élever le bateau au niveau du bief supérieur, dans lequel on le fait parvenir ensuite en ouvrant la porte d'amont. Une manœuvre inverse se fait pour la descente.

Le canal du Midi franchit ainsi la ligne de partage qui sépare les versants de l'Océan et de la Méditerranée. Le bief de partage est situé en travers du col de Naurouse, à 190m. d'altitude; la pente du canal jusqu'à Cette (190m.) est rachetée par 73 écluses, de 2m 50 de chute en moyenne; la pente sur Toulouse (190 — 130 = 60) est rachetée par 26 écluses. (Voir la figure, p. 12, du cahier cartographique n° 2.)

196. **Cours d'eau navigables.** — Les principales rivières françaises navigables sont:

1° Versant de la mer du Nord : la Meurthe, la *Moselle*, la Meuse, la *Sambre*, l'*Escaut*.

2° Versant de la Manche : la Somme, la *Seine*, l'Aube, l'Yonne, la *Marne*, l'*Oise*, l'Aisne, l'Orne.

3° Versant de l'Atlantique : la *Loire*, l'Allier, le *Cher*, la Vienne, la Maine, la Sèvre-Niortaise, la Charente, la *Garonne*, le Tarn, le Lot, la *Dordogne*.

4° Versant de la Méditerranée : le Rhône, la *Saône*, le *Doubs*, l'Isère.

197. **Canaux.** — Un canal est une rivière artificielle faite par les hommes pour les besoins de la navigation.

Les *canaux de jonction* unissent les bassins fluviaux et les mers de France.

ENTRE SEINE ET ESCAUT. — Le canal de **Saint-Quentin** va de la Fère, près Chauny, sur l'Oise, à Saint-Quentin, sur la Somme, et à Cambrai, sur l'Escaut; il est prolongé par les **canaux de Flandre** jusqu'à Lille, Dunkerque et Calais.

ENTRE SEINE ET MEUSE. — Le canal de **Sambre-et-Oise** va de la Fère, sur l'Oise, à Landrecies, sur la Sambre; — le canal des **Ardennes** commence à Pont-à-Bar, sur la Meuse, passe à Rethel et se termine à Vieux-les-Asfeld, sur l'Aisne.

ENTRE MEUSE ET RHONE. — Le canal de l'**Est** va de Givet, sur la Meuse, à Corre, sur la Saône.

ENTRE SEINE ET RHIN. — Le canal de la **Marne au Rhin** va de Vitry-le-François à Bar-le-Duc, Nancy et Strasbourg.

ENTRE SEINE ET RHONE. — Le canal de **Bourgogne** va de la Roche, près Joigny, sur l'Yonne, à Saint-Jean-de-Losne, sur la Saône. — Le canal de la **Marne à la Saône** va de Donjeux à Pontailler.

ENTRE SEINE ET LOIRE. — Le canal du **Nivernais** va d'Auxerre, sur l'Yonne, à Clamecy, à Decize, sur la Loire; — le canal du *Loing* va de la Seine à Buges, près Montargis, et se continue jusqu'à la Loire par le canal de *Briare* et par le canal d'*Orléans*.

ENTRE RHONE ET LOIRE. — Le canal du **Centre** va de Digoin, sur la Loire, à Châlon-sur-Saône.

ENTRE RHONE ET RHIN. — Le canal du **Rhône au Rhin** commence à Saint-Symphorien, sur la Saône, va à Dôle, remonte le Doubs, passe à Besançon, traverse le col de Belfort, passe à Mulhouse et se termine à Strasbourg.

ENTRE RHONE ET GARONNE. — Le canal du **Midi**, ou du Languedoc, va de Toulouse à Carcassonne et à Cette; il se continue jusqu'à Aigues-Mortes par le canal des *Étangs*, auquel fait suite le canal de *Beaucaire* jusqu'au Rhône.

198. Parmi les autres canaux, on peut citer: les nombreux canaux de la Flandre, tels que ceux de la *Sensée*, de la *Scarpe*, de la *Deule*, rivières canalisées et redressées; le canal de l'*Ourcq*, qui amène à Paris les eaux de l'Ourcq et alimente le canal de Saint-Denis.

Le canal de *Reims* réunit l'Aisne à la Marne.

Le canal de la *Somme*, ou la Somme canalisée, va d'Abbeville à Saint-Simon, où il joint le canal de Saint-Quentin.

Le canal *latéral de la Haute-Seine* descend de Bar-sur-Seine au confluent de l'Aube (à Marcilly).

Le canal *latéral à la Loire* descend de Roanne à Briare.

Le canal du *Berry* relie la Loire et le Cher et remonte jusqu'à Montluçon.

Le canal *latéral à la Garonne* va de Toulouse à Castets.

Le canal de *Nantes à Brest* a un embranchement sur Lorient.

Le canal d'*Ille-et-Rance* va de Rennes à Saint-Malo.

Le canal d'*Arles à Bouc*, communiquant avec le canal *Saint-Louis*, qui permet à la navigation d'éviter la barre ou les ensablements du Rhône.

199. Nos grands **ports marchands** sont :

1° *Sur la mer du Nord*, Dunkerque et Calais.

2° *Sur la Manche*, Boulogne, Dieppe, le Havre, Rouen, Saint-Malo.

3° *Sur l'Océan*, Brest, Nantes et Saint-Nazaire, la Rochelle, Bordeaux, Bayonne.

4° *Sur la Méditerranée*, Cette, Marseille, Toulon et Nice.

Par *ordre d'importance*, Marseille est le premier port, le Havre le second; puis viennent Bordeaux, Dunkerque, Rouen, Saint-Nazaire, Nantes, Cette, Boulogne.

200. **Paquebots.** — Des services réguliers de *paquebots à vapeur* sont établis entre nos principaux ports et l'étranger.

**Marseille** est le point de départ de tous les grands services français de la Méditerranée et de la mer Noire, et, par l'isthme de Suez, de l'océan Indien et de l'océan Pacifique. — Marseille a aussi de nombreuses relations avec l'Afrique occidentale, les Antilles, le Brésil et la Plata.

Le **Havre** est notre principal port d'expédi-ion pour l'Amérique : il fait surtout le com-nerce de la France avec les Etats-Unis.

**Saint-Nazaire** a des relations directes avec es Antilles, à la Havane, — avec le Mexique, à Vera-Cruz, — et par le chemin de fer de Panama, avec la Californie, le Pérou, le Chili et l'île Taïti.

**Bordeaux** a des relations avec le Sénégal et l'île de la Réunion, — les Indes et l'île de Java, — Lisbonne, le Brésil, le Mexique et la Havane (dans l'île de Cuba, l'une des grandes Antilles).

**Devoir 78.** — 1. Que comprend le commerce extérieur? — 2. Avec quels pays la France commerce-t-elle le plus? — 3. Qu'appelle-t-on fibres textiles, tissus, métaux, combustibles, produits alimentaires? — 4. D'où nous vient la soie, la laine, la houille, le pétrole, la viande préparée, le café? — 5. A qui la France vend-elle ses soieries, son vin, sa volaille?

**Devoir 79.** — 1. Nommez les rivières navigables du versant de la Manche, et dites, d'après la carte, où commence la navigation pour chacune d'elles.

**Devoir 80.** — 1. Par quelles *voies navigables* un bateau peut-il aller de Paris à Lyon? — 2. De Lyon à Toulouse et à Bordeaux? — 3. De Brest à Nantes et à Paris? — 4. De Rouen à Reims? — 5. De Reims à Calais? — 6. De Brest à Lyon?

**Devoir 81.** — Comment un *bateau* peut-il aller de Paris à Namur (Belgique)? — 2. à Rouen? — 3. à Nancy? — 4. D'Orléans à Lyon? — 5. D'Auxerre à Strasbourg? — 6. De Paris à Liège par Pont-à-Bar?

**Devoir 82.** — 1. Citez les *ports* de la Normandie, — 2. de la Bretagne, — 3. de la Méditerranée. — 4. Avec quels pays étrangers sont en relation Bordeaux? Marseille? le Havre?

**Devoir 83.** — 1. Dites, d'après la carte, quel est le tonnage total (tonnes de 1 000 kg.) des vaisseaux entrés et sortis en une année des ports de Boulogne, de Saint-Malo, de Rouen, de Bordeaux. — 2. Rangez les ports français par ordre d'importance. — 3. Faire la carte des canaux.

## DÉPARTEMENTS ET VILLES

### I. RÉGION DU NORD

**I. ILE-DE-FRANCE, cap. Paris, 5 départ^s.**

**201. Généralités.** Pays de *plaines* ondulées, de vallées élargies, de plateaux bas et de *collines* d'une altitude moyenne de 100 à 200 mètres.

*Agriculture* progressive. Produits variés : les **céréales**, notamment les *blés* de la Brie, l'orge, le colza, la betterave à sucre. *Culture maraîchère* dans les environs de Paris. Vaches laitières et moutons.

*Industrie* très active, dont le siège principal est à Paris, pour tous les genres de produits de luxe, de mode, d'ameublement et d'instruction. Tissus, tapis des Gobelins (Paris), porcelaine, glaces. *Carrières* très nombreuses de pierres à bâtir, de plâtre (Montmartre), de craie (Meudon), de pierres meulières.

**202. SEINE**, ch.-l. **Paris** ✝, sur la Seine, capitale de la France, est la première ville de l'Europe pour les lettres, les sciences, les arts, la beauté des monuments publics, et la seconde pour la population, qui est de **2 500 000 habitants**. Elle est aussi sur le continent le plus grand centre d'industrie, de commerce, d'opérations financières; possédant des manufactures, des fabriques et des magasins de toute espèce.

*Lutèce*, sous les Romains, *Paris*, la ville des *Parisii*, devint capitale des rois francs sous Clovis, fut délaissée sous Charlemagne; mais Hugues Capet en fit la capitale du royaume de France. Au XIII^e siècle, son Université fut la première école de l'Europe. Paris subit toutes les vicissitudes de l'histoire de la France, fut assiégé notamment par les Normands en 885, par Henri IV en 1590, et par les Allemands en 1870-71, époque où des batailles se sont données sous ses murs, au *Bourget*, à *Champigny*, à *Buzenval*.

Paris est divisé en 20 ***arrondissements*** ou mairies; ses fortifications comprennent plus de 40 *forts* détachés et un mur d'enceinte bastionné ayant 34 kilom. de tour.

Comme ***monuments***, on cite les églises de Notre-Dame, de Saint-Sulpice, la Sainte-Chapelle, le Panthéon, la Madeleine; — les palais du Louvre, du Luxembourg, le Palais-Royal, l'hôtel de Ville, l'hôtel des Invalides; — l'arc de triomphe de l'Etoile, la colonne de la place Vendôme, la colonne de Juillet.

*Saint-Denis*, 55 000 h., sur la Seine, ancienne sous-préfecture, constructions mécaniques et produits chimiques. — Eglise renfermant les tombeaux des rois de France, ancienne abbaye de Saint-Denis, aujourd'hui maison d'éducation pour les jeunes filles des membres de la Légion d'honneur.

*Boulogne*, 33 000 hab., bois de plaisance. — *Vincennes*, 25 000 h., château fort historique. — *Alfort*, 8., possède une des trois écoles vétérinaires de France. (Les deux autres sont à Lyon et à Toulouse.)

**203. SEINE-ET-OISE**, ch.-l. **Versailles** ✝, 52 000 h.; château, parc et jets d'eau, merveilles du règne de Louis XIV; séjour habituel des rois de France de 1682 à 1789; musée historique. — Traité de 1783, où fut reconnue l'indépendance des États-Unis.

S.-pr. : **Corbeil**, 9.; **Étampes**, 8., et **Pontoise**, 7., commerce de grains et farines[1].

**Rambouillet**, 6., belle forêt et château. **Mantes**, 7.

*Sèvres*, 7., sur la Seine, célèbre manufacture de porcelaine.—*Saint-Cloud*, 6., sur la Seine. Henri III y fut assassiné en 1589. La ville et son château furent brûlés par les Prussiens, en 1871. — *Saint-Germain-en-Laye*, 14., forêt; château transformé en musée d'antiquités celtiques.— *Saint-Cyr*, 4., près de Versailles, école militaire. — *Saint-Clair-sur-Epte*, traité de 912, entre Charles le Simple et Rollon.

**204. SEINE-ET-MARNE**, ch.-l. **Melun**, 13., sur la Seine, commerce de blé et farine.

S.-pr. : **Fontainebleau**, 14., près de la Seine, forêt; château où Napoléon I^er abdiqua en 1814.

**Meaux** ✝, 13., sur la Marne, illustré par Bossuet. Commerce de grains et de fromages de Brie.

**Coulommiers**, 6.; **Provins**, 8.

*Montereau*, 8., sur la Seine, faïence. Assassinat de Jean sans Peur, en 1419. — *La Ferté-sous-Jouarre*, 5., sur la Marne, carrières de pierres meulières.

**205. OISE**, ch.-l. **Beauvais** ✝, 19., sur le Thérain, belle cathédrale inachevée; lainages, manufacture nationale de tapis de luxe. Siège de 1472 et défense héroïque de Jeanne Hachette.

S.-pr. : **Compiègne**, 15., sur l'Oise, château et forêt. En 1430, Jeanne d'Arc y fut prise et vendue aux Anglais.

**Clermont**, 6.; **Senlis**, 7.

*Noyon*, 6., rappelle le couronnement de Charlemagne, en 768; l'élection de Hugues Capet, en 987; la naissance de Calvin, en 1509, et le traité de paix entre François I^er et Charles-Quint, en 1516. — *Creil*, 8., sur l'Oise, faïence. — *Chantilly*, 4., dentelles de soie appelées *blondes*. Forêt remarquable.

**206. AISNE**, ch.-l. **Laon**, 14., ville forte sur une colline escarpée, fut la capitale des derniers rois carlovingiens.

S.-pr. : **Saint-Quentin**, 48 000 h., sur la Somme, centre industriel pour les cotonnades et les toiles. Victoire des Espagnols sur les Français, en 1557. Bataille de 1871.

**Soissons** ✝, 12., ville forte sur l'Aisne, haricots dits *de Soissons*. Victoire de Clovis, en 486; déposition de Louis le Débonnaire, en 833.

**Château-Thierry**, 7., sur la Marne, patrie de la Fontaine.

**Vervins**, 3., traité de 1598.

*La Fère*, 5., sur l'Oise, arsenal militaire. — *Chauny*, 9.; *Saint-Gobain*, 2. (près Chauny), glaces et produits chimiques.

**II. III. PICARDIE ET ARTOIS, 2 départ^s.**

**207. Généralités.** Pays de *plaines*, basses au centre, un peu relevées au N. et à l'O. par des collines dites de Picardie et d'Artois.

*Agriculture* progressive, analogue à celle de la Flandre; production des céréales, des plantes industrielles, de la betterave. Excellents chevaux boulonnais. Pommiers à cidre.

*Industrie*. Fabrication active de lainages, toiles et cotonnades, sucre de betterave. Extraction de la tourbe dans la vallée de la Somme, du minerai de fer et de la houille (Pas-de-Calais).

**208. SOMME**, ch.-l. **Amiens** ✝, 78 000 h., sur la Somme, centre industriel pour les lainages et *velours de coton*, les toiles. Belle cathédrale. Traité de paix avec l'Angleterre, en 1802.

S.-pr. : **Abbeville**, 18 000 h., sur la Somme, port, draps et tapis.

**Montdidier**, 5., patrie de Parmentier, qui a propagé en France la culture de la pomme de terre.

**Péronne**, 5., place forte, château historique. **Doullens**, 5.

**209. PAS-DE-CALAIS**, ch.-l. **Arras** ✝, 26 000 h., commerce de grains et d'huiles. Traité de 1435 entre Philippe le Bon e[t] Charles VII.

S.-pr. : **Boulogne-sur-Mer**, 45 000 h., por[t] de passage pour l'Angleterre, pêche du haren[g] et de la morue; plumes métalliques.

**Béthune**, 11.; **Montreuil**, 3; **Saint-Ome[r]** 21 000 h., pipes; **Saint-Pol**, 4.

*Calais-Saint-Pierre*, 57 000 h., ville forte port de passage pour l'Angleterre, grande fabr[i]cation de tulle. Aux Anglais de 1347 à 155[8] — *Lens*, 14., houille. *Azincourt*, *Guinegate*, *Ardres*, lieux historiques.

**IV. FLANDRE, 1 département.**

**210. Généralités.** Pays de *plaines basses* [e]t unies à l'ouest et au centre (Flandre), un pe[u] relevées au sud par l'Ardenne (Hainaut).

*Agriculture* la plus progressive de la France produisant les céréales : froment, orge, avoine les *plantes industrielles* : betterave, lin, chanvre colza. Excellents bœufs flamands, vaches lai[]tières, chevaux de gros trait.

*Industrie* très active. Exploitation de houille métallurgie, hauts fourneaux, fonderies, verre[]ries. Fabrication importante de toiles de lin [e]t de chanvre, cotonnades et lainages, tapis, de[n]telles. Sucre de betteraves. Pêche maritime.

**211. NORD**, ch.-l. **Lille**, 201 000 h[.], grande place forte, centre le plus importan[t] pour l'industrie du lin, de la laine, du coton des huiles, du sucre, et de la fabrication des machines.

S.-pr. : **Cambrai** ✝, 24 000 h., ville forte su[r] l'Escaut, batistes. Traité de 1529, appelé la *Paix des Dames*.

**Douai**, 30 000 h., sur la Scarpe, usines métal[]lurgiques.

**Dunkerque**, 40 000 h., ville forte, port trè[s] actif sur la mer du Nord. Patrie de Jean Bart Bataille dite *des Dunes*, en 1658.

**Valenciennes**, 29 000 h., grande place forte sur l'Escaut, sucre de betteraves.

**Hazebrouck**, 12.; **Avesnes**, 6.

*Anzin*, 11., près de Valenciennes, riches mines de houille. — *Roubaix*, 115 000 h.; *Tourcoing*, 58 000 h., et *Armentières*, 28 000 h., on[t] de nombreuses fabriques de tissus de laine et coton mêlés.— *Maubeuge*, 19., place forte, métallurgie. — *Bouvines*, *Cassel*, *Gravelines*, *Cateau-Cambrésis*, *Malplaquet*, *Denain*, lieux historiques.

---

**Devoir 84.** (*Devoir type pour chaque province.*) — 1. Où est située la province de...? quelle est sa capitale? — 2. Quel est l'aspect de son sol? — 3. Le caractère de son agriculture? — 4. Ses produits industriels marquants? — 5. Comment et par qui cette province a-t-elle été rattachée à la couronne? (voir p. 12.) — 6. Quels départements forme-t-elle aujourd'hui?

**Devoir 85.** (*Type pour chaque département.*) — 1. De quelle province est formé le département de...? —2. Quelles sont ses bornes?—3. Quelles sont ses montagnes?—4. Nommez les préfectures et sous-préfectures, en disant sur quelle rivière elles sont situées. — 5. Citez les villes avec leurs industries. — 6. Indiquez deux ou trois chemins de fer, et, s'il y a lieu, les voies navigables. — 7. Rappelez les faits historiques.

**Devoir 86.** — Dites ce que vous savez (département, position, population, industrie, commerce, faits historiques, etc.) des villes suivantes : Soissons, Douai, Saint-Cloud, Corbeil, Lille, Amiens.

**Devoir 87.** — 1. Quels sont les départements formés par la Champagne? — 2. par la Lorraine? — 3. Que savez-vous de Sedan, Langres, Troyes, Rocroi, Val-

---

[1] La population des localités est donnée en abrégé, lorsqu'elle est inférieure à 20 000 h.
Ex. : Pontoise (7.), pour 7 000 h.

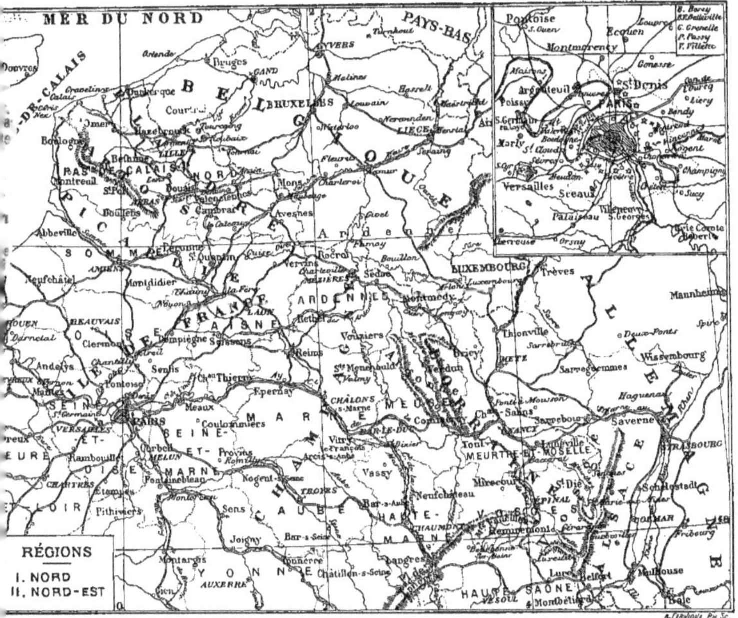


S.-pr. : **Verdun** †, 19., place forte sur la Meuse, liqueurs et dragées. Traité de 843, attribué aussi à *Verdun-sur-Doubs* (Saône-et-Loire).

**Montmédy**, 3., petite place forte; **Commercy**, 7.

219. **VOSGES**, ch.-l. **Épinal**, 23 000 h., sur la Moselle, fabriques de cotonnades et d'images communes.

S.-pr. : **Saint-Dié** †, 18., sur la Meurthe, tissus communs.

**Mirecourt**, 5., dentelles et instruments de musique. **Neufchâteau**, 4.; **Remiremont**, 9.

*Gérardmer*, 7., fait le commerce de fromages dits de *Géromé*. — *Domremy*, patrie de Jeanne d'Arc, 1409. — *Plombières*, eaux minérales.

**Belfort**, 25 000 h., place forte défendant le col de Valdieu, entre le Jura et les Vosges.

220. **MEURTHE-ET-MOSELLE**, ch.-l. **Nancy** †, 87 000 h., sur la Meurthe, grande et belle ville, centre de la fabrication et du commerce des broderies de Lorraine. École forestière. Bataille de 1477, où fut tué Charles le Téméraire.

S.-pr. : **Lunéville**, 22 000 h., sur la Meurthe, faïences; ancien palais des ducs de Lorraine. Traité de paix de 1801, entre la France et l'Autriche.

**Toul**, 12., sur la Moselle, ville forte. L'un des Trois-Evêchés (avec Verdun et Metz).

**Briey**, 2., et *Longwy*, 7., villes de l'ancien département de la Moselle, conservées à la France.

*Baccarat*, 6., sur la Meurthe; manufacture de cristaux. — *Cirey*, glaces. — *Varangéville* (près Nancy), salines importantes.

## II. RÉGION DU NORD-EST

### V. CHAMPAGNE, 4 départements.

212. **Généralités.** Pays de *plaines* ondulées à l'ouest et au centre, relevé au N. et à l'E. par les *collines* de l'Ardenne et de l'Argonne, au S. par le *plateau* de Langres.

*Agriculture.* Céréales de la Brie champenoise; vins mousseux de Champagne; pâturages et pépinières de la Champagne pouilleuse ou crayeuse. Elevage des moutons.

*Industrie.* Ardoises; fers et forges; armes à feu, couteaux; draps, lainages, cotonnades.

213. **AUBE**, ch.-l. **Troyes** †, 50 000 h., sur la Seine, bonneterie et charcuterie. Traité de 1420, où Henri V, roi d'Angleterre, fut déclaré héritier présomptif de la couronne de France.

S.-pr. : **Arcis-sur-Aube**, 3.; **Bar-sur-Aube**, .; **Bar-sur-Seine**, 3.; **Nogent-sur-Seine**, 4., commerce agricole. — *Romilly*, 7., près Nogent, bonneterie de laine et de coton.

214. **HAUTE-MARNE**, ch.-l. **Chaumont**, 13., sur la Marne. Fabrique de gants.

S.-pr. : **Langres** †, 11., place forte importante, sur un plateau, à 473 mètres d'altitude, est renommée pour ses pierres à émoudre et la coutellerie.

**Vassy**, 4., où commencèrent, en 1562, les guerres religieuses.

*Saint-Dizier*, 14., sur la Marne, a des hauts fourneaux et fait un grand commerce de bois et de fers. — *Bourbonne-les-Bains*, 4., possède des eaux minérales.

215. **MARNE**, ch.-l. **Châlons-sur-Marne** †, 26 000 h., école des arts et métiers, commerce de céréales et de vins de Champagne. Défaite d'Attila en 451. A 20 km. ., camp dit de Châlons.

S.-pr. : **Reims** ‡, 104 000 h., grande fabrication de lainages, grand commerce de *vins de Champagne*, de biscuits et de pains d'épice. Belle cathédrale, où l'on sacrait les rois de France. Patrie de Colbert.

**Epernay**, 18., sur la Marne, grands vins mousseux dits *de Champagne*.

**Sainte-Menehould**, 5.; **Vitry-le-François**, 8.

*Valmy*, village où les Prussiens furent défaits par les Français, en 1792.

216. **ARDENNES**, ch.-l. **Mézières**, 7., place forte sur la Meuse, qui rappelle la défense de Bayard contre les Impériaux, en 1521.

S.-pr. : **Sedan**, 20 000 h., sur la Meuse, draps fins. Patrie de Turenne. Bataille du 1er septembre 1870.

**Rocroi**, 2., place forte, rappelle la victoire de Condé sur les Espagnols, en 1643.

**Rethel**, 7., fabrique des lainages. **Vouziers**, 4.

*Charleville*, 17., sur la Meuse, en face de Mézières. Clouteries et ferronneries. — *Fumay*, 5., sur la Meuse, exploitation très importante d'ardoises. — *Givet*, 7., place forte sur la Meuse.

### VI. LORRAINE, 3 départements.

217. **Généralités.** Pays de *plaines* assez élevées, accidentées par les *collines* de l'Argonne et les *montagnes* des Vosges et des Faucilles.

*Agriculture.* Céréales, vins de la Moselle; chevaux lorrains, moutons et porcs. Les forêts des Vosges sont des plus belles de la France.

*Industrie.* Les marbres, le sel gemme; fers et forges; lainages et broderie; les cotons; les papiers.

218. **MEUSE**, ch.-l. **Bar-le-Duc**, 19., sur l'Ornain et le canal de la Marne au Rhin. Confitures de groseilles et fabriques de cotonnades.

220 *bis*. ALSACE-LORRAINE

Par le traité de Francfort du 10 mai 1871, la France a cédé à l'empire allemand : 1° les deux départements du **Haut-Rhin** et du **Bas-Rhin**, ou l'ALSACE moins Belfort; 2° en LORRAINE, le département de la **Moselle**, moins Briey et Longwy; 3° deux arrondissements de la Meurthe : *Château-Salins* et *Sarrebourg*; 4° quelques communes des Vosges.

Superficie, 14 500 kilomètres carrés; population, à cette époque, 1 600 000 habitants.

VILLES CÉDÉES. — Dans la Moselle : **Metz**, 60 000 h.; *Thionville*, *Sarreguemines*.

Haut-Rhin : *Colmar*, **Mulhouse**, 70 000 h.; *Sainte-Marie-aux-Mines*, *Huningue*.

Bas-Rhin : **Strasbourg**, 120 000 h.; *Saverne*, *Schlestadt*, *Wissembourg*.

---

my, Toul, Domremy, Baccarat? — 4. Dites les sous-préfectures de la Marne, des Ardennes, de la Meuse et de l'Aube.

**Devoir 88.** — 1. Quel est l'aspect du pays dans la Champagne et la Lorraine? — 2. Citez quelques cours d'eau dans ces provinces. — 3. Où se trouvent, dans le N. et le N.-E., les ardoisières, les houillères, les carrières de plâtre? — 4. Où se fabriquent les tissus, les machines, les couteaux, les plumes métalliques? — 5. Quels départements et villes la France a-t-elle perdus en 1871?

## III. RÉGION DU NORD-OUEST

### VII. NORMANDIE, 5 départements.

221. **Généralités**. Pays de *plaines accidentées* au N. et à l'O., de plateaux et de *collines*, dites de Normandie, au S.

*Agriculture* soignée ; culture des céréales, du colza, du lin et du chanvre; prairies grasses où l'on élève d'excellents chevaux et bœufs normands; beurre et fromage; poules de Gournay. Pommier à cidre.

*Industrie* prospère : forges, constructions navales, épingles et aiguilles; fabrication très active de cotonnades, draps et toiles.

222. **SEINE-INFÉRIEURE**, chef-lieu **Rouen** ✝, 112 000 h., grand port marchand sur la Seine, et centre manufacturier très actif, surtout pour les tissus de coton connus sous le nom de *rouenneries*. Beaux monuments gothiques : la cathédrale, Saint-Ouen, etc. Patrie de Corneille; Jeanne d'Arc y fut brûlée vive par les Anglais, en 1431.

S.-pr. : **Le Havre**, 116 000 h., à l'embouchure de la Seine, second port de France, desservant Paris et en relation surtout avec les États-Unis; entrepôt pour les cotons; constructions navales.

**Dieppe**, 23 000 h., pêche du hareng.
**Neufchâtel**, 4., fromages. **Yvetot**, 8.
*Elbeuf*, 22 000 h., sur la Seine, draps fins. — *Fécamp*, 14., port de pêche.

223. **EURE**, ch.-l. **Évreux** ✝, 17., sur l'Iton, fabriques de coutils.

S.-pr. : **Louviers**, 10., forme avec Elbeuf un grand centre manufacturier pour les draps.
**Les Andelys**, 6.; **Bernay**, 8.; **Pont-Audemer**, 6.
*Ivry-la-Bataille*, bataille de 1590.

224. **CALVADOS**, ch.-l. **Caen**, 45 000 h., port sur l'Orne et sur un canal maritime; commerce de chevaux; dentelles appelées *blondes*.

S.-pr. : **Bayeux** ✝, 8., porcelaines et dentelles.
**Falaise**, 8., foire aux chevaux dite de Guibray.
**Lisieux**, 16., toiles dites *cretonnes*.
**Vire**, 7., lainages. **Pont-l'Évêque**, 3.
*Honfleur*, 10., port.— *Trouville*, 6., bains de mer. — *Isigny*, beurre.

225. **MANCHE**, ch.-l. **Saint-Lô**, 11., sur la Vire, haras.

S.-pr. : **Cherbourg**, 39 000 h., port militaire sur la Manche, chef-lieu d'une préfecture maritime. Digue défensive de 3 712 m. de longueur.
**Coutances** ✝, 8., a donné son nom au Cotentin.
**Avranches**, 8.; **Mortain**, 2.; **Valognes**, 6.
*Granville*, 13., port de pêche.

Le mont *Saint-Michel* est un rocher isolé, surmonté d'une abbaye. Deux fois par jour, la marée fait une île du mont Saint-Michel, et le flot s'avance sur la plage avec « une vitesse qui surpasse celle d'un cheval au galop ».

226. **ORNE**, ch.-l. **Alençon**, 18., sur la Sarthe, dentelles dites *point d'Alençon*.

S.-pr. : **Mortagne**, 4., toiles. Aux environs est la célèbre abbaye de la Trappe.
**Argentan**, 6.; **Domfront**, 5.
*Séez* ✝, 4., sur l'Orne supérieur.— *Laigle*, 5., aiguilles et épingles.—*Flers*, 14., cotonnades.— *Vimoutiers*, 4., toiles dites cretonnes.

### VIII. MAINE, 2 départements.

227. **Généralités**. Pays de *plaines* basses au S., se relevant au N., vers les *collines* dites de Normandie.

*Agriculture et industrie*. Culture des céréales et du chanvre; élevage de bœufs manceaux et de chevaux **percherons**; volaille estimée, marbre, toiles.

228. **SARTHE**, ch.-l. **Le Mans** ✝, 58 000 h., sur la Sarthe, toiles et volailles. Batailles de 1793 et 1871.

S.-pr. : **La Flèche**, 10., sur le Loir, prytanée militaire ; poulardes et chapons dits *du Mans*.
**Mamers**, 6., et **Saint-Calais**, 4.
*Sablé*, 6., marbre; à 2 km. N.-E., abbaye de Solesmes.

229. **MAYENNE**, ch.-l. **Laval** ✝, 31 000 h., sur la Mayenne, laine, coutils, nouveautés.

S.-pr. : **Mayenne**, 10., et **Château-Gontier**, 7., sur la Mayenne.

---

## IV. RÉGION DE L'OUEST

### IX. BRETAGNE, 5 départements.

230. **Généralités**. Pays de *plaines accidentées*, basses au S.-O. sur la Loire, plus élevées au centre et traversées par les *collines* d'Arrée et du Menez.

*Agriculture*. Sol médiocrement fertile : culture du seigle, du sarrasin, du chanvre; prairies tourbeuses, où l'on élève un bétail nombreux de petite taille et beaucoup de chevaux ; abeilles; huîtres (de Concarneau).

*Industrie*. Granit de Bretagne et des îles Chausey; ardoises; sel marin; tourbe, houille et fer des bords de la Loire, constructions navales dans les grands ports, toiles, pêche de la sardine.

231. **ILLE-ET-VILAINE**, ch.-l. **Rennes** ✝, 70 000 h., au confluent de l'Ille et de la Vilaine. Toiles à voiles; commerce de beurre, miel et volailles.

S.-pr : **Saint-Malo**, 12., qui, avec *Saint-Servan*, 12., à l'embouchure de la Rance, pêche la morue sur les bancs de Terre-Neuve; toiles. Patrie de Jacques Cartier, qui découvrit le Canada, du marin Duguay-Trouin et de Chateaubriand.
**Fougères**, 18.; **Montfort**, 2.; **Redon**, 7., et **Vitré**, 11.
*Cancale*, 7., huîtres.

232. **COTES-DU-NORD**, ch.-l. **Saint-Brieuc** ✝, 20., à 3 km. de la mer, où il possède un port. Aux environs, exploitation de granit.

S.-pr. : **Dinan**, 10.; **Guingamp**, 9.; **Lannion**, 6.; **Loudéac**, 6.

233. **FINISTÈRE**, ch.-l. **Quimper** ✝, 17., port sur l'Odet; belle cathédrale.

S.-pr. : **Brest**, 76 000 h., port militaire, sur une magnifique rade, ne communiquant avec l'Océan que par l'étroit passage du Goulet; câble transatlantique qui relie la France à l'Amérique.
**Châteaulin**, 4., ardoises; **Morlaix**, 16., toiles; **Quimperlé**, 8.

234. **MORBIHAN**, ch.-l. **Vannes** ✝, 22 000 h., port de pêche près du Morbihan.

S.-pr. : **Lorient**, 42 000 h., à l'embouchure du Blavet, port militaire.
**Pontivy**, 9.; **Ploërmel**, 6.
*Auray*, 6., pèlerinage à sainte Anne, patronne de la Bretagne.—*Port-Louis*, 3., à l'entrée de la rade de Lorient, pêche de la sardine.— *Quiberon*, sur la presqu'île de ce nom, désastre des émigrés, en 1795.—Les îles *Groix* et *Belle-Ile*.

235. **LOIRE-INFÉRIEURE**, ch.-l. **Nantes** ✝, 113 000 h., port marchand, à 60 km. de l'embouchure de la Loire. Raffineries de sucre, fabriques de conserves alimentaires lainages. Édit de 1598, par lequel Henri I accordait aux protestants le libre exercic de leur culte.

S.-pr. : **Saint-Nazaire**, 31 000 h., à l'embou chure de la Loire, avant-port de Nantes pou les vaisseaux de gros tonnage; en relation ave l'Amérique centrale.
**Ancenis**, 5.; **Châteaubriant**, 6.; **Paimbœuf**, 3
*Indret*, 4., dans une île, près de Nantes construction de machines à vapeur pour le bâtiments de l'État. — *Guérande*, 7., marai salants.

### X. ANJOU, 1 département.

236. **Généralités**. Pays de *plaines* basses a centre, se relevant un peu vers le S. — Cultur des céréales; bœufs choletais; vins de la Loire pépinières d'arbres fruitiers. — Houille de Cha lonnes.

237. **MAINE-ET-LOIRE**, ch.-l. **Angers** ✝, 73 000 h., sur la Maine, école de arts et métiers, fabriques de toiles et cor dages pour la marine. Faculté catholique Dans les environs se trouvent d'importante carrières d'ardoises, et de grandes pépi nières d'arbres fruitiers.

S.-pr. : **Cholet**, 17., mouchoirs, bœufs renommés.
**Saumur**, 15., sur la Loire, école de cavalerie
**Baugé**, 4.; **Segré**, 4.

### XI. POITOU, 3 départements.

238. **Généralités**. Pays de *plaines* basses e unies à l'O., un peu relevées à l'E., entouran au centre les *collines* du Poitou et le plateau de Gâtine.

*Agriculture*. Prairies et pâturages où l'on élève des ânes et des mulets renommés et de bons chevaux.

*Industrie*. Granit des monts Gâtine; sel des marais salants de la Vendée; houille, armes et couteaux, gants.

239. **VENDÉE**, ch.-l. **La Roche-sur-Yon**, 12., marché de chiens de chasse.

S.-pr. : **Les Sables-d'Olonne**, 12., pêche de la sardine, et bains de mer.
**Fontenay-le-Comte**, 10.
*Luçon* ✝, 7. Richelieu en fut évêque.
Iles de *Noirmoutier*, salines, et d'*Yeu*, pêcheries.

240. **DEUX-SÈVRES**, ch.-l. **Niort**, 23 000 h., sur la Sèvre-Niortaise, fabriques de gants et de confitures d'angélique.

S.-pr. : **Melle**, 3., commerce de mulets.
**Bressuire**, 5.; **Parthenay**, 7.

241. **VIENNE**, ch.-l. **Poitiers** ✝, 37 000 h., sur le Clain, ancienne ville des Gaules, qui rappelle trois batailles célèbres : *Vouillé*, où Clovis défit les Visigoths, en 507; *Poitiers*, où Charles Martel écrasa les Sarrasins, en 732; *Maupertuis*, où le prince Noir fit prisonnier Jean le Bon, en 1356.

S.-pr. : **Châtellerault**, 23., sur la Vienne, coutellerie renommée et manufacture d'armes.
**Civray**, 3.; **Loudun**, 5.; **Montmorillon**, 5.

---

**Devoir 59.** — 1. Quelles sont les provinces des régions du Nord-Ouest et de l'Ouest ? — 2. Quelles sont les bornes du Calvados, de la Vendée, du Morbihan? — 3. Quels faits historiques rappellent les villes de Poitiers, Saint-Malo, Rouen, Luçon? — 4. Que fabrique-t-on à Alençon, Châtellerault, Laigle, Lisieux? — 5. Indiquez les localités sur le chemin de fer de Brest à Paris par le Mans.

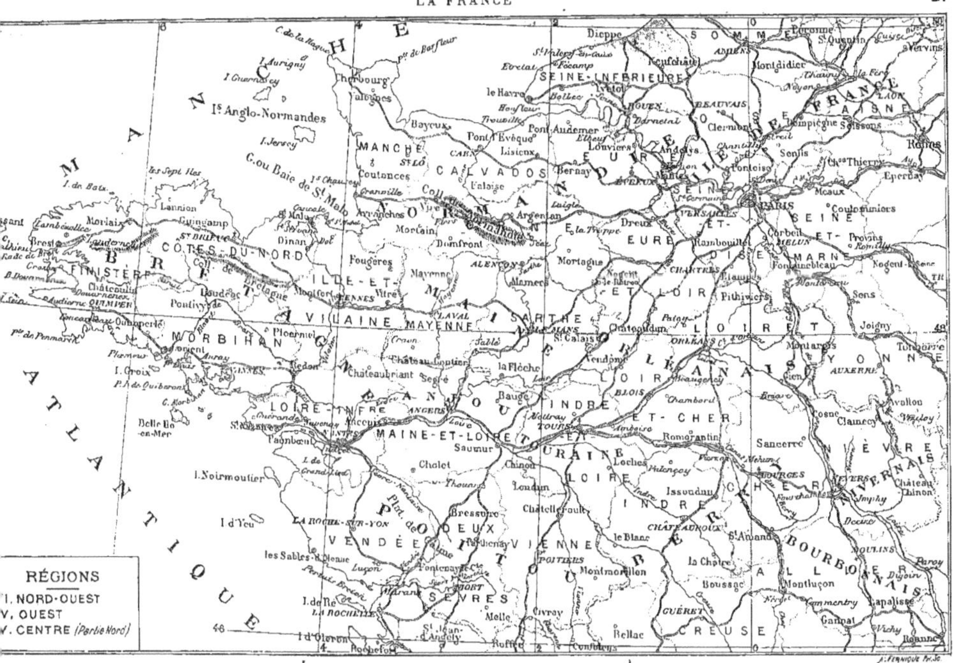


# V. RÉGION DU CENTRE

## XII. ORLÉANAIS, 3 départements.

242. **Généralités.** Pays de *plaines* ondulées de plateaux bas, coupés au S. par la *vallée* la Loire, se relevant au N.-O. par les *col[lin]es* du Perche.

*Agriculture.* Culture importante du *blé* dans Beauce, vins de la Loire; élevage des chevaux percherons et de nombreux moutons; miel. [Fo]rêt d'Orléans; pins de la Sologne.

*Industrie.* Vinaigre, lainages et chapellerie.

243. **LOIRET**, ch.-l. **Orléans** †, 64000 h., [su]r la Loire, couvertures, chapellerie et [vi]naigre. Orléans fut assiégé, en 1428, par [le]s Anglais, et délivré l'année suivante par [Je]anne d'Arc. Bataille de 1870.

S.-pr. : **Gien**, 9., sur la Loire, faïence.

**Montargis**, 12., sur le Loing, commerce de miel et de safran.

**Pithiviers**, 6., commerce de safran, pâtés [d'a]louettes et miel du Gâtinais.

*Patay*, où Jeanne d'Arc défit les Anglais, 1429. Bataille de 1870, où s'illustrèrent les [z]ouaves pontificaux.

244. **EURE-ET-LOIR**, ch.-l. **Chartres** †, 23000 h., sur l'Eure, commerce [de] grains et farines. Belle cathédrale [go]thique. Henri IV y fut sacré, en 1594. [Pa]trie du général Marceau.

S.-pr. : **Châteaudun**, 7., sur le Loir; défense héroïque, en 1870.

**Dreux**, 9., près de l'Eure, victoire du duc [de] Guise sur le prince de Condé, en 1562.

**Nogent-le-Rotrou**, 9.

245. **LOIR-ET-CHER**, ch.-l. **Blois** †, 23000 h., sur la Loire, magnifique château royal de Louis XII et François Ier. Le duc Henri de Guise et le cardinal de Lorraine y furent assassinés, en 1588.

S.-pr. : **Vendôme**, 10., sur le Loir; **Romorantin**, 8.

*Chambord*, château bâti par François Ier.

## XIII. TOURAINE, 1 département.

246. **Généralités.** Pays de *plaines* accidentées, coupé au centre par la vallée de la Loire.

*Agriculture.* La vallée de la Loire est très bien cultivée en plantes potagères et fourragères et en vignobles, ce qui a fait surnommer la Touraine le jardin de la France; mais le reste du pays est moins riche. Colonie agricole de Mettray.

*Industrie.* Soieries, imprimerie, poudrerie.

247. **INDRE-ET-LOIRE**, ch.-l. **Tours** †, 60000 h., sur la Loire; grande imprimerie et soieries. Ruines du monastère de *Marmoutier*, fondé par saint Martin, et du château de *Plessis-lez-Tours*, où mourut Louis XI.

S.-pr. : **Chinon**, 6., sur la Vienne, et **Loches**, 5., sur l'Indre, châteaux historiques.

*Amboise*, 4., sur la Loire, château rappelant la conjuration de 1560.— *Ripault* (près Tours), poudrerie.

## XIV. BERRY, 2 départements.

248. **Généralités.** Pays de *plaines* accidentées à l'O., de plateaux bas et de *collines* à l'E. et au S.

*Agriculture.* Culture des céréales; vins du Cher; élevage des moutons dits berrichons; poissons des étangs de la *Brenne* et de la Sologne.

*Industrie.* Minerai de fer abondant; forges importantes de Bourges et des environs; fonderie de canons, porcelaine; lainages.

249. **INDRE**, ch.-l. **Châteauroux**, 24000 h., sur l'Indre, draps pour la troupe, tabac.

S.-pr. : **Issoudun**, 15., draperies.

**Le Blanc**, 7., et **la Châtre**, 5.

250. **CHER**, ch.-l. **Bourges** †, 45000 h., arsenal, fonderie de canons, draps et toiles peintes. Belle cathédrale; palais de Jacques Cœur.

S.-pr. : **Saint-Amand**, 9.; **Sancerre**, 4.

*Vierzon*, 11., sur le Cher, porcelaines, machines agricoles.

## XV, XVI. NIVERNAIS et BOURBONNAIS
## 2 départements.

251. **Généralités.** Pays de *plateaux accidentés*, relevé à l'E. par les *monts du Morvan*, au N. par les collines du *Nivernais*, au S. par les monts de la *Madeleine*.

*Agriculture.* Prairies nourrissant des bœufs morvandeaux renommés; forêts du Morvan, qui approvisionnent Paris de bois de chauffage; vins du Bourbonnais.

*Industrie.* Houille, métallurgie active, glaces, faïence et porcelaine; eaux minérales.

---

**Devoir 90.** — 1. Quelles sont les provinces de la région du Centre? — 2. Quelles sont les bornes du Loiret, du Cher, de la Haute-Vienne? — 3. Comment le Berry et l'Auvergne ont-ils été rattachés à la couronne? — 4. Dites l'industrie des villes d'Orléans, Pithiviers, Issoudun, Ripault, Montluçon, Felletin, Saint-Yrieix. — 5. Souvenirs historiques de Tours, Blois, Bourges, Clermont.

252. **NIÈVRE**, ch.-l. **Nevers** †, 26000 h., au confluent de la Nièvre et de la Loire, chaudronnerie, céramique, commerce de fers.

S.-pr. : **Cosne**, 9., sur la Loire, fabrique de limes.

**Clamecy**, 5., sur l'Yonne, flottage de bois.

**Château-Chinon**, 3.

*Fourchambault*, 6.; *la Chaussade*, *Imphy*, près de Nevers, métallurgie très active. — *Decize*, 5., houille.

253. **ALLIER**, ch.-l. **Moulins** †, 23000 h., sur l'Allier, marché agricole. Tombeau du maréchal de Montmorency. Patrie de Villars.

S.-pr. : **Montluçon**, 28000 h., sur le Cher, glaces et produits chimiques.

**Gannat**, 6.; **La Palisse**, 3.

*Commentry*, 13., forges et mines de houille. — *Vichy*, 11., sur l'Allier; *Néris*, 3., et *Bourbon-l'Archambault*, 4., eaux minérales.

## XVII, XVIII. MARCHE, LIMOUSIN 3 départements.

254. **Généralités.** Pays de *plaines* ondulées à l'O. et au S., relevées au centre et à l'E. par les *monts du Limousin*.

*Agriculture.* Pâturages et élevage de chevaux dits *limousins*, d'excellents mulets et de nombreux moutons.

*Industrie.* Granit, kaolin, porcelaine, houille, armes et tapis.

255. **CREUSE**, ch.-l. **Guéret**, 8., à 5 km. de la Creuse.

S.-pr. : **Aubusson**, 7., sur la Creuse, tapis.

**Bourganeuf**, 4.; **Boussac**, 1.

*Ahun* (près Guéret), 3., houille; *Felletin*, 3., tapis.

256. **HAUTE-VIENNE**, ch.-l. **Limoges** †, 73000 h., sur la Vienne, grande fabrication de porcelaine et de lainages. Commerce de grains.

S.-pr. : **Saint-Yrieix**, 9., exploitation de kaolin, et manufacture de porcelaine.

**Bellac**, 5.; **Rochechouart**, 5.

257. **CORRÈZE**, ch.-l. **Tulle** †, 19., sur la Corrèze, manufacture nationale d'armes à feu.

S.-pr. : **Brive**, 17., sur la Corrèze, pâtés truffés.

**Ussel**, 5.

## XIX. AUVERGNE, 2 départements.

258. **Généralités.** Pays de *montagnes* et de volcans éteints (monts d'Auvergne), coupé du S. au N. par la profonde vallée de l'Allier ou de la Limagne.

*Agriculture.* Fruits et froment dans la riche vallée de la Limagne; sur les plateaux, seigle, sarrasin, pâturages nourrissant un bétail rustique; châtaigneraies.

*Industrie.* Exploitation de lave et basalte, asphalte, houille, plomb, chaudronnerie, coutellerie, dentelles communes, pâtes alimentaires et fruits confits.

259. **PUY-DE-DOME**, ch.-l. **Clermont-Ferrand** †, 50000 h., pâtes alimentaires, pâtes d'abricots et confitures. Ferronnerie. Fontaine pétrifiante de Saint-Allyre. Patrie de Grégoire de Tours et de Pascal. La première croisade y fut prêchée par le pape Urbain II, en 1095. Dans les environs était Gergovia, où César fut battu par Vercingétorix.

S.-pr. : **Thiers**, 17., coutellerie.

**Riom**, 11., cour d'appel.

**Ambert**, 8.; **Issoire**, 6.

*Volvic*, basalte. — *Mont-Dore*, eaux minérales.

260. **CANTAL**, ch.-l. **Aurillac**, 16., chaudronnerie; commerce de fromages et de bœufs.

S.-pr. : **Saint-Flour** †, 5., étoffes et colle forte.

**Mauriac**, 4.; **Murat**, 3.

*Chaudes-Aigues*, eaux thermales les plus chaudes de France (60° à 80° centigrades).

---

# VI. RÉGION DU SUD-OUEST

## XX, XXI. ANGOUMOIS, SAINTONGE et AUNIS, 2 départements.

261. **Généralités.** Pays de *plaines* basses à l'O., un peu relevées à l'E. par les *collines* de l'Angoumois.

*Agriculture.* Culture de céréales, prairies naturelles et artificielles; vignobles pour *eaux-de-vie; huîtrières.*

*Industrie.* Exploitation des *marais salants*; pierres de taille; papeterie; constructions navales; fonderie de canons.

262. **CHARENTE**, ch.-l. **Angoulême** †, 37000 h., sur la Charente, papeteries importantes.

S.-pr. : **Cognac**, 17., sur la Charente, entrepôt des eaux-de-vie dites de *Cognac*.

**Barbezieux**, 4.; **Confolens**, 3.; **Ruffec**, 3.

*Ruelle*, 3., fonderie de canons pour la marine.

263. **CHARENTE-INFÉRIEURE**, ch.-l. **La Rochelle** †, 27000 h., port marchand (nouveau port de *la Pallice*) sur l'Océan. Enlevée en 1628 aux protestants, après un siège mémorable. Patrie du physicien Réaumur.

S.-pr. : **Rochefort**, 33000 h., port militaire sur la Charente, à 21 km. de l'Océan; constructions navales.

**Saintes**, 18.; **Saint-Jean-d'Angély**, 7.; **Jonzac**, 3.; eaux-de-vie.

**Marennes**, 5., huîtres vertes.

Iles de *Ré* et d'*Oléron*, sel et huîtres.

## XXII. GUIENNE, 6 départements.

264. **Généralités.** Pays de *plaines* basses à l'O., sur la Gironde, accidentées au centre, se relevant au N. et à l'E. en larges *plateaux montagneux* (monts d'Aubrac), coupés de vallées profondes.

*Agriculture.* Culture du maïs, du lin, du tabac; *vins* très renommés de Bordeaux, du Médoc; *eaux-de-vie* d'Armagnac; pâturages et châtaigneraies dans le Plateau central; élevage des moutons, des bœufs de l'Agenois; fromages; pruneaux.

*Industrie.* Pierres meulières; minerai de fer; houille, forges, constructions navales.

265. **GIRONDE**, ch.-l. **Bordeaux** ‡, 252000 h., sur la Garonne, à 120 km. de l'Océan, troisième port de France, grand commerce de vins, eaux-de-vie et liqueurs; relations avec l'Afrique et l'Amérique du Sud.

S.-pr. : **Libourne**, 18., port au confluent de la Dordogne et de l'Isle.

**Lesparre**, 4., commerce de vins du Médoc.

**Bazas**, 5.; **Blaye**, 5., et **la Réole**, 4.

*Arcachon*, 8., sur le bassin du même nom, huîtres et bains de mer.

266. **DORDOGNE**, ch.-l. **Périgueux** †, 31000 h., sur l'Isle, commerce de porcs, de truffes et de pâtés truffés.

S.-pr. : **Bergerac**, 15., sur la Dordogne, vins, pierres meulières.

**Nontron**, 4., coutellerie.

**Ribérac**, 4.; **Sarlat**, 7.

267. **LOT**, ch.-l. **Cahors** †, 15., da une presqu'île du Lot. Vins, huiles truffes.

S.-pr. : **Figeac**, 7.; **Gourdon**, 5.

268. **AVEYRON**, ch.-l. **Rodez** †, 1 tricots et couvertures de laine, belle cath drale.

S.-pr. : **Millau**, 17., sur le Tarn, ganteries tanneries.

**Saint-Affrique**, 7., commerce de from estimé, fabriqué dans les grottes de Roquefo

**Villefranche-de-Rouergue**, 10.; **Espalion**,

*Aubin*, 9., et *Decazeville*, 9., ville voisin houille et forges.

269. **LOT-ET-GARONNE**, ch.-l. **Agen** 23000 h., sur la Garonne, pruneaux. Patr du naturaliste Lacépède.

S.-pr. : **Marmande**, 10.; **Villeneuve-d'Age** 14.; **Nérac**, 7.

*Tonneins*, 7., manufacture de tabac.

270. **TARN-ET-GARONNE**, ch.-l. **Mo tauban** †, 30000 h., sur le Tarn, coto nades et bas de soie. Cette ville, penda les guerres de religion, était une des pri cipales places d'armes des protestan Richelieu la prit en 1629 et en fit ras les fortifications.

S.-pr. : **Moissac**, 9., sur le Tarn, et **Cast sarrasin**, 8., grains et farines.

## XXIII. GASCOGNE, 3 départements.

271. **Généralités.** Pays de *plaines* au N.-( dans les Landes, de plateaux au centre et *hautes montagnes* au S., dans les Pyrénées.

*Agriculture et industrie.* Culture du maïs du lin; pâturages nourrissant des mulets, d moutons, des chèvres et un bétail rustiqu pins des Landes donnant la résine; chêne-lièg Marbres; minerai de fer; fonderies.

272. **GERS**, ch.-l. **Auch** †, 15., sur Gers, belle cathédrale.

S.-pr. : **Condom**, 7., eau-de-vie d'Armagn **Lectoure**, 5.; **Lombez**, 2.; **Mirande**, 4.

273. **LANDES**, ch.-l. **Mont-de-Ma san**, 12., liège et résine.

S.-pr. : **Dax**, 10., sur l'Adour, eaux thermal résine et bouchons de liège.

**Saint-Sever**, 5.

Près de Dax, village de Pouy, aujourd'h *Saint-Vincent-de-Paul*, où naquit le saint même nom. — *Aire*, sur l'Adour †, 5.

274. **HAUTES-PYRÉNÉES**, ch.-l. **Ta bes** †, 25000 h., sur l'Adour, commer de chevaux, arsenal d'artillerie.

S.-pr. : **Bagnères-de-Bigorre**, 9., s l'Adour; eaux thermales. — **Argelès**, 2.

*Barèges* et *Cauterets*, eaux minérales. — *G varnie*, village bâti près d'un vaste cirque rochers, où le Gave de Pau forme une casca de 422 mètres d'élévation. — *Lourdes*, 7., s le Gave de Pau, grotte de Massabielle, li d'un pèlerinage célèbre.

---

**Devoir 91.** — 1. Décrivez la Guienne au point de v du sol et des produits. — 2. Quels départements form t-elle? — 3. Quelle est l'industrie de Rochefo Ruelle, Dax, Bagnères, Lesparre, Bergerac? 4. Dites ce que vous savez de Bordeaux, Montauba Lourdes.

**Devoir 92.** — 1. Quelles provinces et quels dépar ments comprend la région du Sud? — 2. Quels so les produits agricoles du Languedoc? — 3. Quell sont les montagnes et les rivières de cette provinc — 4. Rapportez quelques faits historiques sur M ret, Albi, Nîmes et le Puy.

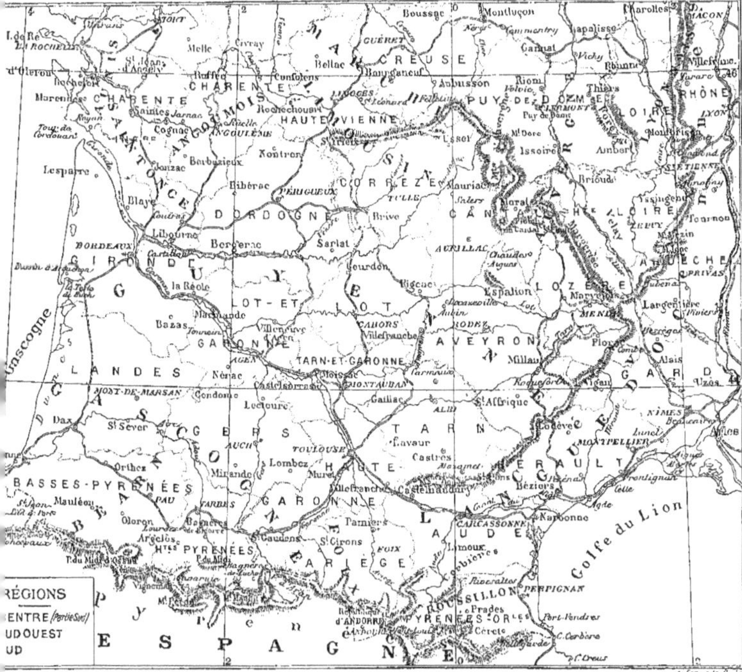


XXIV. BÉARN, 1 département.

75. Généralités. Pays pyrénéen, *montagneux*, très élevé au S., s'abaissant vers le N. collines et en plateaux.
*Agriculture et industrie.* Maïs et vignobles; pâturages où l'on élève de petits chevaux navarrais. Calcaires et marbres; toiles de lin; chocolats et jambons.

76. **BASSES-PYRÉNÉES**, ch.-l. **Pau**, 000 h., sur le Gave de ce nom, commerce chevaux et de mulets. Château où naquit Henri IV.
S.-pr. : Bayonne †, 27 000 h., sur l'Adour, marchand et place forte. Chocolat renommé commerce d'excellents jambons.
Orthez, 6., centre de la préparation des jambons dits *de Bayonne*.
Oloron, 9., bérets; Mauléon, 3.
*Biarritz*, 9., près de Bayonne, bains de mer très fréquentés. — *Eaux-Bonnes* et *Eaux-Chaudes*, villages renommés pour leurs eaux minérales.

## VII. RÉGION DU SUD

### XXV, XXVI. COMTÉ DE FOIX et ROUSSILLON, 2 départements.

77. Généralités. Pays pyrénéens *montagneux*. — Pâturages; élevage de bétail, moutons et mulets. Dans le bas Roussillon, vignes, oliviers, mûriers, miel. Marbres des Pyrénées; minerai de fer excellent, fers et aciers.

278. **ARIÈGE**, ch.-l. **Foix**, 8., sur l'Ariège, forges et aciéries.
S.-pr. : Pamiers †, 11., fers et aciers. Saint-Girons, 5.

279. **PYRÉNÉES-ORIENTALES**, ch.-l. **Perpignan** †, 34 000 h., place forte, miel, vins et bouchons de liège.
S.-pr. : Prades, 4.; Céret, 4.
*Port-Vendres*, 3., port en relation avec l'Algérie. — *Rivesaltes*, 6. (près Perpignan), vins muscats.

### XXVII. LANGUEDOC, 8 départements.

280. Généralités. Pays généralement *montagneux*, excepté sur les côtes de la Méditerranée, qui sont basses et bordées de lagunes. Il est formé au S.-O. par le massif des Pyrénées, au centre par les montagnes Noires et les Garrigues, au N. par le haut Plateau central et la chaîne des Cévennes.
*Agriculture.* Culture du maïs, blé, tabac, safran, surtout de la vigne : le bas Languedoc est le pays de la France qui produit le plus de *vins* (Frontignan, Lunel), en partie convertis en alcools ou eaux-de-vie de Montpellier, de Béziers. Culture du mûrier et élève du ver à soie; culture de l'olivier, de l'amandier, du figuier, dans la plaine, et du châtaignier sur le Plateau central; pâturages, élevage des moutons et des abeilles; miel de Narbonne.
*Industrie.* Marbres; production importante de sel dans les salines qui bordent la Méditerranée. Houille, zinc, fer. Dentelles, cotonnades, lainages, soieries; papiers.

281. **HAUTE-GARONNE**, ch.-l. **Toulouse** †, 150 000 h., à la jonction de la Garonne et du canal du Midi; grand marché pour les vins, les blés, les laines, les fers; fabriques de canons, de faux, de limes et d'acier. Belle église romane de Saint-Sernin. Capitole ou hôtel de ville; académie des Jeux-Floraux, école vétérinaire.
S.-pr. : **Muret**, 4.; victoire de Simon de Montfort sur les Albigeois, en 1213.
**Saint-Gaudens**, 7.; **Villefranche-de-Lauraguais**, 3.
*Bagnères-de-Luchon*, 4., eaux sulfureuses. — *Saint-Béat*, marbre blanc.

282. **TARN**, ch.-l. **Albi** †, 21 000 h., sur le Tarn, a donné son nom à la secte des Albigeois. Patrie du navigateur la Pérouse.
S.-pr. : **Castres**, 28 000 h., et *Mazamet*, 14., fabrication de gros drap pour l'armée.
**Gaillac**, 8.; **Lavaur**, 6.

283. **AUDE**, ch.-l. **Carcassonne** †, 28 000 h., sur l'Aude, fabrique de draps. La *Cité*, ou ville haute, est un curieux ensemble de constructions féodales.
S.-pr. : **Narbonne**, 30 000 h., commerce de miel renommé.
**Limoux**, 6., sur l'Aude, vin blanc dit *blanquette de Limoux*.
**Castelnaudary**, 10.

284. **HÉRAULT**, ch.-l. **Montpellier** †, 67 000 h., école de médecine; vins et eaux-de-vie dites *de Montpellier*.
S.-pr. : **Béziers**, 45 000 h., commerce de vins et d'eaux-de-vie. Patrie de Paul Riquet, à qui l'on doit le canal du Midi.
**Lodève**, 9., draps pour l'armée; **Saint-Pons**, 6.
*Cette*, 37 000 h., port marchand sur la Méditerranée. — *Lunel*, 7., et *Frontignan*, 4. (près Montpellier), vins muscats.

285. **GARD**, ch.-l. **Nîmes** †, 72 000 h., châles, soieries, vins, eaux-de-vie, graines oléagineuses. Belles antiquités romaines : les Arènes, la Maison-Carrée, la tour Magne, le temple de Diane.
S.-pr. : **Alais**, 24 000 h., mines de houille et de fer, forges et fonderies; **Uzès**, 5.; **le Vigan**, 5.
*La Grande-Combe*, 13., et *Bessèges*, 9. (près Alais), mines importantes de houille. — *Aigues-Mortes*, 4., où saint Louis s'embarqua pour ses croisades. — *Beaucaire*, 9., sur le Rhône, foire autrefois célèbre.

286. **ARDÈCHE**, ch.-l. **Privas**, 9., commerce de cuirs et de soie.
S.-pr. : **Tournon**, 5., sur le Rhône; **l'Argentière**, 3.
*Annonay*, 18., papiers, peaux de chevreau pour la ganterie. Patrie des frères Montgolfier, inventeurs des ballons. — *Aubenas*, 8., sur l'Ardèche, marché de soie. — *Viviers* †, 3., sur le Rhône.

287. **LOZÈRE**, ch.-l. **Mende** †, 8., sur le Lot, serges.
S.-pr. : **Florac**, 2.; **Marvéjols**, 5.

288. **HAUTE-LOIRE**, ch.-l. **Le Puy** †, 20., près de la Loire, bâti en amphithéâtre sur la pente du mont Corneille, que surmonte la statue colossale de Notre-Dame de France; centre de fabrication de dentelles.
S.-pr. : **Brioude**, 5., près de l'Allier; **Yssingeaux**, 8.

## VIII. RÉGION DE L'EST

### XXVIII. LYONNAIS, 2 départements.

289. **Généralités.** Pays *montueux*, formé à l'O. par le Forez, au centre par la chaîne du Lyonnais et du Beaujolais.

*Agriculture.* Peu de céréales. Vins du Beaujolais; pâturages, moutons et chèvres; fromages du Mont-d'Or.

*Industrie.* Houille du bassin de Saint-Etienne; forges, ateliers de construction. — Métallurgie, verreries; cotonnades, riches soieries, chapellerie, rubans et velours; eaux minérales.

290. **RHONE**, ch.-l. **Lyon** ✝, 438 000 h., au confluent du Rhône et de la Saône, grande place forte, deuxième ville de France par sa population et son commerce; c'est le centre principal de l'industrie de la soie en Europe. Patrie de Jacquart, inventeur du métier à tisser les étoffes brochées, dit métier *à la Jacquart*.

S.-pr. : **Villefranche-sur-Saône**, 13., cotonnades.

*Tarare*, 12., au pied du mont Tarare; mousselines.—*Saint-Cyr*, près de Lyon, fromages de chèvre dits du *Mont-d'Or*.

291. **LOIRE**, ch.-l. **Saint-Étienne**, 133 000 h., sur le Furens, grande ville industrielle : rubanerie en soie, usines métallurgiques, armes et charbon de terre.

S.-pr. : **Roanne**, 31 000 h., sur la Loire, cotonnades; **Montbrison**, 7.

*Rive-de-Gier*, 13., et *Firminy*, 14., houille, usines à fer, verreries. — *Saint-Chamond*, 15., rubans et lacets de soie. — *Saint-Galmier*, 3., eaux minérales.

### XXIX. BOURGOGNE, 4 départements.

292. **Généralités.** Pays de *collines* et de *plateaux* à l'O., dans le Morvan; plaine de la Saône au centre; collines et montagnes du Jura, au S.-E.

*Agriculture.* Céréales, maïs, vins dits de Bourgogne, moutarde. Élevage d'excellents bœufs charolais, de moutons bourguignons; forêts dans les montagnes; marais insalubres et étangs poissonneux dans la Dombes.

*Industrie.* Pierres lithographiques, chaux et ciment, pierres de taille, asphalte, manganèse, houille, métallurgie considérable, verreries.

293. **AIN**, ch.-l. **Bourg**, 19., poulardes, belle église Notre-Dame de Brou.

S.-pr. : **Belley** ✝, 6., pierres lithographiques. **Gex**, 3., fromages.

**Nantua**, 3.; **Trévoux**, 3.

*Seyssel*, sur le Rhône, asphalte.

294. **SAONE-ET-LOIRE**, ch.-l. **Mâcon**, 20 000 h., sur la Saône. Vins dits *du Mâconnais*. Patrie de Lamartine.

S.-pr. : **Autun** ✝, 15., antiquités romaines. **Châlon-sur-Saône**, 25 000 h., commerce de vins.

**Charolles**, 3., bœufs renommés; **Louhans**, 5.

*Le Creusot*, 29 000 h., possède l'établissement métallurgique le plus important de la France; bassin houiller s'étendant à *Montceau-les-Mines*, 20.; *Blanzy*, 5., et *Montchanin*, 4.

*Tournus*, 5., pierres de taille. — *Paray-le-Monial*, 4. (près Charolles), pèlerinage au Sacré-Cœur. — *Cluny*, 4., ancienne abbaye de bénédictins aujourd'hui école normale supérieure. — *Verdun-sur-Doubs*, 2. (au confluent), traité célèbre de 843, attribué aussi à Verdun (Meuse).

295. **COTE-D'OR**, ch.-l. **Dijon** ✝, 65 000 h., place forte sur le canal de Bourgogne; vins, vinaigres, pains d'épice et moutarde; patrie de saint Bernard, de Bossuet.

S.-pr. : **Beaune**, 12., centre de production des meilleurs vins de Bourgogne (*Clos-Vougeot, Nuits, Pommard, Volnay*, etc.).

**Châtillon-sur-Seine**, 5., forges; congrès de 1814; **Semur**, 4.

*Alise* (près Semur), au pied du mont Auxois, sur lequel on pense qu'était Alesia, où Vercingétorix se rendit à César, 52 avant J.-C.

296. **YONNE**, ch.-l. **Auxerre**, 18., sur l'Yonne, commerce de vins et de bois de chauffage. Belle cathédrale gothique.

S.-pr. : **Sens** ✝, 14., sur l'Yonne. Commerce des briques, tuiles et carreaux dits *de Bourgogne*. Belle cathédrale.

**Avallon**, 6.; **Joigny**, 6., vins.

**Tonnerre**, 5., vins et pierre statuaire.

*Chablis*, 2., vins blancs renommés. — *Fontenay-en-Puisaye*, bataille de 841, entre les fils de Louis le Débonnaire. — *Vézelay*, où saint Bernard prêcha la deuxième croisade en 1146.

### XXX. FRANCHE-COMTÉ, 3 départements.

297. **Généralités.** Pays de *plaines* unies à l'O., sur la Saône, accidentées et se relevant à l'E. et au N. par les montagnes du Jura et des Vosges.

*Agriculture.* Culture des céréales, du maïs et de la vigne; vins; pâturages et excellents bestiaux dits comtois; fromages dits Gruyères; forêts des Vosges et du Jura.

*Industrie.* Sel gemme; eaux minérales; houille; forges; fabrication active d'horlogerie de Besançon et du Jura; tabletterie.

298. **HAUTE-SAONE**, ch.-l. **Vesoul**, 10., ville d'entrepôt, au pied d'une butte conique, dont les pentes sont couvertes de vignobles.

S.-pr. : **Gray**, 7., nombreux moulins à farine. **Lure**, 5.

*Luxeuil*, 5., eaux minérales, ancienne abbaye.

299. **DOUBS**, ch.-l. **Besançon** ✝, 56 000 h., place forte sur le Doubs. Centre de notre fabrication d'horlogerie fine et commune.

S.-pr. : **Montbéliard**, 10., sur le Doubs, patrie de Cuvier.

**Pontarlier**, 7., sur le Doubs, est défendu par le *fort de Joux*. Commerce de bois de sapin. **Baume-les-Dames**, 3.

300. **JURA**, ch.-l. **Lons-le-Saunier**, 13., qui doit son nom à ses salines.

S.-pr. : **Dôle**, 14., sur le Doubs, ville industrielle.

**Saint-Claude** ✝, 10., tabletterie et ouvrages au tour, appelés *articles de Saint-Claude*.

**Poligny**, 4., et *Arbois*, 4., vins blancs.

*Salins*, 6., sel gemme.

---

## IX. RÉGION DU SUD-EST

### XXXI. SAVOIE, 2 départements.

301. **Généralités.** Pays *alpestre*, ou entièrement couvert par les ramifications des grandes Alpes, qui sont surmontées de *glaciers* et de neiges perpétuelles, et entrecoupées de vallées profondes.

*Agriculture.* Peu de céréales; *alpages* ou **pâturages des montagnes; élève de bestiaux**, de chèvres, de moutons et d'abeilles; fabricatio[n] de fromages.

*Industrie* peu développée : soieries, eau[x] minérales, etc.

302. **HAUTE-SAVOIE**, ch.-l. **An[-]necy** ✝, 12., sur le lac de ce nom, évêch[é] illustré par saint François de Sales.

S.-pr. : **Thonon**, 6., sur le lac de Genèv[e] **Bonneville**, 2.; **Saint-Julien**, 2.

303. **SAVOIE**, ch.-l. **Chambéry** ✝ 21 000 h., soieries.

S.-pr. : **Albertville**, 6., place forte.

**Moutiers-en-Tarentaise** ✝, 2., sur l'Isèr[e] **Saint-Jean-de-Maurienne** ✝, 3., sur l'Ar[c]

*Aix-les-Bains*, 6., près du lac du Bourge[t] eaux sulfureuses. — *Modane*, sur l'Arc, villag[e] où commence le grand tunnel dit du *Mont-Cen[is]* long de 12 km. et traversant les Alpes pou[r] déboucher en Italie à la Bardonnèche, sur [la] Riparia.

### XXXII. DAUPHINÉ, 3 départements.

304. **Généralités.** Pays *alpestre*, presqu[e] entièrement couvert par les ramifications d[es] Alpes, dont les hauts sommets sont couronn[és] de *glaciers* et de neiges perpétuelles. Des vallé[es] profondes s'ouvrent à l'O., sur la grande vall[ée] du Rhône.

*Agriculture.* Céréales, dans la vallée d[u] Graisivaudan; cultures de chanvre, mûrier[s,] noyers; alpages; élevage de moutons, chèvre[s,] vers à soie, abeilles.

*Industrie.* Fer et forges; toiles, lainage[s,] soieries; gants; liqueurs.

305. **ISÈRE**, ch.-l. **Grenoble** ✝ 60 000 h., place forte sur l'Isère. Fabrica[-]tion de gants et de liqueurs. Bayard est n[é] aux environs, à Pontcharra.

S.-pr. : **Vienne**, 25 000 h., sur le Rhône ville ancienne; fabriques de draps.

**Saint-Marcellin**, 3.; la **Tour-du-Pin**, 4.

*Voiron*, 12., toiles. — *La Grande-Char[-]treuse*, célèbre monastère situé dans une vallé[e] agreste et sauvage appelée *le Désert;* liqueu[r] très estimée.

306. **DROME**, ch.-l. **Valence** ✝, 25000 h. sur le Rhône, soieries.

S.-pr. : **Die**, 4., sur la Drôme, vin blan[c] appelé *clairette de Die*.

**Montélimar**, 14., commerce de soie; nou[-]gats (gâteaux de noix ou d'amandes) renommés **Nyons**, 3.

*Romans*, 17., sur l'Isère, soieries.

307. **HAUTES-ALPES**, ch.-l. **Gap** ✝ 10., près de la Durance et à 740 m. d'al[-]titude.

S.-pr. : **Briançon**, 7., à 1326 m. d'altitude et **Embrun**, 4., à 930 m., places fortes qu[i] défendent la vallée de la haute Durance.

### XXXIII, XXXIV. PROVENCE, le COMTA[T] et NICE, 5 départements.

308. **Généralités.** Pays *alpestre* très élev[é] dans les parties orientales, et s'abaissant e[n] montagnes moyennes au centre et en légère[s] collines à l'O., pour se terminer dans la plai[ne] du delta du Rhône.

*Agriculture.* Culture de la vigne, du mûrie[r,] de l'olivier, de l'oranger, du tabac; culture d[u] safran et de la garance, dans le Comtat; cultu[re] des fleurs odoriférantes à Nice; pâturages forêts et élevage de moutons dans les Alpes.

*Industrie.* Peu développée dans les mon[-]tagnes, plus active dans le Comtat et sur l[a] côte; lignite; forges et constructions navales lainages, chapellerie, savons; soieries; fleu[rs] et parfums; marais salants.

---

**Devoir 93.** — 1. Quelles sont les provinces de la région de l'Est? — 2. Comment ces provinces ont-elles été rattachées à la couronne? — 3. Que produit la Bourgogne? — 4. Qu'appelle-t-on Morvan, le Creusot, Alise, Beaujolais, Jura, Rive-de-Gier? — 5. Où trouve-t-on, dans cette région, des rubans, des bœufs renommés, de la tabletterie?

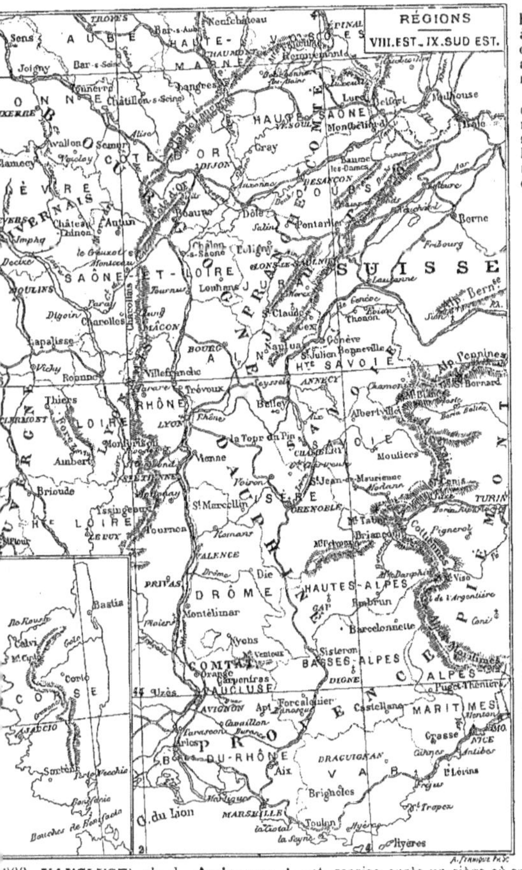


309. **VAUCLUSE**, ch.-l. **Avignon** †, 000 h., sur le Rhône, a été le séjour des pes, de 1309 à 1376. Château et cathé-ale remarquables. Commerce de soie, de rance et de chardons cardères.

S.-pr. : **Orange**, 10., arc de triomphe et autres iquités romaines.

**Apt**, 6.; **Carpentras**, 10.

*Vaucluse*, village célèbre par la fontaine d'où llit la *Sorgues*.

310. **BOUCHES-DU-RHONE**, ch.-l. **Mar-eille** †, 404 000 h., sur la Méditerranée, udée par une colonie grecque, 600 ans ant Jésus-Christ, est la première ville aritime de la France. Elle exporte des ns, des soieries, et importe les céréales la mer Noire, des denrées coloniales, :. Son port est en communication avec lgérie, l'Inde et la Chine. Nombreuses sa-nneries, huileries, raffineries de sucre. le rappelle le dévouement de Belzunce, n évêque, pendant la peste de 1720.

S.-pr. : **Aix** †, 29 000 h., école des arts-et-mé-rs. Commerce d'huiles d'olives et d'amandes.

**Arles**, 24 000 h., sur le Rhône, à l'entrée de l'île de la Camargue, antiquités romaines.

*La Ciotat*, 12., constructions navales. — *Tarascon*, 9., sur le Rhône, commerce de vins et d'huiles.

311. **VAR**, ch.-l. **Draguignan**, 10., corroieries.

S.-pr. : **Brignoles**, 5., prunes renommées.

**Toulon**, 78 000 h., grand port militaire de la Méditerranée. Cette ville fut livrée aux Anglais, en 1793, et reprise après un siège où se révéla le génie militaire de Bonaparte.

*Hyères*, 15., dans un climat délicieux, près d'une vaste rade fermée par les îles de même nom, fait le commerce d'oranges, de citrons et d'huiles. Patrie de Massillon. — *Fréjus* †, 3., près de la baie de Fréjus, dite aussi de Saint-Raphaël, où Bonaparte débarqua en 1799. Nombreuses ruines romaines. — *La Seyne*, 14., dans la rade de Toulon, constructions navales.

312. **BASSES-ALPES**, ch.-l. **Digne** †, 7., commerce de fruits secs et confits.

S.-pr. : **Barcelonnette**, 2.; **Castellane**, 2.; **Forcalquier**, 3.; **Sisteron**, 4.

313. **ALPES-MARITIMES**, ch.-l. **Nice** †, 88 000 h., place forte, port marchand sur la Méditerranée; commerce des parfumeries, huiles et fruits de son riche territoire. Patrie de l'astronome Cassini et du maréchal Masséna.

S.-pr. : **Grasse**, 14., parfums, huiles et essences; **Puget-Théniers**, 2.

*Cannes*, 20 000 h., port, rappelle le débarquement de Napoléon à son retour de l'île d'Elbe.

Les Villes de plus de 10 000 habitants en 1886

314. **MONACO**, 4., est la capitale d'une petite principauté de 13 000 h., qui reste indépendante, bien qu'enclavée dans le département des Alpes-Maritimes.

## XXXV. CORSE, 1 département.

315. **Généralités.** La Corse est une *île haute*, presque entièrement couverte de montagnes très élevées au centre, et s'abaissant à l'E. sur une côte basse et bordée de lagunes.

*Agriculture et industrie.* Céréales, vins, tabac, oliviers, orangers, châtaigniers; forêts et chênes-liège; chèvres et vers à soie. Marbre et porphyre; forges et fonderies.

316. **CORSE**, ch.-l. **Ajaccio** †, 20., ville maritime fortifiée, fait le commerce de corail. Patrie de Napoléon Ier.

S.-pr. : **Bastia**, 23 000 h., place forte au N. de l'île; pâtes alimentaires dites *pâtes d'Italie*, marbreries, forges et fonderie du Toga.

**Calvi**, 2., place forte, port.

**Corté**, 5., statue du grand patriote Pascal Paoli; **Sartène**, 6.

*Bonifacio*, 4., sur le détroit qui sépare la Corse de la Sardaigne. — *Porto-Vecchio*, 3., sur une magnifique baie, au S.-E. — *Ile-Rousse*, 2., petit port florissant, au N. de l'île.

---

Devoir 94. — 1. Quelles sont les provinces de la région du S.-E.? — 2. Qu'appelle-t-on *pays alpestre*, et quels sont ses caractères généraux? — 3. Dites la situation et l'industrie des villes ci-après : Montélimar, Albertville, Orange, Digne, Toulon, la Ciotat, Hyères. — 4. Quels faits historiques rappellent Grenoble, Annecy, Toulon, Fréjus, Ajaccio, Marseille?

Devoir 95. — 1. Rangez par ordre d'importance les douze villes de France qui ont plus de 100 000 hab. — 2. Les onze villes qui ont de 60 à 100 000 hab. — 3. Quelles sont, d'après la carte ci-dessus, les parties les plus populeuses de la France?

### Les exercices cartographiques.

*« En France, nous ne connaissons pas de meilleur système cartographique que celui des Frères, »* dit le DICTIONNAIRE DE PÉDAGOGIE de M. Buisson.

Les élèves ont à *compléter* et à colorier d'abord les cartes semi-muettes des cahiers; puis à les reproduire *à vue*, enfin *par cœur*. C'est le moyen de se les graver dans la mémoire par l'imagination et le travail de la main.

Les CAHIERS Nos 2 ET 3 (France), et les Nos 1 ET 5 (Parties du monde), répondent à la matière de cette GÉOGRAPHIE-ATLAS.

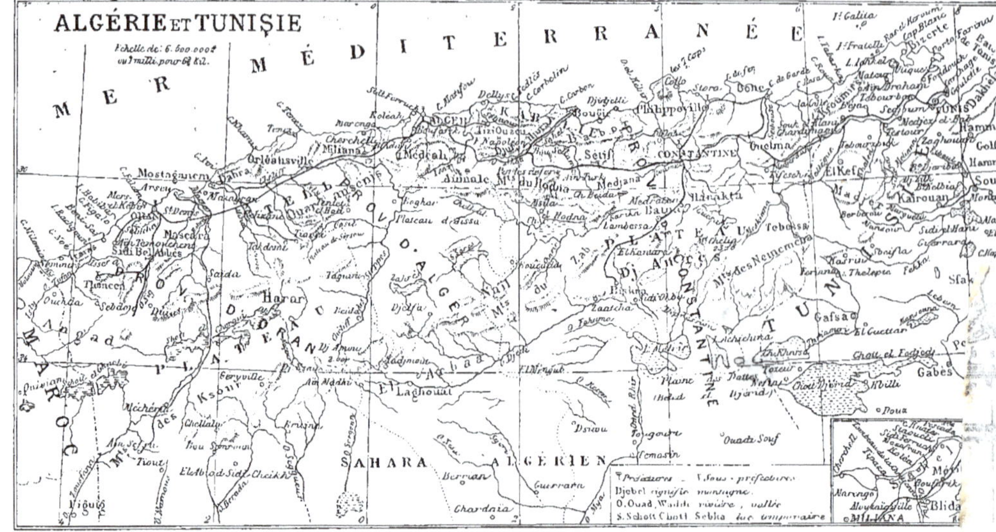


# COLONIES FRANÇAISES

317. Les **Colonies françaises**, en y comprenant les États protégés, comptent une *population* d'environ 42 000 000 d'habitants et une *superficie* qui égale quinze fois celle de la France. Ce sont :

1° En AFRIQUE, l'Algérie, la Tunisie (protectorat), le Sahara occidental, le Sénégal, le Soudan occidental, les comptoirs de Guinée, le Gabon et le Congo français, la Réunion, les Comores et Madagascar (protectorat), Obock;

2° En ASIE, les établissements de l'Inde et de la Cochinchine; les protectorats du Cambodge, de l'Annam et du Tonkin;

3° En OCÉANIE, la Nouvelle-Calédonie, Taïti et les îles Marquises;

4° En AMÉRIQUE, la Guyane française, la Martinique, la Guadeloupe (Antilles), les îles Saint-Pierre et Miquelon, près de Terre-Neuve.

Les acquisitions récentes complètent notre *empire colonial*, et compensent les pertes que nous avons faites au siècle dernier dans l'Hindoustan, le Canada et la Louisiane.

318. D'après le traité de 1890, conclu avec l'Angleterre, l'**empire français africain** s'étend de la Méditerranée à l'Atlantique et au golfe de Guinée, comprenant l'Algérie, la Tunisie, le *Sahara* occidental jusqu'au lac Tchad, le *Soudan* occidental, sur le Niger moyen; le Sénégal, les comptoirs de Grand-Bassam et le Dahomey. Avec le Congo occidental et Madagascar, l'influence française s'étend sur près d'un quart de l'Afrique.

## I. — Algérie.

319. **Bornes.** — L'Algérie est bornée : au nord, par la Méditerranée; à l'ouest, par le Maroc; au sud, par le désert du Sahara; et à l'est, par la régence de Tunis.

**Montagnes.** — L'Algérie est traversée de l'ouest à l'est par le massif montagneux de l'*Atlas*, composé de deux chaînes parallèles très ramifiées supportant une région haute appelée le *Plateau*.

**Fleuves.** — Les cours d'eau de l'Algérie sont peu importants, et la plupart tarissent dans la saison sèche. Les principaux sont : la *Seybouse*, le *Rummel*, l'*Isser*, le *Chéliff*, le plus grand de tous; la *Tafna*, grossie de l'*Isly*.

320. **Population.** — L'Algérie a une population de 4 000 000 d'h., formée de Berbères ou Kabyles, d'Arabes nomades, de Maures, etc., tous mahométans. On compte à peine 500 000 Européens, dont la moitié de Français.

321. **Administration.** — L'Algérie est administrée par un gouverneur général civil.

Elle forme les trois *provinces* d'Alger, d'Oran et de Constantine, divisées chacune en un territoire civil et un territoire militaire. Le territoire civil de chaque province forme un département.

322. **Villes.** — I. **Alger** ✝, 83 000 h., ville forte, bâtie en amphithéâtre, sur la Méditerranée, est le centre principal du commerce et de la navigation de la colonie. Elle fut prise par les Français en 1830.

*Blida*, grand commerce d'oranges.

*Miliana* et *Orléansville*, dans la vallée du Chéliff, marchés agricoles.

*Médéa*, riches mines de cuivre.

II. **Oran** ✝, 75 000 h., port fortifié, fut soumise aux Espagnols de 1509 à 1792.

*Tlemcen*, 30 000 hab.; *Mascara* et *Sidi-bel-Abbès*, dans l'intérieur.

*Mostaganem*, ville maritime.

III. **Constantine** ✝, 45 000 h., l'ancienne Cirta des Romains, est une ville forte, bâtie sur un rocher escarpé, et qui fut prise d'assaut par les Français en 1837.

*Philippeville*, 22 000 hab., fondée par les Français en 1838; port qui fait le commerce des denrées de la province.

*Bône*, 30 000 h., l'un des principaux ports de l'Algérie.

323. **Commerce.** — Le *commerce intérieur* possède quelques *routes*, mais n'a pas de rivière navigable. Plusieurs *chemins de fer* relient Alger à Oran et à Constantine, Philippeville, Bône et Tunis.

Le *commerce extérieur* se fait pour la plus grande partie avec la France par le port de Marseille. Il *exporte* des produits agricoles : bestiaux, laines, blé, tabac, fruits et légumes de primeurs (pour Paris); il *importe* de[s] ... et autres produits manufacturés, tant [pour la] colonie que pour le Sahara et le Soudan, [avec] lesquels le commerce se fait par *carava[nes]*.

## II. — Afrique française.

324. La **Tunisie**, ci-devant régence [ou pro]vince de l'empire turc, est soumise au [protec]torat de la France depuis 1881. Elle es[t gou]vernée par un *bey* héréditaire, et comp[te près] de 1 000 000 d'habitants.

La capitale est **Tunis**, 130 000 h., po[rt] au fond d'une baie, ayant pour avant-p[ort la] *Goulette*. Fabriques d'armes, de maroq[uins et] de tapis. Villes principales : *Kairouan*, [autre]fois siège d'un califat puissant; *Sousse*, ... *Gabès*, au fond du golfe de ce nom. L'île ... est une dépendance.

Le *commerce* de la Tunisie consist[e dans] l'*importation* de cotonnades anglaises, s[oieries] françaises, verroteries de Venise, cou[teaux,] poudre. — *Exportation* de céréales : [blé,] orge, d'huile d'olive, de fruits : figues et ..., de soude et de peaux. Un chemin de fe[r relie] Tunis à l'Algérie.

325. Le **Sahara** occidental, zone d'infl[uence,] s'étend au sud de l'Algérie et de la T[unisie] jusqu'au lac Tchad et au Niger moyen. [Popu]lation présumée : 1 000 000 d'hab. On y [trouve] les oasis de *Ouargla*, *Idelès*, *Agadès*.

326. Le **Sénégal** et le **Soudan** fr[ançais] comprennent presque toute la Sénégam[bie, le] fleuve Sénégal et le Niger supérieur. La [popu]lation est de 2 000 Européens, de 200 000 [indigènes] administrés par nous; en outre, d'en[viron] 6 000 000 d'indigènes soumis à notre protec[tion,] mais se gouvernant eux-mêmes.

Les villes principales sont : au Sé[négal,] *Saint-Louis*, *Dakar* et *Gorée*, ports d[e mer] qui exportent de l'arachide, de la gomme, ...; dans le Soudan, *Bamako*, *Ségou*, s[ur le] Niger; *Timbouctou*.

327. Sur la **côte de Guinée**, nous posséd[ons les] comptoirs de *Grand-Bassam* et *Assinie* av[ec la] ville de *Kong*, à l'intérieur, dans le Soudan français; — *Porto-Novo* avec le royaume d[u] **Dahomey**, sur la côte des Esclaves.

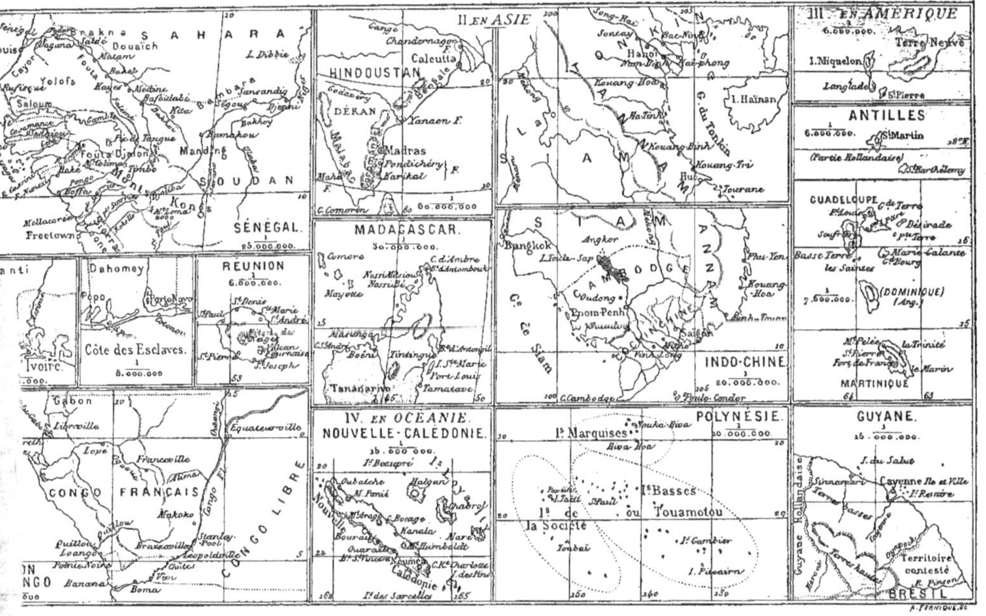


…. Le **Gabon** et le **Congo** français forment …possession aussi vaste que la France, située …l'Équateur, entre l'Atlantique et le cours …ieur du fleuve Congo. Il est peuplé de …es idolâtres et sauvages. Les principaux …s sont : *Libreville*, *Brazzaville* et *France-*… Pop. 4 000 000 d'hab.

…. La **Réunion**, ou île Bourbon, est une …ie florissante, peuplée de 30 000 créoles …ais, et d'un plus grand nombre de nègres …ndiens.

…*int-Denis* †, chef-lieu; *Saint-Pierre* et …*t-Paul*, sont les principales villes.

…le de la Réunion *exporte* en France du …, du café, de la vanille, de la muscade, …hum, etc.

…. La grande île de **Madagascar** est soumise, …is 1885, au protectorat de la France; sa …lation est de 4 à 5 millions d'habitants de … brune et noire; sa capitale est **Tanana-**…; son principal port, *Tamatave*.

…France possède plusieurs points de la côte …adagascar, ainsi que les îles *Sainte-Marie* …, *Nossi-Bé* au N.-O., et les îles *Comores*, …mment *Mayotte*.

### III. — Asie française.

…. L'**Inde** française comprend 5 villes avec … territoires. Ce sont : *Mahé*, sur la côte …alabar; *Karikal*, **Pondichéry**, chef-lieu, et *Yanaon*, sur la côte de Coromandel; *Chandernagor*, sur le Gange, au N. de Calcutta.

La population est de 285 000 habitants.

332. L'**Indo-Chine** française comprend (outre la Cochinchine) le royaume de **Cambodge**, capitale *Pnom-Penh*; le royaume d'**Annam**, capitale **Hué**, et le **Tonkin**, capitale **Hanoï**, qui sont soumis à notre protectorat.

La population est de 20 000 000 d'habitants, de race jaune. Il s'y fait un grand commerce avec la Chine et l'Europe.

La **Cochinchine** française, située au S. de l'Indo-Chine, est une région basse, bien boisée, fertile, mais insalubre. — **Saïgon**, la capitale, est un port de commerce et une bonne position militaire.

### IV. — Océanie française.

333. La **Nouvelle-Calédonie**, 60 000 h., chef-lieu *Nouméa*, est une île située à l'E. de l'Australie, et à laquelle se rattachent l'île des *Pins*, les îles *Loyalty*, et quelques autres. C'est surtout une colonie pénitentiaire.

Les îles **Taïti** ou de la *Société*, les îles *Marquises*, dont la principale est Nouka-Hiva, les îles *Basses* ou *Touamotou*, sont des archipels de la Polynésie orientale.

### V. — Amérique française.

334. La **Guyane** française, 30 000 h., située au N. du Brésil, est une contrée basse, fertile, mais insalubre sur la côte. Il y a quatre établissements pénitenciers. La capitale est *Cayenne*, port, dans une petite île.

335. Les **Antilles** françaises comprennent deux îles importantes et plusieurs petites :

1° La **Martinique**, 170 000 h., ch.-l. *Fort-de-France*, ville principale *Saint-Pierre* †, port;

2° La **Guadeloupe**, 155 000 h. (avec les dépendances), ch.-l. *Basse-Terre* †; ville principale *Pointe-à-Pitre*, port;

3° La *Désirade*, *Marie-Galante* et les *Saintes*, qui dépendent du gouvernement de la Guadeloupe, ainsi que l'île *Saint-Barthélemy* et la moitié de l'île *Saint-Martin*, situées plus au N.

336. Les petites îles **Saint-Pierre** et **Miquelon**, 5000 h., situées au S. de Terre-Neuve, sont un rendez-vous de pêche pour les bâtiments français qui viennent chaque année faire la pêche de la morue, très abondante dans les parages de Terre-Neuve.

---

337. **Utilité des colonies.** — Les avantages des colonies sont surtout de développer le commerce, la marine, ainsi que l'influence morale et politique de la métropole, à laquelle elles offrent en outre une patrie nouvelle pour l'excédent de sa population. Elles lui procurent des matières premières pour l'industrie, telles que le coton, la soie, les métaux, ainsi que les denrées que l'Europe ne cultive pas, comme le café, les épices. Les colonies reçoivent en retour des produits manufacturés, tissus, armes, machines, etc.

---

…oir 96. — 1. Nommez les *colonies françaises* en …ne. — 2. Dans quelle partie du monde et dans …océan se trouvent la Martinique? — Madagascar? …ïgon? — le Sénégal? — la Nouvelle-Calédonie? …aïti? — la Guadeloupe? — 3. Qu'est-ce que la …inchine? — le Tonkin? — la Réunion?

…evoir 97. — 1. Décrivez un voyage aux colonies en allant de l'ouest à l'est, puis un autre de l'est à l'ouest, en consultant la mappemonde, p. 53.

**Devoir 98.** — 1. Qu'est-ce que l'*Algérie?* — 2. Comment est-elle divisée? — 3. Nommez-en les préfectures et les sous-préfectures. — 4. Quels sont ses ports? — ses montagnes? — son fleuve principal? — 5. Que savez-vous de la *Tunisie?* — 6. Faites la carte de l'Algérie avec la Tunisie, en indiquant les chemins de fer.

**Devoir 99.** — 1. Que comprend le *Soudan français?* — 2. Où se trouve le *Congo* français? — 3. Dites ce qu'on entend par : Franceville, Mayotte, Dahomey, Gabès, Tlemcen, Bône, Orléansville, Tananarive?

**Devoir 99 bis.** — 1. De quoi se compose l'*Indo-Chine* française? — 2. Quelle est sa population? — 3. son importance commerciale? — 4. Qu'entend-on par : Lovalty, Marquises, Antilles, Miquelon, Guyane, Cambodge, Yanaon?

**Devoir 100.** — 1. Quelles sont, de nos colonies, celles qui peuvent être peuplées par les Européens, et pourquoi? — 2. Quelles sont celles dont le climat est trop chaud pour les blancs? — 3. Quels sont les inconvénients du climat du Tonkin? — 4. Quelles denrées trouve-t-on à la Réunion, aux Antilles, que l'Algérie ne produit pas, et pourquoi? — 5. Dans quel voisinage se trouve l'Indo-Chine, et d'où vient son importance coloniale?

## COSMOGRAPHIE (1)

### I. — Notions sur les astres.

1*. Les **astres** sont des corps célestes de forme sphérique et circulant dans l'espace. — On distingue le *Soleil* et les *Etoiles*, qui sont des astres lumineux par eux-mêmes; la *Terre*, la *Lune* et les *planètes*, qui empruntent leur lumière au Soleil.

Le **Soleil** est environ treize cent mille fois plus gros que la Terre. Il produit la chaleur et la lumière, qu'il nous envoie directement.

Le soleil tourne sur lui-même et *fait tourner* autour de lui la Terre et les planètes. Son mouvement autour de la Terre n'est qu'apparent.

La **Lune** est environ cinquante fois plus petite que la Terre. Elle brille pendant la nuit, en nous renvoyant la lumière qu'elle reçoit du Soleil.

SYSTÈME DE COPERNIC

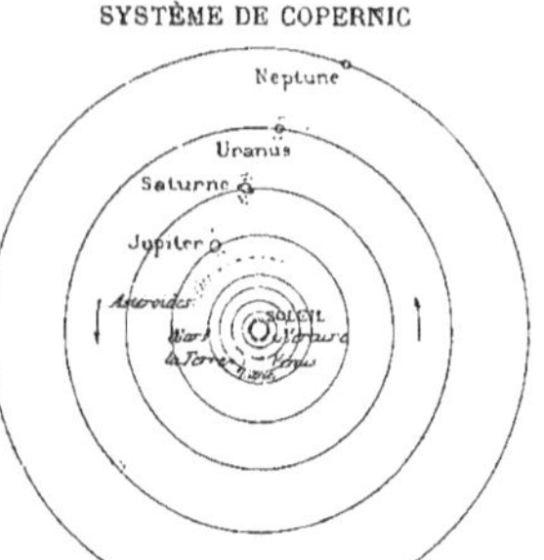


La Lune tourne autour de la Terre, en même temps que la Terre l'entraîne autour du Soleil. Elle se présente à nos yeux sous quatre *phases* ou figures différentes : Nouvelle lune, Premier quartier, Pleine lune et Dernier quartier. (Voir fig. au dos de la couverture.)

2*. Les **planètes** circulent autour du soleil. Les principales sont : *Mercure*, *Vénus*, la *Terre*, *Mars*, *Jupiter*, *Saturne*, *Uranus* et *Neptune*.

Les **étoiles** sont des astres brillants et très volumineux, comme le Soleil; mais leur grand éloignement nous les fait paraître beaucoup plus petits.

**Éclipses**. Il y a *éclipse* ou disparition momentanée *du Soleil*, quand la Lune s'interpose entre lui et la Terre, — et *éclipse de Lune* lorsque la Terre se place de manière à empêcher le Soleil de l'éclairer.

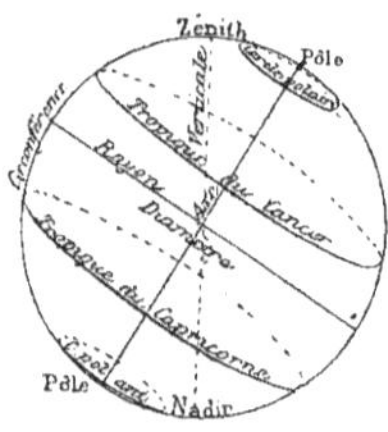


Points et lignes. Petits cercles.

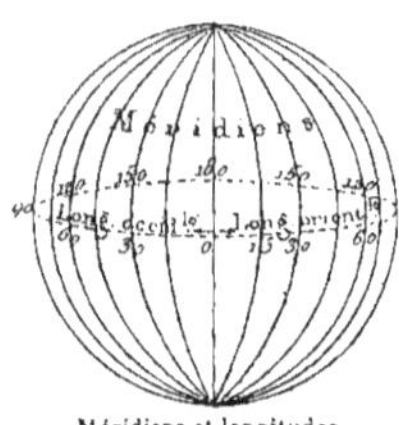

Méridiens et longitudes.

Parallèles et latitudes.

Zones astronomiques.

## LE GLOBE

3*. La **Terre est un astre**, circulant dans l'espace, aussi bien que la Lune et le Soleil. *Sa forme est ronde*, ou *sphérique*; elle a 40 000 kilomètres de circonférence.

4*. **Mouvements de la Terre**. La Terre a deux mouvements : 1° elle *tourne* sur elle-même en vingt-quatre heures de l'ouest à l'est. Ce mouvement de *rotation* produit la succession du *jour* et de la *nuit*; — 2° elle accomplit en un an autour du Soleil un mouvement de *révolution*, qui est une des causes de la succession des *quatre saisons* de l'année : printemps, été, automne, hiver. (Voir fig. sur la couverture.)

5*. **La Terre est ronde** : si elle nous paraît plate, c'est que nous n'en voyons qu'une petite partie à la fois. Voici des *preuves* de la rondeur de la Terre :

Lorsque sur le bord de la mer on observe *un vaisseau* qui s'éloigne, on voit sa partie *inférieure* disparaître insensiblement, puis les voiles et enfin le haut des mâts, comme si le vaisseau s'enfonçait sous l'eau. Donc la surface de la mer n'est pas plane. — Et si le vaisseau continue son voyage, il pourra revenir au port par un chemin opposé à celui du départ : il reviendra par l'ouest, s'il est parti par l'est; ce qui n'aurait pas lieu si la Terre était plane. Donc la Terre est ronde. — Il y a chaque année des voyageurs qui font le *tour du monde*.

Les montagnes n'altèrent pas la rondeur générale du globe, car elles sont proportionnellement à la Terre beaucoup moins sensibles que les aspérités de la peau d'une orange ou de la coquille d'un œuf.

Si nous étions sur la Lune, la Terre nous apparaîtrait suspendue dans le ciel, ronde et brillante, comme nous y voyons la Lune elle-même. — La Terre n'est soutenue dans l'espace que par la seule puissance de Dieu et les lois providentielles qu'il a établies.

Une *toupie* tournant sur sa pointe (rotation) et décrivant un cercle (révolution) imite ces deux mouvements.

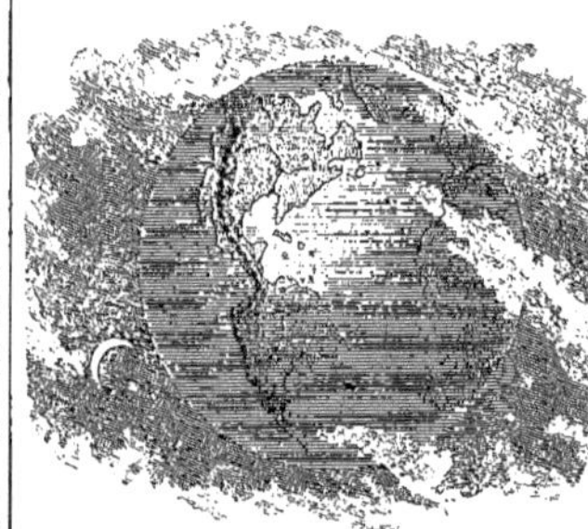

La Terre est un astre circulant dans l'espace.

6*. On représente la Terre par un *globe terrestre*, et les détails de sa surface par des *cartes géographiques*.

Le **globe terrestre** est une boule ou sphère qui représente la Terre, et sur laquelle sont dessinés les différents accidents géographiques, continents, mers, etc. (Voir au dos de la couverture.)

7*. Une **carte** est un plan représentant la surface de la Terre, ou l'une de ses parties.

La **mappemonde** est une carte qui représente la sphère terrestre coupée en deux demi-boules ou *hémisphères*, l'un appelé *oriental*, l'autre *occidental*.

Sur une carte, les *côtes* et les *rivières* sont marquées par des lignes sinueuses; les *canaux*, les *chemins de fer*, les *routes*, par des lignes plus ou moins droites ou brisées; le relief du sol ou les *montagnes*, par des hachures ou par des courbes de niveau; les *limites politiques*, par des lignes pointillées; les positions des *villes*, par des points ronds, blancs ou noirs, etc.

Les globes représentent la terre beaucoup plus exactement que les cartes; mais ils sont peu commodes et ne donnent d'ailleurs qu'une idée d'ensemble; les détails sont réservés pour les *cartes* géographiques que l'on dresse à des *échelles* de toutes grandeurs, et suivant divers genres de *projections*.

8*. L'échelle d'une carte est le rapport de dimension linéaire entre l'objet réel et le dessin qui le représente.

Une carte géographique est à $\frac{1}{1.000.000}$ lorsqu'un millimètre sur la carte représente 1.000.000 de millim. ou 1.000 mètres = 1 kilomètre sur le sol. Une carte à $\frac{1}{10.000}$ aurait des dimensions 100 fois plus grandes que la précédente en hauteur et en largeur.

Les échelles se marquent sur une carte en fraction ordinaire, ou par une ligne divisée en parties égales numérotées.

### III. Les cercles de la sphère.

9*. On appelle **axe** le diamètre ou ligne imaginaire autour de laquelle la terre fait sa rotation.

Les **pôles** sont les deux points extrêmes de l'axe. On distingue le pôle *nord* ou *boréal*, et le pôle *sud* ou *austral*.

10*. On appelle **grands cercles** de la sphère les cercles qui la partagent en deux parties égales : tels sont le méridien et l'équateur. — On appelle **petits cercles** de la sphère les cercles qui divisent sa surface en deux parties inégales : tels sont les deux tropiques et les deux cercles polaires. — (Voir fig. sur la couverture.)

Chaque cercle de la sphère se divise en 360 parties égales, qu'on appelle **degrés**; le degré se divise en 60 minutes, et la minute en 60 secondes. — La valeur du degré en kilomètres est la même pour les grands cercles (environ 111 kilomètres); mais elle varie d'un petit cercle à l'autre.

11*. On appelle **méridien** tout grand cercle qui passe par les pôles. Un méridien partage la sphère en deux hémisphères : l'un *oriental*, du côté du levant; l'autre *occidental*, du côté du couchant.

1 NOTA. Les *numéros d'ordre* du texte recommencent pour les cinq parties du monde : ils se distinguent par une (*) *étoile*.

Les numéros des devoirs se continuent.

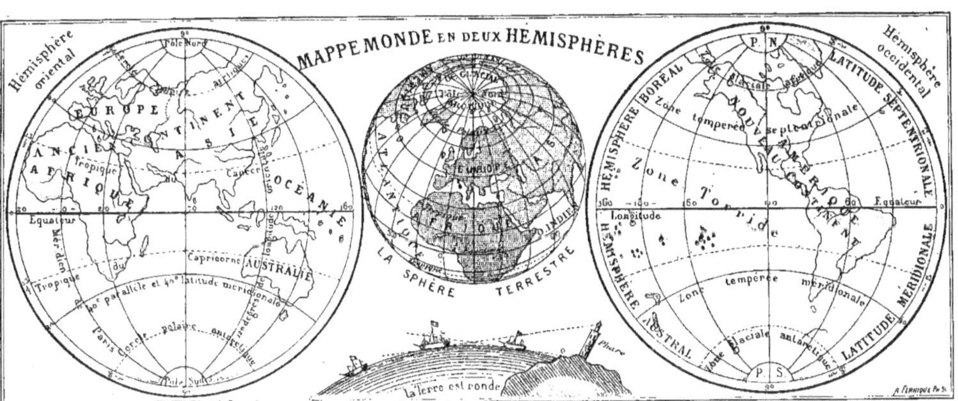


Il y a une infinité de méridiens. En France, on adopte comme *premier méridien* (méridien initial) celui qui passe par l'Observatoire de *Paris*. — Les autres nations se servent généralement du premier méridien de *Greenwich*, près de Londres, passant à 2° 20' ouest de Paris.

Dans le *planisphère*, les méridiens et les parallèles sont représentés par des lignes droites.

**12*. L'équateur** est un grand cercle qui passe à égale distance des deux pôles. — L'équateur partage la sphère en deux parties égales : *l'hémisphère septentrional* ou boréal, du côté du nord, et *l'hémisphère méridional* ou austral, du côté du sud.

**13*. Les parallèles** sont des cercles tracés sur le globe parallèlement à l'équateur. — Les principaux cercles parallèles sont les deux *tropiques* et les deux *cercles polaires*.

**14*. Les tropiques** sont deux petits cercles parallèles à l'équateur, dont ils sont éloignés de 23 degrés 28 minutes. Celui du nord se nomme *tropique du Cancer*, et celui du sud, *tropique du Capricorne*.

**15*. Les cercles polaires** sont deux petits cercles parallèles à l'équateur, et éloignés des pôles de 23 degrés 28 minutes. Celui du nord se nomme cercle polaire *arctique*, et celui du sud cercle polaire *antarctique*.

**16*. Zones**. On appelle *zones* les divisions formées sur la sphère par les tropiques et les cercles polaires. — On compte cinq zones, qui tirent leur nom de leur climat général : la zone *torride*, ou très chaude, comprise entre les deux tropiques ; les deux zones *tempérées*, comprises entre les deux tropiques et les cercles polaires, et les deux zones *glaciales*, qui s'étendent des cercles polaires aux pôles.

**17*. La longitude** d'un lieu est la distance, en degrés, du méridien de ce lieu au premier méridien.

On compte 180 degrés de longitude orientale et 180 degrés de longitude occidentale. — Les degrés de longitude sont ordinairement marqués au haut et au bas des cartes.

**18*. La latitude** d'un lieu est la distance de ce lieu à l'équateur mesurée en degrés sur son méridien.

On compte 90 degrés de latitude nord, et 90 degrés de latitude sud. — Les degrés de latitude se marquent ordinairement à droite et à gauche des cartes.

La *position d'un lieu* sur le globe ou sur la carte est déterminée par sa latitude et par sa longitude, c'est-à-dire par le point de rencontre du méridien et du parallèle de ce lieu.

### IV. — Divisions générales du globe.

**19***. La *surface* du globe présente des **terres**, ou parties solides, et des **mers**, ou grandes masses d'eau salée.

Les terres se composent de trois *continents* et d'un grand nombre d'îles. Elles forment les cinq *parties du monde*.

**20*. Les trois continents** sont : l'*Ancien Continent*, — le *Nouveau Continent*, ou l'Amérique, — et l'*Australie*.

Les **cinq parties du monde** sont :

L'*Europe*, l'*Asie* et l'*Afrique*, qui forment l'Ancien Continent ;

L'*Amérique*, ou le Nouveau Continent ;

L'*Océanie*, formée de l'Australie et d'un grand nombre d'îles.

**21*. L'Océan** est l'ensemble des eaux salées qui couvrent les trois quarts du globe. On le divise en *cinq océans* particuliers, qui sont :

L'*océan Atlantique*, situé entre l'Europe, l'Afrique et l'Amérique.

L'*océan Pacifique* ou *Grand Océan*, situé entre l'Asie et l'Amérique.

L'*océan Indien*, situé entre l'Afrique, l'Asie et l'Australie.

L'*océan Glacial du Nord*, au nord de l'Europe, de l'Asie et de l'Amérique.

L'*océan Glacial du Sud*, au sud de l'Afrique et de l'Amérique.

### III. Statistique et ethnographie.

**22***. La **superficie** totale du globe est de 510 000 000 de km², dont 135 000 000 pour les terres.

La superficie de l'Europe est de 10 000 000 de km², ce qui équivaut environ à 19 fois celle de la France.

Les terres réunies de l'Océanie égalent la superficie de l'Europe. — L'Afrique égale trois fois l'Europe, ou 56 fois la France.

L'Amérique et l'Asie égalent chacune quatre fois la superficie de l'Europe, ou 76 et 80 fois celle de la France.

**23***. La **population** totale du globe dépasse 1 420 000 000 d'habitants.

| | | | |
|---|---|---|---|
| L'Europe compte environ | | 360 000 000 | d'hab. |
| L'Asie | — | 800 000 000 | — |
| L'Afrique | — | 150 000 000 | — |
| L'Amérique | — | 130 000 000 | — |
| L'Océanie | — | 45 000 000 | — |

**24*. Races**. — L'espèce humaine, considérée au point de vue de la forme et des couleurs, présente cinq variétés principales désignées sous le nom de *races*.

La *race blanche* peuple surtout l'Europe, l'Asie occidentale, l'Afrique septentrionale et l'Amérique.

La *race jaune* peuple l'Asie orientale.

La *race noire* ou nègre peuple l'Afrique centrale et une partie de l'Océanie.

La *race brune* peuple les Indes et la Malaisie.

La *race rouge* comprend les sauvages de l'Amérique.

**25*. Religion**. — Les peuples de race blanche connaissent généralement le vrai Dieu.

Le *christianisme* domine en Europe et en Amérique ; — le *mahométisme*, dans l'Asie occidentale et l'Afrique septentrionale. — Le *judaïsme* est professé par les Juifs.

Les autres races sont généralement *païennes* : — le *bouddhisme*, ou culte de Bouddha, domine parmi les jaunes (les Chinois) ; — le *brahmanisme*, ou culte de Brahma, parmi les bruns (les Hindous) ; — et le *fétichisme*, ou culte des idoles de toute espèce, parmi les nègres, en Afrique.

---

**Devoir 101**. — Qu'appelle-t-on astres ? Nommez-en et indiquez leurs différences. — 2. Quels sont les mouvements du Soleil et de la Lune ? — 3. Nommez les planètes. — 4. Quels sont les mouvements de la Terre ? — Prouvez que la Terre est ronde.

**Devoir 102**. — 1. Qu'appelle-t-on axe ? — pôles ? — méridien ? — 2. Montrez-les sur le planisphère et la Mappemonde. — 3. Nommez les cinq zones déterminées par les parallèles. (Voir hémisph. occid.) — 4. Nommez les parties du monde situées dans l'hémisphère oriental, — occidental, — septentrional, — méridional.

**Devoir 103**. — 1. Quelle couleur a-t-on affectée à chaque partie du monde sur les deux hémisphères ? — 2. Rangez les parties du monde d'après leur étendue et leur population. — 3. Où habite la race noire ? — la race jaune ? — 4. Quelles sont les parties du monde où règnent le christianisme ? — le mahométisme ? — le paganisme ?

# EUROPE

## Géographie physique.

**26*. Caractères physiques : 1°** L'Europe se caractérise par sa *faible étendue* relative et par le démembrement de sa masse continentale. Ses *contours*, très sinueux, présentent beaucoup de presqu'îles et enferment de nombreuses mers intérieures. Ses *côtes*, basses dans le N., montagneuses dans le S., sont riches en bonnes positions commerciales.

2° La *profondeur des mers* septentrionales, entourées de plaines, est peu considérable. On observe en moyenne 100 à 200 mètres dans la mer du Nord, la Baltique, la mer Blanche et le nord de la Caspienne. — Au contraire, les mers méridionales, entourées de montagnes, atteignent plus de 2 000 m. de profondeur dans la Méditerranée, de 4 000 m. dans l'Atlantique.

3° Le relief du sol européen, généralement moins élevé que celui des autres continents, forme deux divisions de premier ordre : la *haute Europe du Sud-Ouest*, qui a de 500 à 1 000 m. d'altitude moyenne, et atteint 4 810 m. au point culminant du grand massif des Alpes ; — la *grande plaine de la basse Europe au Nord-Est*, qui atteint à peine 300 m. d'altitude ; c'est l'une des plus vastes du globe, car elle s'étend depuis l'Oural et la mer Caspienne jusqu'aux Pyrénées.

4° Une *dépression* remarquable au-dessous du niveau général de l'Océan est formée en Russie par une partie du bassin *de la mer Caspienne*, dont le niveau est de 25 m. au-dessous de celui de la mer Noire.

5° Parmi les *particularités physiques* de l'Europe, on peut citer les *steppes*, sorte de déserts herbeux de la Russie méridionale ; les *grandes forêts* de la Russie orientale, les *toundras* ou grands marais de la Russie boréale, la *région des lacs* de la Finlande, les *grands marais* du Pripet.

6° Climat. Le climat européen est généralement *tempéré*. Il est plus *humide* dans les contrées de l'Ouest, soumises à l'influence des vents tièdes de l'Atlantique ; — *plus froid* dans les contrées du Nord-Est, où soufflent les vents polaires ; — *plus chaud* dans les contrées du Sud, où se font sentir les vents d'Afrique.

---

27*. **L'Europe** (10 000 000 de km. c.) est la plus petite des trois divisions de l'Ancien Continent et des cinq parties du monde, car elle égale à peine le tiers de l'Afrique et le quart de l'Amérique ou de l'Asie.

**28*. Bornes.** — L'Europe est bornée au N. par l'océan Glacial boréal ; — à l'E. par l'Asie (ou par les monts Ourals, le fleuve Oural et la mer Caspienne) ; — au S. par le Caucase, la mer Noire et la Méditerranée ; — à l'O. par l'océan Atlantique.

**29*. Contrées.** — Les 20 principales contrées de l'Europe sont :

A l'ouest, la *France*, les *îles Britanniques*, la *Belgique*, les *Pays-Bas* ou Hollande et le grand duché de Luxembourg ;

Au centre, l'*Allemagne*, l'*Autriche-Hongrie* et la *Suisse ;*

Au nord, le *Danemark*, la *Suède*, la *Norvège* et la *Russie ;*

Au sud, le *Portugal*, l'*Espagne*, l'*Italie*, la *Turquie*, la *Grèce*, la *Roumanie*, la *Serbie* et le *Monténégro*.

---

**30*. Mers.** — 1° **L'océan Glacial** BORÉAL, formant la mer *Blanche*.

2° L'océan **Atlantique**, formant la mer *Baltique*, la mer du *Nord*, la mer d'*Irlande* et la *Manche*.

3° La mer **Méditerranée**, formant la mer de *Toscane* (ou Tyrrhénienne), la mer *Adriatique*, la mer *Ionienne*, l'*Archipel* (ou mer Égée), la mer de *Marmara*, la mer *Noire* et la mer d'*Azov*.

4° La mer **Caspienne** est considérée comme une mer isolée ; c'est le plus grand lac du globe.

**31*. Golfes.** — Dans la Baltique, les golfes de *Bothnie*, de *Finlande* et de *Riga*, en Russie. — Dans la mer du Nord, le *Zuiderzée*, au nord des Pays-Bas. — Dans l'Atlantique, le golfe de *Gascogne*, entre la France et l'Espagne. — Dans la Méditerranée, le golfe du *Lion*, en France ; — les golfes de *Gênes*, de *Tarente* et de *Venise*, en Italie ; et le golfe de *Lépante*, en Grèce.

**32*. Détroits.** — 1° Dans l'Atlantique, le *Skager-Rack*, le *Cattégat* et le *Sund*, entre le Danemark, la Norvège et la Suède. — Le *Pas de Calais*, entre la France et l'Angleterre (34 km. de largeur).

2° Dans la Méditerranée, le détroit de *Gibraltar*, entre l'Espagne et l'Afrique ; — le détroit de *Bonifacio*, entre la Corse et la Sardaigne ; — le *Phare de Messine*, entre l'Italie et la Sicile ; — le canal d'*Otrante*, entre l'Italie et la Turquie ;

Les *Dardanelles*, ou détroit de Gallipoli, et le *Bosphore*, ou canal de Constantinople, en Turquie.

---

**33*. Iles et archipels.** — 1° Dans l'océan Glacial, la *Nouvelle-Zemble* (inhabitée), appartenant à la Russie ;

2° Dans la mer Baltique, les îles *Seeland*, *Fionie*, et autres îles de l'*archipel Danois ;* — les îles *Oland* et *Gottland*, à la Suède ;

3° Dans l'Atlantique, l'*Islande*, au Danemark ; — l'archipel des *îles Britanniques*, comprenant la **Grande-Bretagne**, **l'Irlande** et les *Hébrides ;*

4° Dans la Méditerranée, les îles *Baléares*, à l'Espagne ; — la *Corse*, à la France ; — la **Sardaigne**, la **Sicile**, à l'Italie ; — l'île de *Malte*, à l'Angleterre ; — les îles *Ioniennes*, les *Cyclades* et *Négrepont*, à la Grèce ; — l'île de *Candie* et les îles du N. de l'*Archipel*, à la Turquie.

**34*. Presqu'îles.** — Les quatre grandes presqu'îles sont : la péninsule *scandinave*, (Suède et Norvège) ; — la péninsule *hispanique* (Espagne et Portugal) ; — la péninsule *italique* (Italie) ; — celle des *Balkans* (Turquie et Grèce).

On cite trois petites presqu'îles : le *Jutland*, en Danemark ; — la *Morée*, au sud de la Grèce ; — la *Crimée*, au sud de la Russie.

**35*. Isthmes.** — On ne compte en Europe que deux isthmes remarquables par leur peu de largeur : celui de *Corinthe* (6 km.), qui joint la Morée au continent, et celui de *Pérécop* (8 km.), qui unit la Crimée à la Russie.

**36*. Caps.** — Dans l'océan Glacial, le cap *Nord*, en Laponie. — Dans l'Atlantique, les caps *Falsterbo*, en Suède, et *Skagen*, au N. du Jutland ; — les caps *Duncansby*, en Écosse ; — *Landsend*, en Angleterre ; — *Saint-Mathieu*, en France ; — *Finisterre*, en Espagne ; — *Saint-Vincent*, en Portugal.

Dans la Méditerranée, les caps *Spartivento* en Italie, — et *Matapan*, en Morée.

---

**37*. Montagnes.** — Les principales sont :

1° DANS L'EUROPE CENTRO-MÉRIDIONALE. — **Les Alpes**, entre la France, l'Italie, la Suisse et en Autriche. Le point culminant est le *mont Blanc*, 4 810 m. d'altitude ; — le *Jura*, entre la France et la Suisse ; — les *Cévennes*, les *monts d'Auvergne* et les *Vosges*, en France.

Les *monts de Bohême* et les *Carpathes*, en Autriche ; — les *Balkans*, en Turquie ; et les *Alpes grecques*, en Grèce ; — les *Apennins*, comprenant les *Abruzzes*, en Italie.

2° AU SUD-OUEST. — **Les Pyrénées**, 3404 m., entre la France et l'Espagne ; — les *monts Ibériens* et la **Sierra-Névada**, en Espagne.

3° AU NORD. — Les *monts Grampians*, en Écosse ; — les monts *Scandinaves* ou Dofrines, en Norvège et en Suède.

4° A L'EST. — L'*Oural*, 1 700 m., et le **Caucase**, 5 600 m., entre la Russie et l'Asie.

**38*. Volcans.** — Les volcans les plus remarquables de l'Europe sont : le **Vésuve**, près de Naples ; — l'*Etna*, en Sicile, — et l'*Hekla*, en Islande.

39*. Les **plateaux** remarquables sont ceux de l'*Espagne*, de la *France centrale* (800 m.), de l'Allemagne méridionale, de la *Bohême*, de la *Transylvanie*, de la Turquie et de la Scandinavie. Les plateaux russes (*Valdaï*), très vastes, ont à peine 300 m. d'altitude.

Les grandes **plaines** de l'Europe sont : la *Russie*, qui est une des plus vastes plaines du monde ; — les plaines de la Suède méridionale, de l'*Allemagne septentrionale*, des *Pays-Bas hollandais et danois*, de la *Belgique* et de la France occidentale ; — les plaines isolées de la *Hongrie* et du *Pô*.

40*. **Bassins maritimes.** — L'Europe peut se diviser en deux grands *versants généraux du Nord-Ouest et du Sud-Est*, comprenant *sept grands bassins* ou *versants* maritimes, savoir : le versant de l'*océan Glacial*, le bassin de la mer *Baltique*, le bassin de la mer du *Nord*, le versant propre de l'*Atlantique*, le versant de la mer *Méditerranée*, le versant de la mer *Noire* et le versant de la mer *Caspienne*.

Chacune de ces divisions hydrographiques est circonscrite par une *ligne de partage* des eaux.

41*. **La ligne de partage** *des deux versants généraux* s'étend de l'océan Glacial au détroit de Gibraltar. Elle passe par les monts *Ourals* et les plateaux de la Russie (*Valdaï*), les plaines de la Pologne, les monts *Carpathes*, les monts de *Bohême*, la Forêt-Noire, les *Alpes* suisses, le Jura, les Cévennes, les *Pyrénées*, les monts Ibériens et la *Sierra-Névada*.

---

**42*. Cours d'eau.** — 1° Dans le versant de l'OCÉAN GLACIAL : la *Petschora* et la *Dwina*, au nord de la Russie.

2° Bassin de la BALTIQUE : la *Tornéa*, en Suède ; — la *Néva*, la *Düna*, le *Niémen*, en Russie ; — la *Vistule*, en Pologne, — et l'*Oder*, en Prusse.

3° Bassin de la MER DU NORD : l'*Elbe* et le *Wéser*, en Allemagne ; — le **Rhin**, qui traverse la Suisse, l'Allemagne et les Pays-Bas (1 300 km.) ; — la *Meuse* et l'*Escaut*, arrosant la France, la Belgique et les Pays-Bas ; — la *Tamise*, en Angleterre.

4° Versant propre de l'ATLANTIQUE : la *Seine*, la *Loire* et la *Garonne*, en France ; — le *Douro*, le *Tage*, la *Guadiana* et le *Guadalquivir*, dans la péninsule hispanique.

5° Versant de la MÉDITERRANÉE : l'*Èbre*, en Espagne ; — le *Rhône*, en France ; — le *Tibre* et le *Pô*, en Italie.

6° Versant de la MER NOIRE : le **Danube**, le second fleuve de l'Europe (2 800 km.), qui parcourt l'Allemagne, l'Autriche, la Turquie et la Roumanie ; — le *Dniéper* et le *Don*, en Russie.

7° Versant de la MER CASPIENNE : le **Volga** (3 400 km.), le plus long fleuve de l'Europe, en Russie ; — enfin l'*Oural*, que l'on prend pour limite entre l'Europe et l'Asie.

43*. Lacs. — En Russie, le lac Ladoga, le plus grand de l'Europe, et le lac *Onega;* — dans la Suède, les lacs *Wener, Wetter* et *Mélar;* — en Suisse, les lacs de *Genève* et de *Constance;* — en Italie, les lacs *Majeur* et de *Garde;* — en Hongrie, le lac *Balaton.*

## EUROPE

**Devoir 104.** — Qu'est-ce que l'Europe? — 2. Quelle est son étendue en kilom. carrés? — 3. Combien de fois est-elle plus petite que l'Asie? — 4. Plus grande que la France? — 5. En combien de contrées est-elle divisée? — 6. Nommez les grandes mers. — 7. Entre quelles contrées se trouve la mer du Nord? — la Baltique? — l'Adriatique? — 8. Dans quelle contrée se trouve le golfe de Finlande? — celui de Tarente? — celui de Gênes?

**Devoir 105.** — 1. Citez un détroit entre l'Espagne et l'Afrique. — 2. Deux détroits entre l'Angleterre et l'Irlande. — 3. Deux en Turquie. — 4. Quel accident géographique porte le nom de Gottland (île)? — Sund? — Gênes? — Bothnie? — Marmara? — 5. Où se trouve le golfe du Lion? — les Dardanelles? — les Iles Ioniennes? — le Jutland? — Malte? — 6. Suivez la côte depuis le cap Nord jusqu'au cap Saint-Mathieu en indiquant les caps, — les golfes, — les embouchures de fleuves.

**Devoir 106.** — Coloriez et complétez les écritures de la carte 12 du cahier cartographique n° 1.

**Devoir 107.** — 1. Tracez la côte de l'Europe depuis le cap Nord jusqu'au détroit de Gibraltar; avec toutes les îles de l'Ouest, d'après le modèle du cahier cartographique. — 2. Achevez les contours de la carte de l'Europe. — 3. Tracez les montagnes et les fleuves sur votre carte commencée, et faites les écritures.

**Devoir 108.** — 1. Où est l'isthme de Corinthe? — le Jura? — le Rhin? — le cap Saint-Vincent? — 2. Dites la nature et la situation des choses suivantes : Pyrénées, — Tamise, — Dago, — Lion, — Roumanie, — Malte, — Tage, — Niémen. — 3. Nommez les fleuves de la Russie et les mers où ils se jettent. — 4. De même pour les fleuves de l'Espagne, — de l'Italie.

**Devoir 109.** — 1. A quel pays appartient l'Oder? — l'Oural? — le cap Leuca? — le cap Matapan? — l'île de Sardaigne? — la Laponie? — Gibraltar? — le lac Onéga? — 2. Qu'appelle-t-on lac? — fleuve? — golfe? — détroit? — mer? — 3. Donnez deux exemples de chaque chose. — 4. Le Rhin est-il plus grand que la Loire et que le Danube? — 5. Quels sont les plus grands fleuves de la Russie? — de l'Allemagne? — de la France?

**Devoir 110.** — 1. Un navigateur va de Saint-Pétersbourg à Odessa : dites quelles mers et quels détroits il traversera. — 2. Quelles îles, presqu'îles et caps il rencontrera. — 3. Faites les mêmes réponses pour un voyage de retour, c'est-à-dire d'Odessa à Saint-Pétersbourg.

**Devoir 111.** — 1. Un vaisseau marchand longe les côtes de l'Europe depuis la mer Noire jusqu'à la mer Blanche, dites quels pays il rencontrera, et quels ports il pourra visiter. — 2. Quelles mers et quels pays traverserait un voyageur qui irait en ligne droite de Dublin à Constantinople? — 3. de Gibraltar à Saint-Pétersbourg? — 4. de Stockholm à Tunis (en Afrique)? — 5. Quels sont les pays de l'Europe baignés par la mer Baltique?

**Devoir 112.** — 1. Quels sont les mers ou les golfes qui baignent l'Espagne? — la France? — l'Italie? —

# EUROPE POLITIQUE

## I. — NOTIONS GÉNÉRALES

44*. **Population.** — La population totale de l'Europe est d'environ 365 000 000 d'habitants.

Sa superficie est de 10 000 000 de kilom. carrés (ou 19 fois la superficie de la France). — Sa *densité* ou *population relative* moyenne est donc de 36 hab. par km. car. La Russie en compte 19, la France 73, l'Angleterre 124, et la Belgique 204.

45*. **Ethnographie.** — L'Europe est peuplée par la race blanche, qui se divise en trois familles principales :

1° La *famille latine*, comprenant les Français, les Espagnols, les Belges-Wallons, les Portugais, les Italiens et les Roumains.

2° La *famille teutonne*, ou germaine, qui comprend les Allemands, les Hollandais, les Belges-Flamands, les Scandinaves et les Anglais.

3° La *famille slave*, qui comprend les Russes et une grande partie des peuples de l'Autriche et de la Turquie.

46*. **Religion.** — Le *catholicisme* domine au S.-O., en Italie, en Espagne, en Portugal, en France, en Belgique et en Autriche.

Le *protestantisme*, au N.-O., en Allemagne, en Angleterre, en Suisse, en Hollande, en Danemark, en Suède et en Norvège.

Le *schisme grec*, à l'E., en Russie, en Turquie et en Grèce.

On compte environ 7 millions de *mahométans*, en Turquie et en Russie ; et 5 millions de *juifs*, dispersés particulièrement dans l'Europe centrale.

47*. **Gouvernement.** — La forme dominante des gouvernements en Europe est la *monarchie constitutionnelle représentative*. Il y a aussi plusieurs républiques.

L'Europe, malgré sa faible étendue relative, est, grâce surtout aux bienfaits de la religion chrétienne, la partie du monde la plus civilisée, la plus riche, la plus puissante. Elle étend sa domination sur une grande partie du reste du globe.

48*. **Divisions politiques.** — L'Europe se divise en 70 États ; mais beaucoup d'entre eux, en général peu considérables, étant réunis dans la *confédération* suisse ou dans l'empire *fédératif* d'Allemagne, on ne considère que 20 puissances distinctes, dont six sont dites les *grandes puissances*.

49*. **Tableau des États de l'Europe.**

| ÉTATS | SUPERFICIE | | POPULATION | |
|---|---|---|---|---|
| | ABSOLUE | COMPARÉE | ABSOLUE | RELATIVE |
| Pour 1890. | km. car. | | habitants | hab. |
| FRANCE, *république* | 530 000 | 1 | 39 000 000 | 73 |
| ANGLETERRE, *royaume* | 315 000 | 0,6 | 39 000 000 | 124 |
| *Belgique, roy.* | 29 500 | 0,05 | 6 000 000 | 204 |
| *Pays-Bas, roy.* | 33 000 | 0,06 | 4 600 000 | 140 |
| *Luxembourg, grand-duché* | 2 600 | » | 215 000 | 83 |
| ALLEMAGNE, *empire* | 540 000 | 1 | 50 000 000 | 93 |
| AUTRICHE-HONGRIE, *emp.* | 675 000 | 1,2 | 42 000 000 | 62 |
| *Suisse, républ.* | 41 000 | 0,08 | 3 000 000 | 73 |
| *Danemark, roy.* | 38 000 | 0,07 | 2 200 000 | 55 |
| *Suède-Norvège, roy.* | 762 000 | 1,4 | 7 000 000 | 9 |
| RUSSIE, *empire* | 5 500 000 | 10 | 100 000 000 | 19 |
| *Portugal, roy.* | 90 000 | 0,17 | 4 600 000 | 51 |
| *Espagne, roy.* | 500 000 | 1 | 18 000 000 | 36 |
| ITALIE, *roy.* | 287 000 | 0,5 | 32 000 000 | 108 |
| *Turquie, empire* | 300 000 | 0,6 | 8 000 000 | 27 |
| *Grèce, roy.* | 65 000 | 0,1 | 2 300 000 | 35 |
| *Roumanie, roy.* | 130 000 | 0,2 | 5 800 000 | 45 |
| *Serbie, roy.* | 50 000 | 0,1 | 2 000 000 | 40 |
| *Monténégro, principauté* | 9 000 | » | 300 000 | 33 |
| EUROPE, environ | 10 000 000 | 19 | 360 000 000 | 36 |

## II. ILES BRITANNIQUES

50*. Les **Iles Britanniques** forment le *royaume-uni* de Grande-Bretagne et d'Irlande, comprenant l'**Angleterre**, capitale *Londres* ; l'ÉCOSSE, capitale *Édimbourg* ; et l'IRLANDE, capitale *Dublin*.

Elles ont une *population* de 39 000 000 d'hab., appartenant en majorité à la *famille* teutonne et à la *religion* protestante, et parlant la *langue* anglaise.

**Villes.** — En Angleterre, **Londres**, sur la Tamise, capitale de l'empire britannique, est la première ville de l'Europe et du monde pour la richesse, le commerce et la population, qui est de 4 500 000 habitants. — **Liverpool**, 600 000 hab., est célèbre par son commerce maritime ; — **Manchester**, 600 000 hab., par ses tissus de coton ; — *Birmingham* est célèbre pour les fers et les machines ; — *Sheffield*, pour la quincaillerie ; — *Leeds*, pour les poteries ; — *Newcastle*, pour ses houilles ; — *Hull*, *Douvres*, *Bristol*, ports.

En ÉCOSSE : **Édimbourg**, 280 000 hab., capitale ; — **Glasgow**, 600 000 hab., port, constructions navales.

En IRLANDE, **Dublin**, 380 000 hab., capitale ; — *Belfast*, port, ville manufacturière.

51*. **Commerce.** — Le sol des îles Britanniques, généralement bas, fertile, très bien cultivé, est en outre le plus riche de l'Europe en produits miniers : houille, fer. L'Angleterre est devenue la première puissance industrielle, commerçante, maritime et coloniale dont l'histoire fasse mention.

52*. **Colonies.** — L'Angleterre possède, en *Europe* : la ville de Gibraltar, en Espagne, et l'île de Malte, dans la Méditerranée ;

En *Asie* : l'EMPIRE DES INDES, cap. Calcutta, comprenant la Birmanie, les îles Ceylan, Singapour et Hong-Kong ; Aden, à l'entrée de la mer Rouge ; l'île de Chypre, dans la Méditerranée ;

En *Afrique* : Freetown, la Côte-d'Or et le bas NIGER, dans la Guinée ; l'île de Sainte-Hélène, dans l'Atlantique ; la COLONIE DU CAP, jusqu'au Zambèze ; — une partie du Zanguebar ; — l'île Maurice, les Seychelles et l'île Socotora, dans l'océan Indien ; — l'Égypte.

En *Amérique* : le CANADA, la Guyane anglaise, la Jamaïque et la plupart des petites Antilles ;

En *Océanie* : l'AUSTRALIE, la Tasmanie et la Nouvelle-Zélande ; une partie de la Nouvelle-Guinée et de Bornéo.

## III. BELGIQUE

53*. Le *royaume* de **Belgique** compte 6 000 000 d'hab., appartenant aux *familles* teutonne et latine, professant la *religion* catholique, et parlant les *langues* flamande et française.

**Villes.** — **Bruxelles**, 500 000 hab., capitale de la Belgique ; — **Anvers**, 225 000 hab., sur l'Escaut, est le principal port de commerce ; — *Gand*, 150 000 hab., centre d'industrie cotonnière ; — *Liège*, 140 000 hab., *Charleroi* et *Mons*, exploitent de riches bassins houillers et produisent beaucoup de fers.

54*. **Commerce.** — La Belgique est une contrée généralement basse, très fertile et très bien cultivée, riche en mines de houille et de métaux. Eu égard à son étendue, c'est le pays le plus peuplé de l'Europe. Elle se place au premier rang par la valeur proportionnelle des produits commerciaux.

55. **Colonie.** — Le nouvel *État du Congo belge*, dans l'Afrique centrale, est reconnu neutre et indépendant par les grandes puissances ; il a pour souverain le roi des Belges, Léopold II, à qui l'on doit sa fondation, en 1885.

## VIII. DANEMARK (1)

67*. Le *royaume* de **Danemark** compte 2 200 000 d'hab., appartenant à la *famille* teutonne, professant le *culte* protestant.

**Villes.** — Capitale **Copenhague**, 350 000 hab., ville forte, située sur le Sund, dans l'île Seeland, centre du commerce et de l'industrie du Danemark.

68*. **Commerce.** — Le Danemark est une contrée basse, formée d'îles et de presqu'îles. C'est un pays agricole et marchand, ayant beaucoup d'analogie avec la Hollande. Il *exporte* des céréales, des chevaux et des produits de pêches maritimes.

**Colonies.** — L'Islande et les îles Fœroé, en Europe ; — le Groenland, au nord de l'Amérique, et les îles Saint-Thomas et Sainte-Croix, dans les Antilles.

## IX-X. SUÈDE ET NORVÈGE

69*. La **Suède** et la **Norvège** constituent *deux royaumes* différents, gouvernés par un même souverain. Leur population est de 7 000 000 hab., appartenant à la *famille* teutonne et professant la *religion* protestante.

**Villes.** — **Stockholm**, 250 000 hab., cap. de la Suède, possède un très bon port sur la mer Baltique. — **Gothenbourg**, 100 000 h., sur le Cattégat, commerce d'exportation.

**Christiania**, 150 000 hab., capitale de la Norvège, port marchand. — *Bergen*, 50 000 hab., sur l'Atlantique, port de commerce.

70*. **Commerce.** — La péninsule scandinave est une vaste région, élevée à l'ouest, basse au sud et à l'est, généralement froide et stérile. Les habitants, groupés sur tout le littoral, s'occupent de la pêche, du commerce maritime, de la construction des navires, de l'exploitation des métaux et des bois de sapins pour l'*exportation*.

## XI. RUSSIE

71*. L'*empire* de **Russie** compte en Europe une *population* de 100 000 000 d'hab., appartenant généralement à la *famille* slave, professant la *religion* grecque schismatique.

**Villes.** — **Saint-Pétersbourg**, 1 000 000 d'hab., cap. de l'empire russe, sur le golfe de Finlande, à l'embouchure de la Néva. — **Moscou**, 800 000 hab., ancienne capitale, centre de l'industrie russe. Elle fut prise par les Français en 1812. — **Varsovie**, 470 000 hab., sur la Vistule, est l'ancienne capitale de la Pologne.

*Riga*, port, exportation de lin, graine de lin et bois de sapins dits de Riga. — **Odessa**, 250 000 hab., port sur la mer Noire, exporte les blés de la Russie. — *Astrakhan*, 80 000 hab., à l'embouchure du Volga, est l'entrepôt des marchandises de l'Asie centrale. — *Kiew*, dans l'Ukraine.

72*. **Commerce.** — La Russie d'Europe est une vaste plaine, froide et stérile dans le nord, aride au sud-est, mais très fertile au centre, et produisant pour l'*exportation* du froment dit d'Odessa, de l'avoine, du lin dit de Riga, des peaux, des fourrures. Elle exploite de grandes forêts de sapins et de riches mines d'or, de platine et de pierres précieuses, dans l'Oural.

L'empire russe comprend, en *Asie*, la CAUCASIE, la SIBÉRIE et le Turkestan occidental. L'ensemble de son territoire, comme celui de l'empire britannique, égale 22 000 000 de km. car., soit plus de deux fois la superficie de l'Europe.

(1) Afin de présenter le texte de ces pays (Danemark, Suède, Russie) en face de la carte correspondante, on a dû l'avancer d'une page ; mais les numéros restent dans l'ordre du *Tableau* ci-dessus.

la Turquie? — l'Allemagne? — les îles Britanniques? — 2. Quelles sont les mers qui sont mises en communication par le Sund? — le Pas de Calais? — le canal Saint-Georges? — le détroit de Gibraltar? — le Bosphore? — et par chacun des autres détroits de l'Europe?

**Devoir 113.** — 1. Quelles sont les îles appartenant à la France? — à l'Angleterre? — à la Russie? — à l'Espagne? — à l'Italie? — 2. Quels sont les fleuves et les montagnes de la Russie? — de l'Allemagne? — de la France? — de l'Autriche?

**Devoir 114.** — 1. Classez les États de l'Europe par ordre d'étendue. — 2. Indiquez les bornes particulières de la Russie, — de l'Allemagne, — de l'Autriche, — de la Turquie, — de l'Espagne, — de la Suède-Norvège, — de la Suisse, — des îles Britanniques, — de la Grèce.

**Devoir 115.** — 1. Quelle est l'orientation des États de l'Europe par rapport à la France? — par rapport à l'Autriche? — par rapport au Danemark? — 2. Quelle est l'orientation des capitales de l'Europe par rapport à Paris? — à Rome?

**Devoir 116.** — Quelles sont les principales *îles Britanniques?* — 2. Quel nom donne-t-on encore à cet État? — 3. Sur quel fleuve se trouve Londres? — 4. Qu'est-ce que Dublin? — 5. Qu'est-ce que Liverpool? — Glasgow? — Belfast? — 6. Quel est le port anglais situé en face de Cherbourg? — 7. Quelles sont les mers qui entourent les îles Britanniques? — 8. Tracez la carte de ces îles. — 9. Faites le tableau des colonies anglaises.

**Devoir 117.** — 1. Qu'est-ce que la Belgique? — 2. Quelles langues y parle-t-on? — 3. Quelles sont ses villes? — 4. Parlez de ses produits, de son commerce et de sa colonie. — 5. Faites la carte de la Belgique.

**Devoir 118.** — 1. Que savez-vous du *Danemark?* — 2. Nommez les mers, — golfes, — détroits qui l'entourent. — 3. Indiquez ses villes. — 4. Quelle chaîne de montagnes parcourt la Norvège? — 5. Citez en *Suède-Norvège* trois caps, — deux fleuves, — deux golfes, — trois villes. — 6. Quelles sont les colonies danoises?

**Devoir 119.** — 1. Nommez les mers, les fleuves et les montagnes de la *Russie*. (Voir p. 36.) — 2. Quelle est sa religion, sa population? — 3. Où est Saint-Pétersbourg? — Varsovie? — Odessa? — 4. Qu'exporte la Russie? — 5. Que comprend l'empire russe?

**Devoir 120.** — 1. Citez en *Allemagne* deux fleuves, — deux chaînes de montagnes, — une mer, — cinq villes. — 2. Citez en *Autriche-Hongrie* trois fleuves ou rivières, — trois chaînes de montagnes, — une mer, — cinq villes. — 3. Qui est roi de Hongrie? — 4. Faites la carte de ces deux grands États. — 5. Nommez les colonies allemandes.

**Devoir 121.** — 1. Quelle est la population des *Pays-Bas?* — de la *Suisse?* — 2. Qu'est-ce que La Haye? — Berne? — Amsterdam? — 3. Quelle est la population de ces villes? — 4. Nommez deux lacs et deux fleuves en Suisse, — deux ports et un golfe en Hollande, — trois villes dans chacun de ces pays. — 5. Tracez la carte de ces deux pays.

## IV. PAYS-BAS

56*. Le *royaume* des **Pays-Bas** ou de **Hollande** a 4 600 000 hab., appartenant à la *famille* teutonne et aux *cultes* protestant et catholique.

**Villes. — La Haye,** 170 000 h., capitale de la Hollande; — **Amsterdam,** 420 000 hab., sur le golfe du Zuiderzée, célèbre pour la taille et le commerce du diamant; second port marchand. Le premier port est **Rotterdam,** 210 000 h., à l'embouchure de la Meuse.

57*. **Commerce.** — Les Pays-Bas, comme leur nom l'indique, forment une région plate et très basse, dont les parties occidentales, nommées *polders,* ont un niveau inférieur à celui des hautes marées, et doivent être maintenues à l'abri des inondations par des digues. C'est une contrée agricole, en même temps que ses nombreux canaux en font une contrée essentiellement maritime et commerçante.

**Colonies.** — En *Amérique,* la Guyane hollandaise et quelques-unes des Antilles; — en *Océanie,* l'importante île JAVA, cap. Batavia; les îles Sumatra, Bornéo et Nouv.-Guinée (en partie), Célèbes et Moluques.

## V. ALLEMAGNE ET PRUSSE

58*. **L'Allemagne** a une *population* de 50 000 000 hab., appartenant à la *famille* teutonne, et professant les *cultes* protestant et catholique. Elle forme depuis 1871 un *empire fédératif* dont le roi de Prusse est le chef, et *Berlin* la capitale.

L'empire allemand comprend 26 États, dont: un *grand État,* la Prusse, qui compte 30 000 000 d'hab.; six *États moyens,* et dix-neuf *petits États,* ceux-ci n'ayant pas 1 000 000 d'hab.

59*. **États et villes.** — 1° Le *royaume de* PRUSSE, capitale **Berlin**, 1 600 000 h., sur la Sprée, la 3e ville de l'Europe pour l'importance politique et industrielle. — Villes principales : **Breslau,** 340 000 hab., sur l'Oder, grand marché de laines. — **Cologne,** 280 000 hab., sur le Rhin, fabriques d'eau de Cologne et cathédrale magnifique. — *Kœnigsberg, Dantzig* et *Stettin,* ports sur la Baltique, exportation de bois et de céréales. — *Francfort-sur-le-Mein,* siège de l'ancienne confédération germanique. — *Aix-la-Chapelle,* capitale de l'empire de Charlemagne. — *Hanovre,* capitale du royaume de ce nom, annexé en 1866.

2° Le *royaume de* BAVIÈRE, cap. **Munich,** 350 000 hab., renommée par ses monuments et par sa bière. — *Nuremberg,* célèbre par sa bimbeloterie.

3° Le *royaume de* SAXE, cap. **Dresde,** 250 000 hab., qui rappelle la victoire des Français en 1813. — **Leipzig,** célèbre par ses foires et sa librairie. Bataille de 1813.

4° Le *royaume de* WURTEMBERG, cap. **Stuttgart,** 135 000 hab.

5° Le *grand-duché de* BADE, c. **Carlsruhe.**

6° Les villes libres de **Hambourg,** 570 000 hab.; **Brême** et *Lubeck,* grands ports marchands.

60*. **L'Alsace-Lorraine,** 1 600 000 hab., est administrée par le conseil fédéral comme *pays de l'empire.* — Villes : **Strasbourg,** 150 000 hab., cap., ville forte et commerçante; — *Mulhouse* et *Colmar,* villes manufacturières; — *Metz,* en Lorraine, ville forte et industrielle.

61*. **Commerce.** — L'Allemagne est une contrée basse, sablonneuse et peu fertile au nord; accidentée, montagneuse au sud, très bien cultivée. Elle se place après l'Angleterre pour l'importance de ses mines de houille, de fer, de zinc, et pour le tonnage de la marine marchande.

**Colonies.** — En *Afrique,* le Cameron, au fond du golfe de Guinée; la Hottentotie; une partie du Zanguebar; — en *Océanie,* le N.-E. de la Nouvelle-Guinée, l'archipel Bismark.

## VI. AUTRICHE-HONGRIE

62*. L'*empire* **d'Autriche,** *uni au royaume de* **Hongrie,** sous un même souverain, compte 42 000 000 d'hab., appartenant aux *familles* teutonne, slave et hongroise, et professant pour la majorité la *religion* catholique.

63*. **Villes. — Vienne,** 1 200 000 h., cap. de l'Autriche, est la première ville manufacturière de l'empire. — **Budapest,** 450 000 hab., cap. de la Hongrie, est formée de deux villes séparées par le Danube; grand marché pour les grains, les bestiaux et les vins. — **Prague,** 200 000 hab., cap. de la Bohême. — *Brünn,* cap. de la Moravie, grand marché de laines. — *Gratz,* 100 000 hab., cap. de la Styrie, centre métallurgique. — *Lemberg,* cap. de la Galicie. — **Trieste,** 140 000 hab., port sur l'Adriatique.

64*. **Commerce.** — L'Autriche-Hongrie est une contrée généralement montagneuse, renfermant cependant, au centre, la vaste plaine hongroise. — Elle est très riche en mines et en forêts; la Hongrie produit pour l'*exportation* des bestiaux, du tabac, du vin (de Tokay) et surtout des céréales.

## VII. SUISSE

65*. La république ou *confédération* **Suisse** a 3 000 000 d'hab., appartenant en majorité à la *famille* teutonne, professant les *cultes* protestant et catholique, et parlant l'allemand, le français ou l'italien.

**Villes. — Berne,** 60 000 hab., est le siège fédéral de la Suisse; — **Genève,** sur le lac de ce nom, centre d'une grande fabrication d'horlogerie fine; — *Bâle,* sur le Rhin, et *Zurich,* villes de commerce.

66*. **Commerce.** — La Suisse, célèbre par la beauté de ses montagnes, par ses vallées pittoresques, ses glaciers, ses lacs et ses cascades, est essentiellement un pays de pâturages et de troupeaux. C'est en même temps un pays industriel et très commerçant.

## XII. PORTUGAL

73*. Le *royaume* de **Portugal** compte 4 600 000 hab., appartenant à la *famille* latine, et professant la *religion* catholique.

**Villes. — Lisbonne,** 300 000 hab., cap. du Portugal, à l'embouchure du Tage, qui forme l'une des plus belles rades de l'Europe. C'est un grand port de commerce et le principal centre des importations en Portugal.

**Porto,** 110 000 hab., port, exporte des vins renommés. — *Coïmbre,* université.

74*. **Commerce.** — Le Portugal est une contrée montagneuse, fertile, mais mal cultivée; les mines sont inexploitées. Il produit cependant pour l'*exportation* du vin, du sel, de l'huile d'olive, des fruits, surtout des oranges.

**Colonies.** — En *Afrique,* les AÇORES, MADÈRE, parties intégrantes du royaume; — les îles du Cap-Vert, l'Angola, le Mozambique; — en *Asie,* la ville de Goa, sur les côtes de l'Hindoustan, et la ville de Macao, sur les côtes de la Chine.

## XIII. ESPAGNE

75*. Le *royaume* **d'Espagne** compte 18 000 000 hab., appartenant à la *famille* latine, et professant la *religion* catholique.

**Villes. — Madrid,** 500 000 h., capitale, rappelle la captivité de François Ier et le traité conclu avec Charles-Quint en 1526.

**Barcelone,** 300 000 hab., grand port marchand, sur la Méditerranée, et le principal centre de l'industrie cotonnière en Espagne. — **Valence,** 180 000 hab., connue pour ses oranges, est le centre de l'industrie de la soie. — *Malaga,* 140 000 hab., et *Alicante,* 40 000 hab., sont renommées pour leurs vins et leurs fruits. — *Cadix, Séville, Cordoue, Grenade* et *Murcie,* sont des villes célèbres du midi de l'Espagne. — *Tolède,* sur le Tage, possède une superbe cathédrale. — *Saragosse,* sur l'Èbre, fut prise par les Français en 1809. — *Gibraltar,* 25 000 hab., port très commerçant et forteresse importante, appartient aux Anglais.

76*. **Commerce.** — L'Espagne est formée de plateaux arides où dominent les pâturages; ses montagnes sont riches en mines, et ses vallées sont très fertiles. Mais l'insuffisance de routes paralyse l'industrie et le commerce.

**Colonies.** — En *Afrique,* la ville de Ceuta, les îles CANARIES, la côte du Sahara, l'île Fernando-Po, etc.; — en *Amérique,* les îles CUBA et Porto-Rico, dans les Antilles; — en *Océanie,* les PHILIPPINES, les Mariannes et les Carolines.

## XIV. ITALIE

77*. Le *royaume* **d'Italie** a une population de 32 000 000 d'hab., appartenant à la *famille* latine et professant la *religion* catholique.

**Divisions et villes.** — Le royaume d'Italie comprend les anciennes divisions politiques suivantes :

1° Le PIÉMONT, villes princ. : **Turin,** 320 000 hab., centre industriel, et **Gênes,** 220 000 hab., port marchand le plus actif de l'Italie; — la SARDAIGNE, ville principale *Cagliari.*

2° La LOMBARDIE et la VÉNÉTIE, villes princ. : **Milan,** 430 000 hab., fabriques de soieries; — *Mantoue,* 30 000 hab., ville forte; — **Venise,** 160 000 hab., port célèbre, fabriques d'émaux et de verroteries.

3° La TOSCANE, villes princ. : **Florence,** 190 000 hab., renommée par ses beaux édifices; — *Livourne,* 100 000 hab., port actif, exportation de soie, de marbre, de potasse et de corail.

4° et 5° Les anciens duchés de PARME et de MODÈNE, anciennes capitales : *Parme* et *Modène.*

6° Les anciens ÉTATS DE L'ÉGLISE, villes princ. : **Rome,** 400 000 hab., capitale de l'Italie et du monde chrétien, séjour des Papes, sur le Tibre; — **Bologne,** 140 000 hab., renommée par ses écoles.

7° L'ancien royaume de NAPLES et de SICILE. Villes princ. : **Naples,** 500 000 hab., port superbe, la plus grande ville de l'Italie; — **Palerme,** 280 000 hab., et *Messine,* 150 000 hab., ports dans l'île de Sicile.

78*. Les principales **îles italiennes** sont : la SICILE, renommée pour ses soufrières; — la SARDAIGNE, ville princ. Cagliari, port; — l'île d'*Elbe,* donnée par les alliés à Napoléon, après sa première abdication; — les îles *Lipari.*

L'importante île de **Malte,** 180 000 hab., chef-lieu la Valette, appartient aux Anglais.

79*. **Commerce.** — L'Italie est une contrée célèbre par la beauté de son ciel, la variété et l'agrément de ses aspects, et par ses richesses naturelles. Cependant son industrie est peu progressive, excepté dans les provinces septentrionales.

**Colonies.** — L'Italie possède en Afrique la ville de *Massaoua* et la côte de l'Abyssinie, avec le protectorat de ce royaume; le littoral du Somal.

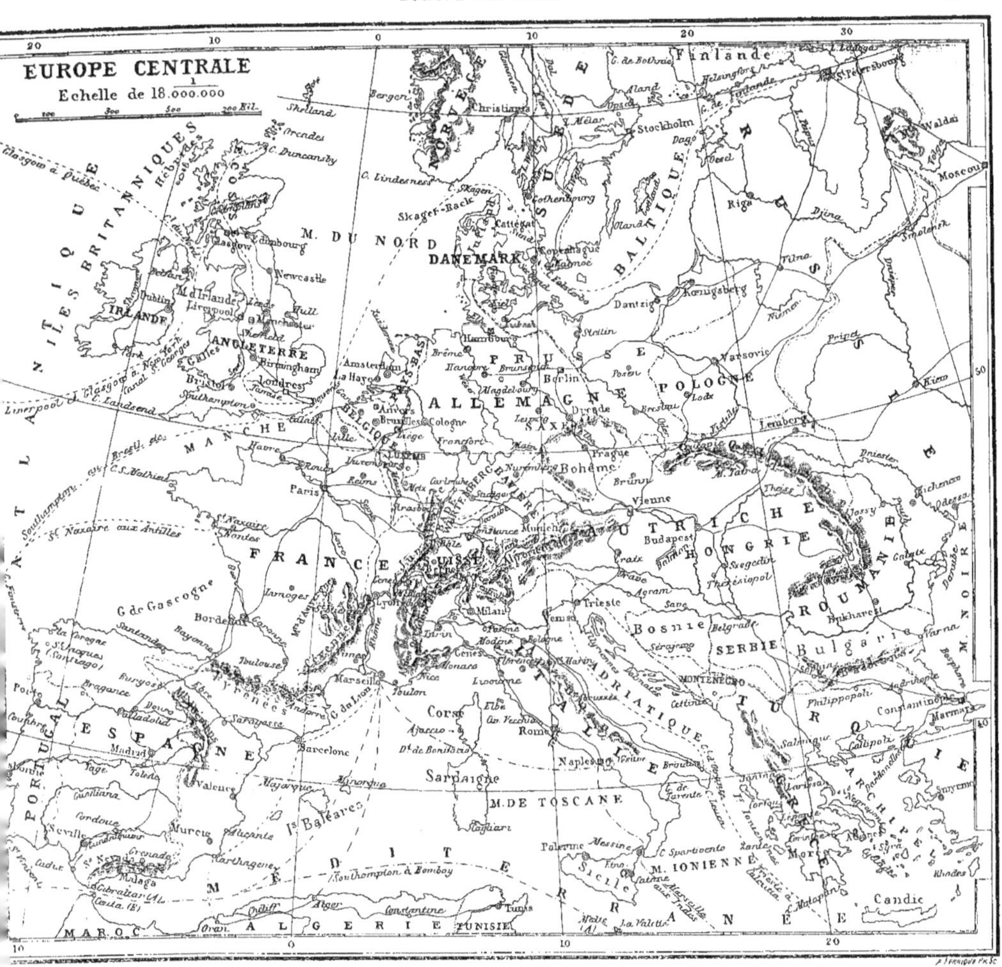


## XV. TURQUIE D'EUROPE

80*. L'*empire* de **Turquie** compte en Europe une population de 8 000 000 d'hab., appartenant aux *familles* slave et turque, et professant la *religion* grecque ou la mahométane.

**Villes. — Constantinople**, 850 000 h., capitale de l'empire turc, à l'entrée du Bosphore, est le plus grand entrepôt commercial du Levant. Vue du Bosphore, Constantinople paraît magnifique; mais elle est mal bâtie, et l'intérieur est malpropre. — *Andrinople*, 70 000 hab., position militaire importante, est connue par ses tapis et ses essences de roses. — *Scrajévo*, 30 000 h., dans la Bosnie, occupée par l'Autriche. — *Gallipoli*, 25 000 h., port sur les Dardanelles; — *Salonique*, 70 000 h., sur le golfe de ce nom.

**Commerce.** La Turquie d'Europe est une contrée montagneuse, naturellement riche en minéraux et en végétaux; mais l'agriculture et l'industrie y sont peu prospères.

L'empire turc comprend, en dehors de l'Europe, la TURQUIE D'ASIE, et il étend sa suzeraineté en *Afrique* sur l'ÉGYPTE, occupée par les Anglais, et sur le Tripoli.

81*. La **Bulgarie**, sur le Danube, forme une *principauté* vassale de la Turquie, mais *autonome;* ses habitants appartiennent à la famille slave et professent le schisme grec.

**Villes. — Sophia**, 40 000 hab., capitale. — *Varna*, port sur la mer Noire.

## XVI. GRÈCE

82*. Le *royaume* de **Grèce** compte 2 300 000 d'hab., qui sont grecs de *famille*, de *religion* et de *langue*.

**Villes. — Athènes**, 120 000 h., cap. de la Grèce, rappelle de grands souvenirs historiques et possède de belles ruines. Elle a pour port le *Pirée*. — *Corfou* et *Zante*, ports dans les îles Ioniennes.

83*. **Commerce.** — La Grèce est une contrée péninsulaire et insulaire, favorable au commerce maritime; mais l'intérieur est formé de plateaux montagneux, déboisés, arides et déserts. Son industrie est presque nulle.

## XVII-XIX. ROUMANIE, SERBIE, MONTÉNÉGRO

84*. La **Roumanie**, la **Serbie** et le **Monténégro**, sont trois provinces détachées de l'empire turc par le traité de Berlin de 1878. Leurs habitants appartiennent aux *familles* latine (les Roumains) et slave, et professent la *religion* grecque.

85*. Le *royaume de* **Roumanie** compte

5 800 000 hab. Capit. **Bukharest**, 220 000 hab., dans la Valachie. Villes princ. *Jassy*, 90 000 hab., dans la Moldavie; — *Galatz*, 80 000 hab., port sur le Danube.

86*. Le *royaume de* **Serbie**, pop. 2 000 000 d'hab., a pour capitale *Belgrade*, 40 000 hab., sur le Danube.

87*. La *principauté de* **Monténégro**, pop. 300 000 hab., a pour capitale *Cettinié* ou Cettigné, 5 000 hab.

88*. **Commerce.** — La Roumanie est un pays de plaines fertiles en blé, qu'elle exporte pour l'Occident, par le Danube et le *port* de Galatz. La Serbie et le Monténégro sont montagneux et peu productifs.

## INDUSTRIE ET COMMERCE DE L'EUROPE

89*. Pour l'activité **industrielle et commerciale**, les pays de l'Europe les plus remarquables sont ceux de l'Ouest et du Centre : l'*Angleterre*, la *France*, l'*Allemagne*, pour la quantité absolue des produits; la *Belgique*, les Pays-Bas, la Suisse et le Danemark, pour la quantité proportionnelle à la population et à la superficie. — Ce sont aussi les pays où la population est généralement la plus dense et la plus riche.

90*. **Produits végétaux.** — Considérant la quantité absolue des produits, le **froment** est surtout cultivé en France, en Russie, en Hongrie; — le *seigle* et l'*avoine*, dans les contrées du Nord; — le *maïs*, dans celles du Sud; — la **vigne**, en France, en Hongrie et dans le Midi; — le *houblon* et l'*orge* (pour la bière), en Angleterre, en Belgique, en Bavière, en Bohême; — la *betterave* (pour le sucre), en France, en Allemagne, en Belgique; — le *lin* et le *chanvre*, en Russie, en Irlande. — La Russie, la Scandinavie et l'Autriche, ont le plus de *forêts*.

91*. **Animaux domestiques.** — Pour la quantité absolue, la Russie, l'Autriche, la Hongrie, l'Allemagne et la France, sont les pays qui élèvent le plus de **chevaux**, **de gros bétail** et de *moutons*; mais l'Angleterre possède les races les plus perfectionnées : chevaux de luxe, bœufs et moutons de boucherie. Les races bovines hollandaises et suisses donnent beaucoup de lait, dont on fait du beurre et des fromages renommés; les moutons allemands ou saxons donnent la meilleure laine.

92*. **Produits minéraux.** — L'*Angleterre*, produisant les deux tiers de la **houille**, la moitié du fer et autres métaux, se place au premier rang. L'Allemagne est au second rang, puis viennent la France, la Belgique, l'Autriche, etc.

93*. **Industrie et commerce.** — L'*Angleterre*, si riche en métaux et en combustibles nécessaires à la construction et à l'usage des machines, tient la première place pour les **produits manufacturés** et pour le **commerce** en général. Au second rang viennent la France et l'Allemagne, pour la quantité absolue; la Belgique et la Suisse, pour la quantité proportionnelle.

94*. **Moyens de transport des produits.** — 1° Les pays qui ont le plus de *chemins de fer*, par rapport à la superficie, sont : la *Belgique*, l'*Angleterre*, la Hollande, l'Allemagne, la France et la Suisse.

2° Les pays les mieux dotés en *voies navigables* sont : la Hollande, l'Angleterre, la Belgique et la France.

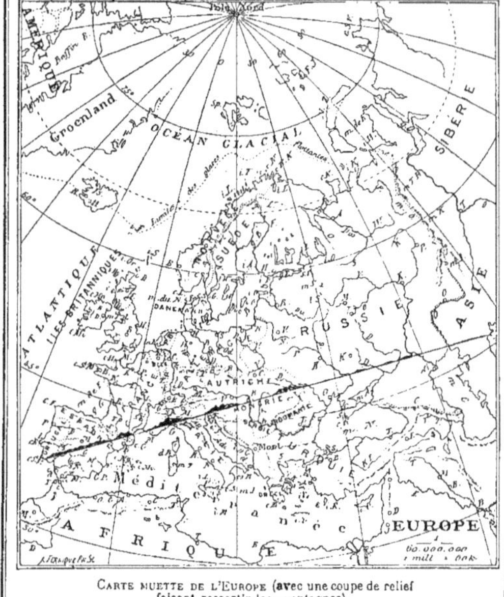


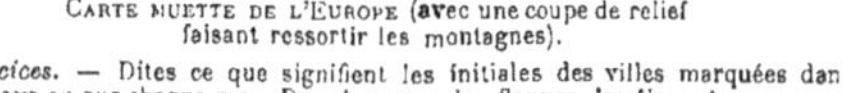

CARTE MUETTE DE L'EUROPE (avec une coupe de relief faisant ressortir les montagnes).

*Exercices.* — Dites ce que signifient les initiales des villes marquées dans chaque pays ou sur chaque mer. De même pour les fleuves, les îles, etc.

3° La *marine marchande* **anglaise** est sept fois plus considérable que la marine *française* ou la marine *allemande*, qui se placent au second rang. — Viennent ensuite les marines suédo-norvégienne, italienne, hollandaise, russe, etc.

95*. **Grands ports de commerce.** — Par ordre de *situation géographique*, les ports principaux de l'Eupope sont :

Dans la *mer Baltique* : **Saint-Pétersbourg** et Riga, en Russie. — Dantzig, Stettin, Lubeck et Kiel, en Prusse. — Copenhague, en Danemark. — Stockholm, en Suède.

Dans la *mer du Nord* : **Hambourg** et Brême, en Allemagne. — Amsterdam et Rotterdam, en Hollande. — **Anvers**, en Belgique. — Dunkerque, en France. — **Londres**, Hull, Newcastle, en Angleterre.

Dans la *mer d'Irlande* : **Liverpool**, en Angleterre. — **Glasgow**, en Écosse. — Dublin, en Irlande.

Dans la *Manche* : Boulogne, **le Havre** et Rouen, en France. — Southampton, en Angleterre.

Dans l'*Océan* : Bristol, en Angleterre. — Nantes, Saint-Nazaire, la Rochelle, **Bordeaux** et Bayonne, en France. — Porto et **Lisbonne**, en Portugal. — Cadix, en Espagne.

Dans la *Méditerranée* : Malaga, Valence et **Barcelone**, en Espagne. — Cette, **Marseille** et Nice, en France. — Gênes, Livourne, Civita-Vecchia et Naples, en Italie. — Palerme, en Sicile.

Dans l'*Adriatique* : Ancône et Venise, en Italie. — Trieste, en Autriche. — Dans l'*Archipel* : Syra, en Grèce. — Salonique, en Turquie. — Dans la *mer de Marmara* : **Constantinople**, en Turquie. — Dans la *mer Noire* : Varna, en Turquie. — Odessa, en Russie. — Dans la *mer Caspienne* : Astrakhan, en Russie.

### Principaux objets d'échange

*entre l'Europe et les autres parties du monde.*

96*. L'EUROPE, renfermant les populations les plus actives et les plus intelligentes du globe, produit, malgré sa faible étendue relative, une somme de marchandises bien supérieure à celle des autres parties du monde, et elle provoque la presque totalité du mouvement commercial intercontinental.

Les échanges s'établissent surtout entre l'**Angleterre**, la **France**, l'Allemagne, la

**Devoir 122.** — Qu'est-ce que la péninsule *hispanique*? — 2. Nommez-y trois chaînes de montagnes, — cinq fleuves, — un archipel. — 3. Sur quel fleuve se trouve Lisbonne? — Saragosse? — Séville? — 4. Qu'est-ce que Valence? — Madrid? — Cadix? — Porto? — la Guadiana? — les Baléares?

**Devoir 123.** — 1. Faites la carte de l'*Italie* avec ses îles, mers, golfes, fleuves, montagnes et villes. — 2. Indiquez la nature et la situation de Venise, — Bonifacio, — Elbe, — Tarente, — Messine, — Naples, — Malte, — Cagliari, — Turin.

**Devoir 124.** — 1. Qu'appelle-t-on Balkans? — Danube? — Philippopoli? — Dardanelles? — Archipel? — Matapan? — Ioniennes? — 2. Indiquez la position de ces choses. — 3. Citez dans la presqu'île des Balkans quatre États, — cinq villes, — deux fleuves, — deux golfes. — 4. Faites la carte de cette contrée.

**Devoir 125.** — Dessinez une *carte d'Europe* en la coloriant par divisions politiques. — Tracez-y les chaînes de montagnes et les fleuves.

**Devoir 126.** — 1. Indiquez la nature et la situation des choses désignées par les noms de Constantinople, — Sicile, — Riga, — Constance, — Salonique, — Seeland, — Finistère, — Barcelone, — Astrakhan, — Azov, — Roumanie, — Kasan. — 2. Sur quel fleuve se trouve Saratow? — Kiew? — Arkangel? — Stettin? — Turin? — Magdebourg?

**Devoir 127.** — 1. Quels sont les pays les plus industrieux de l'Europe? — 2. Quels sont ceux qui produisent le plus de froment, de vins, de chevaux, de houille, d'objets manufacturés? — 3. Quelles sont les plus fortes marines?

**Devoir 128.** — 1. Citez les grands ports de commerce dans la mer du Nord et la Méditerranée. — 2. Faites la visite des ports en suivant les côtes de Naples à Hambourg. — 3. Avec quels pays la France fait-elle le plus de commerce?

LES MARÉES

THÉORIE DES MARÉES

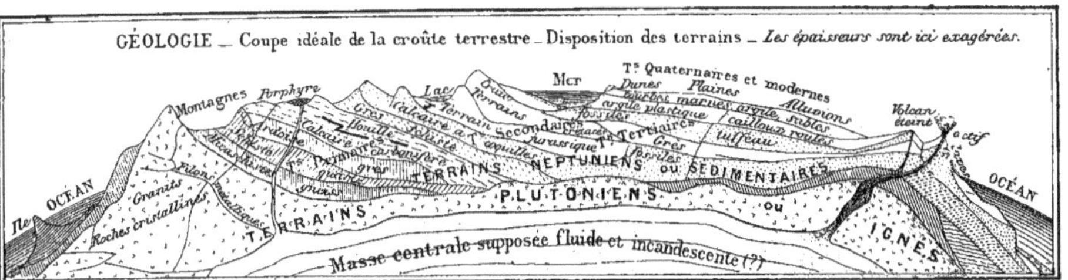


lgique, la Hollande, d'une part; — les ats-Unis, les Indes, la Chine et l'Australie anglaise, d'autre part.

7*. L'Europe **exporte** ou **expédie** dans toutes parties du monde des produits manufacturés et des substances alimentaires.

1° *Produits manufacturés :* **tissus** de co-, de laine et de soie; vêtements confection-s, objets de mode, d'ameublement; — ar-les de bijouterie, d'horlogerie, de quincail-ie; — armes et machines; — instruments musique et de précision, objets d'art et de ence; — articles de librairie.

2° *Substances alimentaires :* vins, spiritueux, cres raffinés, farines, conserves alimen-res, etc.

L'Europe reçoit des autres parties du monde **importe** chez elle :

1° Des *matières premières* pour ses manufac-es : coton, soie, laine, peaux.

2° Des *minéraux* ou *métaux bruts :* or, fer, ivre.

3° Des *substances alimentaires :* blé et fa-e.

## GÉOLOGIE

98*. **Classification des terrains géologiques.** En observant la disposition des roches, t à la surface que dans les couches les plus ofondes que l'on puisse atteindre, soit dans mines et les puits artésiens (1 000 mètres viron), soit par les crevasses ou les abruptes montagnes, la *science géologique* a établi système de classification suivant :

Les **terrains plutoniens** ou ignés sont més de matière qui fut d'abord en fusion, se présentent en masses fissurées dans tous sens; ce sont les granits, les porphyres, le salte, le quartz et autres roches cristallines, présentant aucune trace d'êtres organisés gétaux ou animaux:

Les **terrains neptuniens** ou sédimentaires sont déposés par couches (strates) au fond eaux. — On les divise d'après leur âge re-f, en cinq groupes désignés par les épi-tes de *primaires, secondaires, tertiaires, aternaires* et *modernes.*

1° Les terrains *primaires* sont en général més de roches dures (gneiss, schiste, grès, rbres), disposées en couches souvent bri-s et relevées. Ils renferment les minerais alliques et la houille, ainsi que les premières ces des plantes et des animaux aquatiques plus simples.

2° Les terrains *secondaires* sont formés de hes plus tendres : calcaires, marnes, grès, es en fossiles, surtout en mollusques (am-nites), reptiles marins gigantesques, rep-s volants (ptérodactyles), etc.

3° Les terrains *tertiaires* sont aussi formés calcaires, de marnes, d'argiles; on y trouve gypse, du sel, du lignite. Ils sont remar-bles par l'apparition de nombreux mammi-es herbivores, voisins des chevaux et des phants (mastodontes), etc.

4° Les terrains *quaternaires* sont les alluvions anciennes composées de limon et de sable, mêlés de cailloux roulés, qui forment généralement le sol horizontal des plaines et des vallées. — On y trouve les premières traces de l'existence de l'homme (squelettes, haches de pierre, os travaillés, débris de poterie), et des restes d'espèces animales éteintes, mélangées avec des espèces encore aujourd'hui vivantes.

5° Les terrains modernes comprennent la *terre végétale* ou la couche superficielle du sol; elle s'est formée et se forme encore aujourd'hui par la désagrégation des roches pierreuses ou friables qui constituent l'écorce du globe. Cette décomposition a pour cause l'action de l'air, du soleil, des pluies, des gelées, des eaux courantes, etc.

## L'OCÉAN

99*. L'Océan est presque trois fois plus étendu que les terres réunies. — Il est le réservoir de toutes les eaux que lui apportent les fleuves, et il est l'origine des nuages et des eaux de pluie. — S'il ne déborde pas en recevant les fleuves, c'est parce qu'il perd continuellement une quantité équivalente d'eau qui s'élève en vapeur et forme les nuages. — Voici comment se forment les *nuages :* le soleil, échauffant les eaux de la mer, en transforme une partie en vapeurs; ces vapeurs, transportées par les vents, deviennent des nuages, qui bientôt tombent en pluie ou en neige sur les continents. — Les *eaux pluviales* arrosent et fertilisent les terres; elles entretiennent la vie des plantes dont les animaux et les hommes se nourrissent. — Les eaux de pluie retournent à l'Océan en formant successivement des ruisseaux, des rivières et des fleuves. — L'agitation des eaux de la mer les empêche de se corrompre. Elle y introduit l'air dont les poissons ont besoin pour respirer. — L'Océan fournit à l'homme une grande quantité de poissons, ainsi que le sel marin, ou sel de cuisine. Il facilite les communications entre les continents par le moyen de la navigation à voile ou à vapeur.

100*. On appelle **marées** les mouvements alternatifs de flux et de reflux des eaux de la mer, lorsqu'elles se soulèvent ou s'abaissent par l'attraction du Soleil, et surtout de la Lune, qui, plus rapprochée, a une action trois fois plus considérable que le Soleil.

Le *flux* ou *flot*, et le *reflux* ou *jusant*, se suivent à des intervalles de 6 h. 12 ½ minutes, de sorte qu'il y a deux *hautes marées* et deux *basses marées* par jour, ou mieux par 24 h. 50 minutes, temps correspondant au jour lunaire.

— Les **courants marins** sont de grandes masses d'eau ressemblant à des fleuves gigantesques qui se meuvent au sein des mers, dans une direction plus ou moins constante que suivent souvent les navires. Ils ont pour *cause* l'action des vents, la rotation de la terre et surtout les différences de densité, de température et de profondeur existant entre les parties opposées de l'Océan.

Les eaux plus chaudes et plus légères de l'équateur glissent vers les pôles en *courants superficiels,* tandis que, pour rétablir l'équilibre, les eaux plus froides et plus lourdes des pôles se dirigent vers l'équateur, en formant des *contre-courants* latéraux ou des *courants profonds.*

Les principaux sont les *courants équatoriaux,* qui se dirigent de l'est à l'ouest dans les trois océans Atlantique, Pacifique et Indien. Dans l'Atlantique nord se produit le *Gulf-Stream,* contre-courant dirigé du golfe du Mexique vers le nord de l'Europe; et dans le Pacifique septentrional, le *Kurro-Siwo,* courant dirigé des côtes du Japon vers le détroit de Behring.

# LA PALESTINE

(*Voir la carte page suivante.*)

101*. **Situation géographique.** La **Palestine** est une petite contrée, située au centre de l'ancien monde, dans l'Asie occidentale, sur les bords de la Méditerranée et dans le voisinage de l'isthme de Suez et de l'Afrique.

C'est là que se sont passés les grands faits de l'histoire du peuple de Dieu et de la vie de Notre-Seigneur Jésus-Christ, et c'est pourquoi la connaissance de cette contrée intéresse tous les chrétiens.

**Bornes.** La Palestine ancienne était bornée : au nord, par la Phénicie et la Syrie; à l'est, par le désert de Syrie; au sud, par le désert d'Arabie; à l'ouest, par le pays des Philistins et par la Méditerranée, que les Hébreux appelaient la *grande Mer,* ou la mer occidentale.

**Étendue.** La superficie de la Palestine égale à peu près celle de trois départements français; elle s'étend du nord au sud sur une longueur d'environ 50 lieues et sur une largeur de 20 à 30 lieues.

102*. **Population et gouvernement.** La Palestine compte à peine 250 000 habitants, parmi lesquels il y a peu de Juifs et moins encore de chrétiens catholiques. La plupart sont des Arabes et des Turcs mahométans, ou des Grecs schismatiques.

Depuis les croisades, ce pays dépend de l'*empire turc,* et il est administré, au nom du sultan de Constantinople, par un pacha ou gouverneur chrétien résidant à Jérusalem.

103*. **Divers noms de la Palestine.** Elle s'appela *terre de Chanaan,* à cause des peuples issus de *Chanaan,* fils de Cham. — *Terre promise,* parce que Dieu la promettait à Abraham, Isaac et Jacob, comme héritage pour leurs descendants. — *Terre d'Israël,* lorsque les enfants de Jacob ou *Israël* en eurent fait la conquête. — *Judée,* parce que les Juifs qui revinrent de Babylone appartenaient presque tous aux tribus de Juda. — Les Grecs et les Romains la nommèrent *Palestine,* parce qu'elle comprenait alors le *pays des Philistins* ou *Palestins.* — Nous l'appelons aujourd'hui la *Terre-Sainte,* parce qu'elle a été sanctifiée par la vie et la mort de Notre-Seigneur Jésus-Christ.

104*. **Aspect physique.** La Palestine est une région généralement *montagneuse,* excepté dans la *plaine* qui borde la Méditerranée; elle est sillonnée du nord au sud par la *vallée* large et profonde du Jourdain. — Son **sol** est très fertile et son **climat** salubre. — Elle nourrissait autrefois plusieurs millions d'habitants, mais elle est aujourd'hui dépeuplée et inculte, ne présentant partout que des collines nues et déboisées, des campagnes arides et pierreuses, et de nombreuses ruines de villes et de bourgades.

**105*. Montagnes.** Les montagnes forment deux chaînes, séparées par la vallée du Jourdain, et se rattachent au nord aux monts *Liban,* célèbres par leurs belles forêts de cèdres.

Dans la *chaîne orientale,* on rencontre du nord au sud : le *mont Galaad,* dont le nom, qui signifie *monceau du témoignage,* vient d'un monument de pierre que Jacob et Laban y élevèrent; le *mont Nébo,* d'où Moïse, avant de mourir, contempla la terre promise.

Dans la *chaîne occidentale,* on rencontre du nord au sud : le *mont Thabor,* où s'est transfiguré Jésus-Christ; le *mont Carmel,* où se cacha le prophète Élie; le *mont Gelboé,* où périrent Saül et Jonathas; le *mont Garizim,* où les Samaritains élevèrent un temple pour ne plus aller à Jérusalem. Dans Jérusalem, on trouve le *mont Moria,* célèbre par le sacrifice d'Abraham et par le temple de Salomon, qui est remplacé aujourd'hui par la mosquée d'Omar; et le *mont Golgotha,* ou *Calvaire,* témoin de la mort du Sauveur; à l'est de Jérusalem, le *mont des Oliviers,* d'où Jésus-Christ monta au ciel.

**106*. Versant de la Méditerranée.** La Méditerranée reçoit : le *Léontès,* qui descend du Liban; le torrent de *Kison,* qui rappelle la victoire de Débora et le massacre des prêtres de Baal; le torrent de *Sorec,* où Samson fut livré aux Philistins par Dalila; le torrent de *Bésor,* où David poursuivit les voleurs de Siceleg.

**107*. Bassin de la mer Morte.** La mer Morte reçoit le *Jourdain* et plusieurs torrents, dont les plus célèbres sont: le torrent de *Carith,* qui rappelle la famine du temps du prophète Élie; le *Cédron,* qui coule auprès de Jérusalem, dans la vallée de Josaphat, et qui fut traversé par David, chassé de sa capitale, et par Notre-Seigneur après la trahison de Judas; l'*Arnon,* à la limite de la Palestine au sud-est.

La **mer Morte** occupe la vallée où s'élevaient les villes maudites de Sodome, Gomorrhe, Adama et Séboïm. Elle est appelée *mer Morte,* parce que ses eaux sont épaisses, immobiles, et que les poissons ne peuvent y vivre; *lac Asphaltite,* à cause de l'asphalte ou bitume qu'elle renferme.

Cette mer n'a pas d'écoulement vers l'Océan. Ses eaux se perdent par évaporation, et son niveau se maintient à 400 mètres au-dessous du niveau de la Méditerranée.

**108*. Jourdain.** Le Jourdain, seul fleuve important de la Palestine, prend sa source au Grand-Hermon dans le Liban, forme les lacs de Mérom et de Tibériade, se grossit de l'*Hiéromax,* du *Jabok* et de plusieurs autres torrents, et va se jeter au nord de la mer Morte.

Le Jourdain est célèbre par le passage miraculeux des Israélites, ceux d'Élie et Élisée, et par le baptême de Jésus-Christ.

**109*. La mer de Galilée** s'appelle aussi *lac de Tibériade* ou de *Génésareth.* Ce fut parmi ses pêcheurs que N.-S. choisit ses premiers apôtres Pierre et André, Jacques et Jean. Elle rappelle la pêche miraculeuse de saint Pierre, la tempête que J.-C. apaisa. Sur ses bords, J.-C. chassa du corps d'un possédé une légion de démons; il multiplia une fois sept pains, et une autre fois cinq; il ressuscita la fille de Jaïre, guérit plusieurs aveugles, le serviteur d'un centurion, la belle-mère de saint Pierre, un paralytique, une femme courbée, et un homme dont la main était desséchée.

**110*. Division de la Palestine.** A l'arrivée des Hébreux, les peuples qui se partageaient le pays étaient : à l'est du Jourdain, les *Gergéséens,* les *Hévéens* et les *Amorrhéens;* à l'ouest, les *Chananéens* proprement dits, les *Phéréséens,* les *Jébuséens* et les *Hétéens.*

Sur les frontières : au sud-ouest, les *Philistins;* au sud, les *Amalécites* et les *Iduméens,* descendants d'Ésaü; à l'est, les *Madianites,* descendants de Madian; les *Moabites* et les *Ammonites,* descendants de Loth.

**111*. Partage de la terre promise.** Les descendants de Jacob formaient *treize tribus,* parce que la tribu de Joseph était remplacée par celle de ses deux fils, Ephraïm et Manassé.

Josué partagea la terre promise entre douze des treize tribus issues de Jacob.

La tribu de Lévi, consacrée au sacerdoce, n'eut pas une portion du territoire comme les autres, mais on lui donna quarante-huit villes disséminées dans tout Israël, et appelées *villes lévitiques;* six de ces villes étaient en outre *villes de refuge,* servant d'asile à ceux qui s'étaient rendus coupables d'un meurtre involontaire; c'étaient : *Gaulon* et *Bosra, Ramoth-Galaad, Bosor, Cédès* et *Hébron.*

**112*. Situation des douze tribus.** A l'est du Jourdain, une demi-tribu de *Manassé,* et les tribus de *Gad* et de *Ruben;*

A l'ouest du Jourdain, les tribus d'*Aser,* de *Nephthali,* de *Zabulon* et d'*Issachar,* une demi-tribu de *Manassé,* les tribus d'*Ephraïm,* de *Benjamin,* de *Dan,* de *Siméon* et de *Juda.*

**Royaumes de David et de Salomon.** Sous les règnes glorieux de ces rois, les Israélites étendirent leur domination de la Méditerranée à l'Euphrate et du golfe Arabique au nord de la Syrie. Ils avaient pour tributaires : les Syriens, les Philistins, les Amalécites, les Iduméens, les Madianites, les Moabites et les Ammonites. Mais, vers la fin de Salomon, ceux-ci reprirent leur indépendance, et le royaume des Israélites rentra peu à peu dans ses anciennes limites.

**Schisme. Royaumes d'Israël et de Juda.** Après la mort de Salomon, dix tribus, s'étant révoltées contre son fils Roboam, se soumirent à Jéroboam et formèrent, au nord, le *royaume d'Israël,* qui eut successivement pour capitale Sichem, Therza et Samarie. Les tribus de Juda et de Benjamin restèrent seules fidèles à la race de David, et formèrent, au sud, le *royaume de Juda,* qui conserva Jérusalem pour capitale.

Le royaume d'Israël fut détruit l'an 718 avant J.-C., par Salmanasar, roi d'Assyrie, et celui de Juda, l'an 608 avant J.-C., par Nabuchodonosor, qui emmena les Juifs captifs à Babylone.

**113*. Division en quatre provinces.** Au retour de la captivité, la Palestine forma quatre provinces qui existaient encore du temps de Notre-Seigneur : à l'ouest du Jourdain, la *Galilée,* la *Samarie* et la *Judée;* à l'est, la *Pérée,* qui comprenait plusieurs subdivisions, l'Iturée, la Trachonite, etc.

**114*. La Galilée.** La Galilée comprenait le territoire de quatre des anciennes tribus : Aser, Nephthali, Zabulon, Issachar. La partie nord était appelée la *Galilée des gentils,* à cause du grand nombre de païens qu'elle renfermait.

**Villes.** *Dan,* où Jéroboam fit placer un veau d'or que les Juifs adorèrent. — *Capharnaüm,* au N.-O., où J.-C. guérit la belle-mère de saint Pierre, un paralytique, le fils du centenier, et ressuscita la fille de Jaïre. — *Cana,* où J.-C. fit son premier miracle. — *Nazareth,* patrie de la très sainte Vierge, et séjour de J.-C. jusqu'à son baptême. — *Naïm,* où J.-C. ressuscita le fils d'une veuve.

**115*. La Samarie.** La Samarie comprenait à peu près la demi-tribu occidentale de Manassé et la tribu d'Ephraïm.

**Villes.** *Samarie,* autrefois capitale du royau d'Israël, bâtie sur une montagne entou d'une vallée profonde, fut détruite par Salo nasar et rebâtie par Hérode le Grand, qui donna le nom de Sébaste. — *Sichem* devint au la capitale du royaume d'Israël. C'est près Sichem qu'était le puits de Jacob, où Jés Christ convertit la Samaritaine. — *Silo,* où Jos fit le partage de la terre promise; l'arche et tabernacle y furent longtemps conserv — *Ennon,* sur les rives du Jourdain, où sa Jean baptisait. — *Césarée,* bâtie par Hérode, les bords de la Méditerranée : saint Paul y retenu prisonnier, et Corneille le centenier fut baptisé par saint Pierre.

**116*. La Judée.** Sous le nom de Judée, comprend quelquefois toute la Palestine; m la *Judée* proprement dite renfermait les trib de Juda, de Benjamin, de Dan et de Siméo

**Villes. Jérusalem** fut d'abord appelée S lem, où habitait Melchisédech. Sous les Jéb séens, elle prit le nom de Jébus, et fut so mise par David, qui en fit sa capitale. Salom y fit construire un temple qui passait pour l'u des merveilles du monde. Après sa mort, Jér salem fut la capitale du royaume de Juda. Elle prise et ruinée par Nabuchodonosor, et le temp livré aux flammes. Rétablie après la captivi elle fut de nouveau détruite par les Romain l'an 70 après J.-C., après un siège d'un an, périrent onze cent mille personnes. — *Béthan* près de Jérusalem, où J.-C. ressuscita Laza — *Bethléhem,* ou Ephrata, célèbre par la na sance de J.-C. — *Hébron,* où l'on montre enco les tombeaux d'Abraham et de Sara. Patrie saint Jean-Baptiste. — *Galgala,* où les Isra lites, après avoir traversé le Jourdain, con truisirent un monument. Samuel y réunit peuple pour confirmer la royauté à Saül; E sortait de Galgala, quand il fut enlevé au ci — *Jéricho,* appelée la *ville des Palmes,* fut première ville attaquée par Josué. Elisée y a sainit les eaux d'un ruisseau, et nous lisons da l'Evangile la guérison de l'aveugle de Jérich — *Béthel,* dont le nom signifie *maison de Die* fut ainsi nommée par Jacob, après la célèb vision de l'échelle mystérieuse. Jéroboam y dresser un veau d'or. — *Emmaüs,* où J.- ressuscité apparut à deux de ses disciples. *Joppé* ou Jaffa, où Jonas s'embarqua pour fu à Tharsis : saint Pierre y ressuscita une femr nommée Thabite.

**117*. La Pérée.** La Pérée comprenait tou la partie de la Palestine située à l'est du Jou dain, c'est-à-dire les tribus de Ruben, de G et de Manassé orientale.

**Villes.** *Corozain,* près le lac de Tibériad connue par les reproches qu'elle s'attira po avoir dédaigné la prédication de Jésus-Chri — *Gadara,* fondée, dit-on, par Sémiramis, qui devint sous les Romains la métropole la Pérée. — *Pella,* où les premiers chrétie se retirèrent après avoir quitté Jérusalem, q venait investir l'armée de Titus. — *Phanuel,* c Jacob lutta avec un ange. — *Béthanie,* sur la ri gauche du Jourdain, où saint Jean baptisait.

**118*. La Décapole.** On appelle Décapole u confédération composée de dix villes situé dans la Pérée. On cite *Philadelphie, Gadar Gérasa, Canatha* et *Bethsan* ou Scythopolis

**119*. La Phénicie.** La Phénicie, ou pays des Ph niciens, se rattache à la Galilée, dont elle forn la partie maritime. On y remarque les ports *Saint-Jean-d'Acre,* ou Ptolémaïs, qui a jo un grand rôle dans l'histoire des croisade *Sour,* autrefois *Tyr,* et *Saïda,* autrefois *Sido* qui furent célèbres par leur commerce et leu richesses.

— **Le pays des Philistins** forme la zone ma time de la Judée. On y remarque : *Azoth,* fut transporté le diacre Philippe; *Ascalon,* c lèbre au temps des croisades, et *Gaza,* do Samson enleva les portes sur ses épaules.

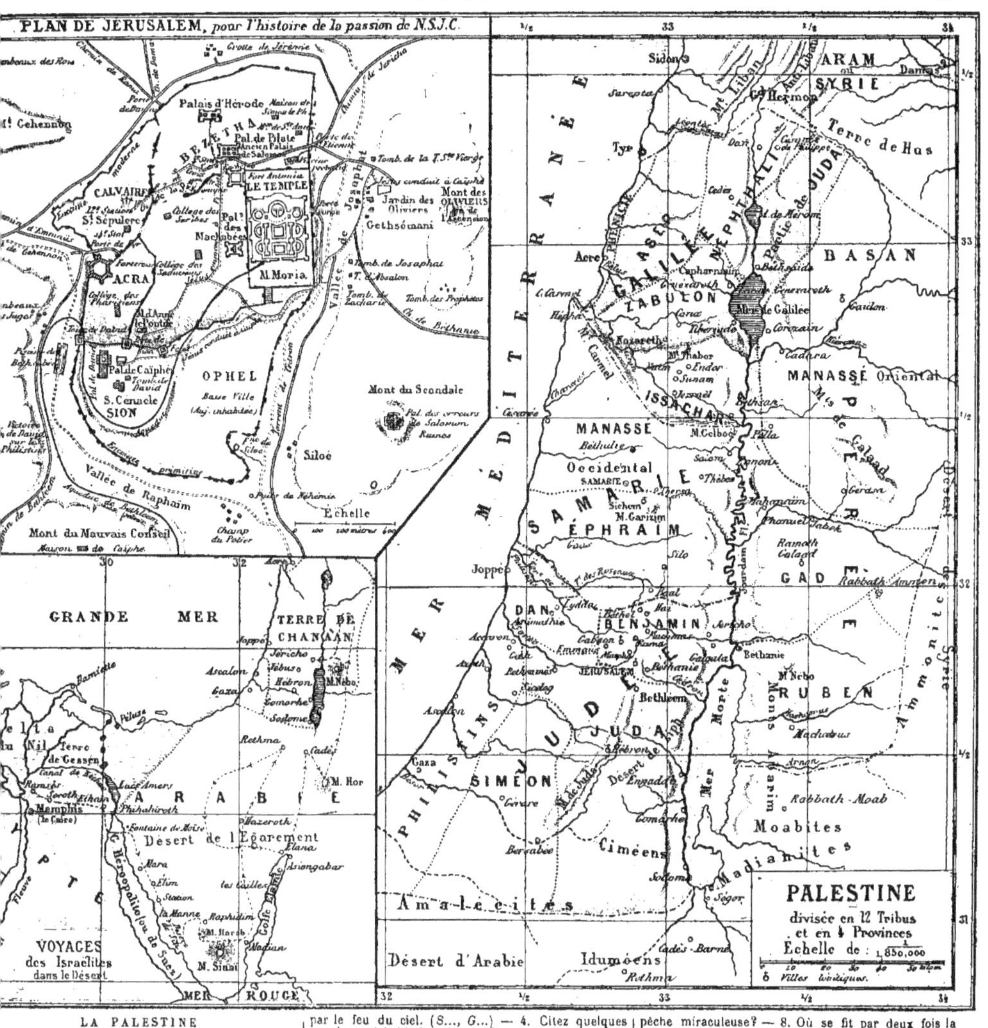


LA PALESTINE

evoir 129. — 1. Que se passa-t-il dans la Terre nte? — 2. Quels différents noms lui donne-t-on? — Ce pays est-il étendu? — 4. Est-il montagneux? — Son sol est-il fertile? — 6. Quels sont ses principaux itants? — 7. Par qui est-il gouverné?

evoir 130. — 1. Indiquez la situation et les bornes la Palestine. — 2. Sa superficie et sa population uelle. — 3. Nommez ses montagnes, ses rivières et lacs. — 4. Indiquez les 4 divisions et les 12 tribus la Palestine.

evoir 131. — En suivant l'itinéraire marqué sur la te, racontez le voyage des Israélites dans le désert. acez cet itinéraire.

evoir 132. — HISTOIRE SAINTE. — 1. Nommez la e près de laquelle Abraham vint habiter. (*H*... Hén.) — 2. Sur quel mont Abraham voulut-il sacrifier ac? — 3. Nommez deux villes qui furent détruites par le feu du ciel. (*S*..., *G*...) — 4. Citez quelques peuples qui habitaient les confins de la Palestine. — 5. Sur quelle montagne Moïse mourut-il? — 6. Nommez la ville que Josué prit au son des trompettes. — 7. De quelle ville Samson emporta-t-il un jour les portes? — — 8. Nommez la ville où Saül fut proclamé roi. (*Ma*...) — 9. Où David surprit-il Saül? (Dans la caverne d'*En*. et dans le désert de *Z*...) — 10. D'où Salomon tira-t-il le bois pour la construction du Temple? (Du *m. L*...)

**Devoir 133.** — HISTOIRE DE N.-S. J.-C. — 1. Dans quelle ville est né saint Joseph? (A *Béth*..., en *J*...) — la très sainte Vierge? — saint Jean-Baptiste? — Notre-Seigneur Jésus-Christ? — 2. Où Notre-Seigneur passa-t-il la plus grande partie de sa vie? — 3. Où Notre-Seigneur fut-il baptisé? (A *B*..., ou à Enon, sur les bords du *J*...) — 4. Où fit-il son premier miracle? — 5. Où prit-il ses premiers disciples? — 6. De quelle ville étaient saint Pierre et saint Jean? (De *B*...) saint Simon? (De *C*...) Zachée? (De *Jéri*...) Lazare et ses sœurs? (De *Bé*..., près de *J*...) — 7. Où se fit la pêche miraculeuse? — 8. Où se fit par deux fois la multiplication des pains? (Dans le désert, à l'est de la mer de *G*...) — 9. Où Notre-Seigneur convertit-il la Samaritaine? — 10. Où se transfigura-t-il? — 11. Où souffrit-il sa passion et sa mort?

**Devoir 134.** — PLAN DE JÉRUSALEM. — 1. Où est située Jérusalem? — 2. Quels étaient les principaux quartiers et monuments de la ville : 1° Au nord, *B*..., renfermant le *Pal. d'H*... et le *Pal. de P*... 2° Au centre, le *m. M*..., avec le *T*... et le *Pal. des Ma*... 3° Au sud, la *m. de S*..., avec le *Pal. de D*..., le *Cén*..., le *Pal. de Ca*... 4° A l'ouest, *A*..., le *Cal*... et le *S. S*... 5° A l'est de la ville, le *m. des Ol*..., le *Pal. de S*..., la *vallée de Jo*..., etc. — 3. Suivez le chemin douloureux parcouru par Notre-Seigneur depuis le jardin de *G*..., jusqu'aux palais de *C*..., d'*An. le P*..., de *P*... et d'*H*... — 4. Suivez le chemin de la Croix depuis le palais de *P*..., jusqu'au *C*... — 5. Où eurent lieu la Résurrection et l'Ascension de Notre-Seigneur, puis la descente du Saint-Esprit sur les Apôtres? (A *Jéru*...)

# ASIE

## I. — Géographie physique.

120*. **Caractères physiques** : 1° L'Asie se fait remarquer par sa *grande masse* continentale, de forme carrée, et par les grandes presqu'îles qui s'en détachent. Ses *côtes* sont sinueuses, découpées, accidentées, souvent montagneuses, offrant de larges embouchures de fleuves, de vastes deltas et de bonnes positions commerciales.

2° Le *relief du sol* présente un immense *plateau central*, presque aussi étendu que l'Europe, ayant de 1000 à 3000 mètres d'altitude moyenne et entouré de grandes chaînes de montagnes, dont la plus remarquable est l'*Himalaya*, la région des neiges. Ce plateau central renferme le grand *désert* de Gobi, et s'abaisse vers les quatre points cardinaux en pentes et en versants plus ou moins accidentés.

3° Au nord et à l'ouest s'étend *une grande région basse*, la plus vaste du globe, formée des plaines herbeuses ou *steppes* du Turkestan et de la Sibérie méridionale, et des marais glacés de la Sibérie boréale.

4° L'Asie est traversée par la grande *zone des déserts* sablonneux qui s'étend dans la Mongolie, le Turkestan, la Perse, l'Arabie, et se rattache au Sahara africain.

**Climat.** L'Asie a un climat *très varié*, car elle avance au N. plus loin que l'Europe, tandis qu'au S. elle atteint presque l'Équateur. Ses plaines septentrionales et ses plateaux du centre sont *froids* et peu habités ; les régions de la Chine orientale et des Indes sont *humides*, *chaudes* et très populeuses ; l'Asie occidentale est *plus sèche* et moins peuplée.

121*. **L'Asie** est la plus grande des trois divisions de l'Ancien Continent. Sa superficie dépasse 42000000 de km$^2$ : c'est plus de 4 fois la superficie de l'Europe et environ 80 fois celle de la France.

122*. **Bornes.** — L'Asie est bornée au N. par l'océan Glacial arctique ; — à l'E. par le Grand Océan ; — au S. par l'océan Indien ; — à l'O. par la mer Rouge, la Méditerranée et l'Europe.

123*. **Contrées.** — Les grandes contrées de l'Asie sont :

Au N., la *Sibérie* ; — à l'E., l'*empire* **Chinois**, la *Corée* et le *Japon* ; — au S., l'*Indo-Chine* et l'**Hindoustan** ; — à l'O., l'*Afghanistan*, le *Turkestan*, la *Perse*, la *Caucasie*, la *Turquie d'Asie* et l'*Arabie*.

124*. **Mers.** — Au Nord, l'OCÉAN GLACIAL ARCTIQUE ;

A l'E., le PACIFIQUE, ou Grand Océan, formant la mer de *Behring*, la mer d'*Okhotsk*, la mer du *Japon*, la mer *Jaune*, la mer *Bleue* et la mer de *Chine* ;

Au S., l'OCÉAN INDIEN, formant la mer ou golfe de *Bengale*, la mer d'*Oman* et la mer *Rouge* ;

A l'O., la MÉDITERRANÉE, la mer *Noire* et la mer *Caspienne*.

125*. **Golfes.** — Le golfe de l'*Obi*, en Sibérie ; les golfes de *Tonkin* et de *Siam*, dans l'Indo-Chine ; le golfe *Persique*, entre la Perse et l'Arabie.

126*. **Détroits.** — Le détroit de *Behring*, entre l'Asie et l'Amérique ; le détroit de *Malacca*, entre la presqu'île de Malacca et l'île Sumatra ; le détroit de *Bab-el-Mandeb*, entre l'Arabie et l'Afrique ; les *Dardanelles* et le *Bosphore*, entre l'Asie et l'Europe.

127*. **Iles.** — Dans le Pacifique, l'île **Tarrakaï**, appartenant à la Russie ; les *Kouriles*, l'île **Nippon** et plusieurs autres *îles formant le Japon* ; les îles *Formose* et *Haïnan*, appartenant à la Chine ; dans l'océan Indien, l'**île Ceylan**, aux Anglais ; dans la **Méditerranée**, l'île de *Chypre*, aux Anglais.

128*. **Presqu'îles.** — L'*Anatolie*, ou Asie Mineure, entre la mer Noire et la Méditerranée ; — l'*Arabie*, entre le golfe Persique et la mer Rouge ; — le *Dékan*, ou partie méridionale de l'Hindoustan, entre les mers d'Oman et de Bengale ; — l'*Indo-Chine*, terminée par le Malacca, entre les mers de Bengale et de Chine ; — la *Corée* et le *Kamtschatka*.

129*. **Caps.** — Le cap *Oriental*, au N.-E. de la Sibérie ; — le cap *Romania*, au S. du Malacca ; — le cap *Comorin*, au S. du Dékan.

130*. **Montagnes.** — Les monts **Himalaya**, renfermant le Gaurisankar, 8840 m., la plus haute montagne du monde, au nord de l'Hindoustan ;

Les monts *Altaï*, en Sibérie ;

**L'Oural** et le **Caucase**, entre l'Asie et l'Europe.

On cite les *plateaux* du *Thibet* (4000 m.), de Pamir, de la Perse ; — les *plaines* de la Sibérie et du Gange, le désert de Gobi. Il y a de nombreux *volcans* dans les îles du Japon et dans le Kamtschatka.

131*. **Bassins maritimes.** L'Asie forme quatre grands versants maritimes appartenant aux bassins de l'*océan Glacial*, du *Grand Océan*, de l'*océan Indien* et de la *Méditerranée* ; — en outre, un grand *bassin central fermé*, dont les eaux ne se rendent pas dans l'Océan.

132*. **Fleuves.** — 1° Dans le versant de l'océan Glacial : l'**Obi**, l'*Iénisséi* et la *Léna*, en Sibérie ;

2° Dans le versant du Grand Océan : en Chine, l'*Amour*, le fleuve *Jaune*, le *Yang-tse-Kiang* ou fleuve **Bleu** (5000 km.) ; — en Cochinchine, le *Mékong* ou Cambodge.

3° Dans le versant de l'océan Indien : en Hindoustan, le **Brahmapoutre**, le **Gange** et l'*Indus* ; — en Turquie, l'**Euphrate** et le *Tigre*.

133*. **Lacs.** — Le lac **Caspien**, ou mer *Caspienne*, dans l'empire russe ; — les lacs *Aral* et *Balkasch*, dans le Turkestan ; — le lac *Baïkal*, dans la Sibérie.

## II. — Géographie politique.

134*. **Population.** La *population* de l'Asie est de 800000000 d'habitants. Sa *superficie* est de 42000000 de kilom. carrés ; ce qui donne une *population relative* de 20 habitants par kilom. carré.

**Races humaines.** La *race jaune* comprend les Chinois et les Japonais ; la *race brune*, les Hindous et les Indo-Chinois ; la *race blanche*, les Perses, les Turcs, les Arabes et autres peuples à l'ouest de l'Indus.

**Religion.** Les *chrétiens* sont peu nombreux en Asie. Les Arabes, les Turcs, les Perses sont *mahométans*. Les autres peuples sont *païens* : les Chinois et les Japonais professent le bouddhisme ou culte de Bouddha, et les Hindous, le brahmanisme ou culte de **Brahma** : ils ont une civilisation propre, très ancienne, mais stationnaire. L'Asie occidentale a été le berceau du genre humain et de la religion chrétienne et le siège des premiers empires ; mais elle est retombée dans la barbarie par la domination du mahométisme.

135*. **Divisions.** — **L'Asie russe**, **20000000** d'hab., comprend : la SIBÉRIE, immense contrée froide et stérile ; v. pr. *Tobolsk* et *Irkoutsk* ; — le TURKESTAN occidental, v. pr. *Taschkend* ; — la CAUCASIE, v. pr. *Tiflis*.

136*. **L'empire chinois**, le plus peuplé du globe (**400000000 d'h.**), se compose :

1° De la CHINE PROPRE, cap. **Péking** ; v. [...] **Nanking**, sur le fleuve Bleu ; *Shanghaï* [...] **Canton**, grands ports de mer qui exporte[nt] surtout la soie et le thé.

2° De pays tributaires, savoir : le THIB[ET] [...] cap. *Lhassa*, au S.-O. ; la MANDCHOURIE [...] la MONGOLIE, au nord.

— Le royaume de **Corée** (11000000 d'hab.[...]) pour cap. Séhoul.

137*. L'empire du **Japon**, très florissa[nt] (40000000 d'hab.), est formé de qua[tre] grandes îles et de plus de mille petite[s] [...] cap. *Yédo* ou **Tokio**, v. pr. *Myaco* et *N[a]gasaki*, ports.

138*. **L'Indo-Chine**, contrée qui tient d[es] richesses et des populations de **l'Inde et** [de] la Chine, comprend : **1°** Le royaume ind[é]pendant de SIAM, cap. *Bangkok* ;

2° L'INDO-CHINE FRANÇAISE (20000000 d'h[ab.]) formée de la COCHINCHINE, ch.-l. *Saïgo[n]* [...] du TONKIN, ch.-l. **Hanoï**, administrés p[ar] les Français ; des royaumes protégés d'A[N]NAM, cap. *Hué*, et de CAMBODGE, capita[le] *Pnom-Penh*.

3° L'INDO-CHINE ANGLAISE (10000000 d'h[ab.]) v. pr. **Singapour** et *Rangoun*, gran[ds] ports, et *Mandalai*, cap. du royaume [de] Birmanie.

139*. L'**Hindoustan** forme le vaste [et] riche EMPIRE INDO-ANGLAIS, qui comp[te] 280000000 d'hab. La capitale est **Calcut[ta]** (1000000 d'h.) ; les villes principales son[t] **Bombay**, **Madras**, grands ports ; *Bénarè[s]* [...] *Delhi*, *Lahore*, *Cachemire* et *Colom[bo]* (île Ceylan).

— (Pondichéry, Chandernagor et trois autr[es] petites villes de l'Hindoustan appartiennent a[ux] Français ; et Goa, aux Portugais.)

140*. Le **Béloutchistan**, ville princ. Kélat, [et] l'**Afghanistan**, cap. *Kaboul*, sont sous le pro[]tectorat anglais.

Le **Turkestan**, v. pr. *Boukhara* et *Khiva* [...] est soumis à la Russie.

Le royaume de **Perse**, cap. **Téhéran** ; v. p[r.] Ispahan ;

La **Turquie d'Asie** a pour villes principale[s] Smyrne, Damas, *Jérusalem*, *Mossoul*, *Bagda[d]* [...]

— (La Turquie d'Asie comprend plusieu[rs] contrées historiques : l'*Asie Mineure*, la *Syri[e]* [...] la *Palestine*, l'*Arménie*, la *Mésopotamie* et [la] *Babylonie*.)

L'**Arabie** est une contrée peu peuplée ; v. p[r.] *la Mecque*, aux Turcs ; *Mascate*, Aden.

*Aden* appartient aux Anglais.

141*. **Productions.** — Les productions naturelles d[e] l'Asie sont importantes en *espèces minérales* : or, pla[]tine, pierres précieuses ; — en espèces *végétales* : ri[z] [...] thé, mûrier, cotonnier, légumes ; — et en espèces *an[i]males* : singes, tigre royal, éléphant des Indes, cha[]meau et dromadaire d'Arabie, renne de Sibérie [...] chevrotain porte-musc du Thibet, ver à soie, etc.

142*. **Commerce.** L'Asie fournit à l'Europe [...]

L'or, l'argent, le platine, le diamant, le[s] pierres précieuses et les fourrures de la Sibérie [...]

Le *thé*, la *soie*, les œufs de vers à soie e[t] les soieries de la Chine et du Japon ;

Le *coton*, les drogues tinctoriales, le *riz* [...] les *épices*, l'opium, les ivoires et bois sculptés [...] le papier, la *porcelaine* de la Chine, du Japo[n] et des Indes ;

Le cuivre du Japon, les perles de Ceylan [...] les *châles* de Cachemire, la laine de chèvre e[t] le musc du Thibet ;

Le café, la gomme, l'encens, le corail d[e] l'Arabie et de la Perse ;

Les figues, les raisins, les tapis de Smyrne [...] les armes blanches dites de Damas, le tabac [...] les olives, les sangsues de la Turquie d'Asie [...] les éponges des côtes de la Syrie.

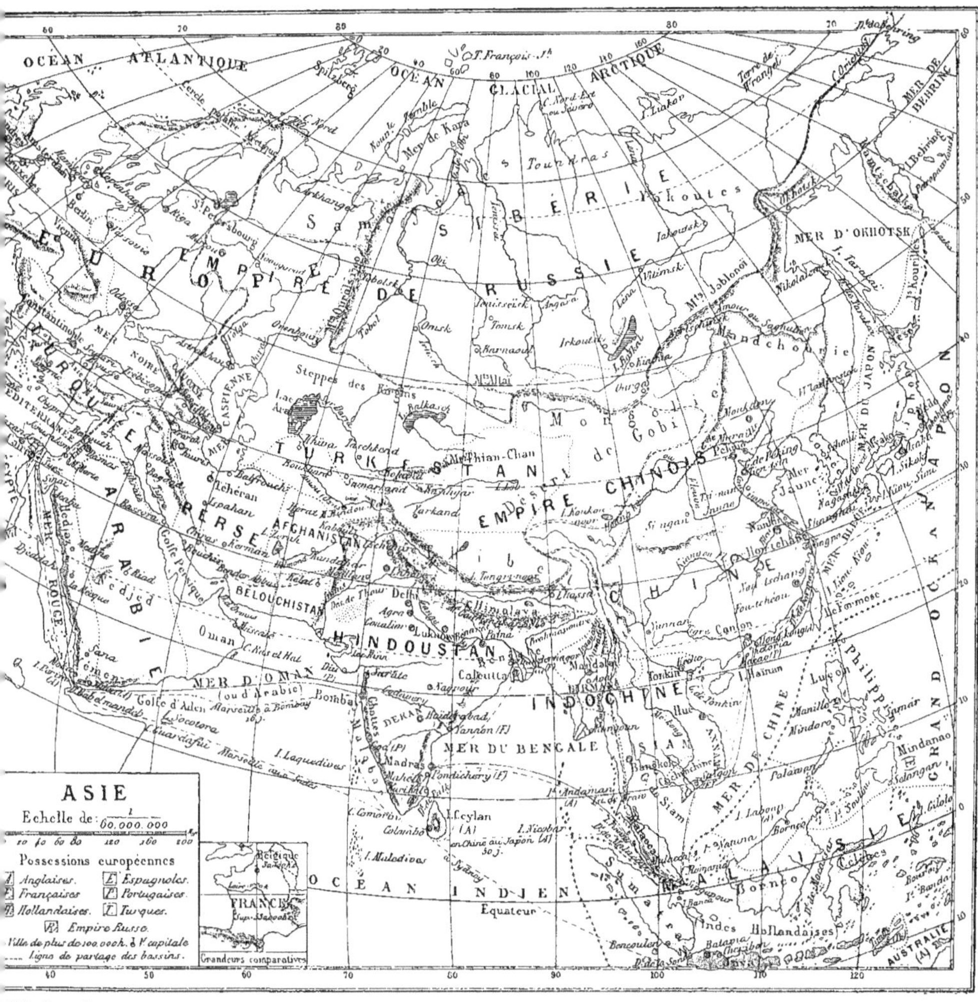


143*. **Les découvertes en Asie.** — L'Asie ineure nous fut révélée tout d'abord par la *ble* (Moïse), puis par les écrits d'*Homère*, *Hérodote*, de Strabon, de Ptolémée. **Alexandre Grand** pénétra jusqu'aux Indes. Au VIIIe siècle, s Arabes s'avancèrent en Chine, suivis, au re siècle, par les missionnaires catholiques, tamment le moine flamand Ruysbroeck ou Ru-uquis. — **Marco-Polo**, Vénitien, le plus grand s voyageurs du moyen âge, parvint de Cons-ntinople à Péking et à Canton. En 1498, **Vasco Gama**, Portugais, arriva aux Indes.

A partir du XVIe siècle, les négociants portu-is, hollandais, les missionnaires jésuites, tamment saint François Xavier, pénétrèrent ns l'Asie méridionale et orientale, suivis us tard par les Anglais et les Français, pendant que les Russes conquéraient la Sibérie, et que le Danois *Behring* abordait l'océan Glacial par le détroit qui porte son nom.

Enfin, de nos jours (1879), le Suédois **Nordenskiold** fit le premier la circumnavigation du continent par le passage du Nord-Est.

---

**Devoir 135.** — 1. Qu'est-ce que l'Asie? — 2. Touche-t-elle à l'Europe et à l'Afrique? — 3. Quelles sont ses plus grandes contrées? — 4. Citez 3 mers séparant l'Europe de l'Asie, — 3 mers baignant l'empire Chinois, — 3 détroits de l'océan Indien. — 5. A quoi donne-t-on le nom de Tonkin (2 choses), Romania, Mékong, Behring, Baïkal, Téhéran, La Mecque?

**Devoir 136.** — 1. Où est la mer de Bengale, le cap Oriental, le fleuve Jaune, la mer d'Oman, la mer Rouge, la mer Bleue? — 2. Est-ce que l'Equateur traverse l'Asie? le cercle polaire? — 3. De quoi est formé le Japon? — 4. Qu'est-ce que la Corée, l'Arabie? — 5. Dites la nature et la situation de Bombay, Péking, Gange, Perse, Dékan, Altaï, Aral.

**Devoir 137.** — Tracez les contours de la carte d'Asie, d'après le modèle 13 du cahier cartographique no 1. — Indiquez les bornes particulières de chacun des grands pays de l'Asie.

**Devoir 138.** — En consultant la carte, faites le tour de l'Asie, par mer, du N. au S., et indiquez successivement tous les accidents géographiques traversés ou rencontrés : mers, caps, îles, pays, etc. — 2. Ou bien faites le même voyage en sens inverse, c'est-à-dire du S. au N.

**Devoir 139.** — 1. Nommez les îles et les contrées appartenant aux Français, aux Anglais, aux Portugais, aux Russes, aux Turcs. — 2. Nommez les villes de l'Asie, et dites dans quels pays elles se trouvent. — 3. Nommez les ports de l'Asie.

# AFRIQUE

## I. — Géographie physique.

**144*. Caractères physiques :** 1° L'Afrique se caractérise par sa grande masse continentale aux *contours arrondis*, sans profondes échancrures, *sans mers intérieures*. — Ses *côtes* sont généralement basses, sablonneuses, marécageuses, *malsaines*, *dépourvues de bons ports*.

2° **Le relief du sol** présente le *grand plateau de l'Afrique australe et centrale*, ayant de 1 000 à 2 000 mètres d'altitude moyenne, bordé de montagnes, et dont l'intérieur est peu connu. — Au centre se trouvent la *grande plaine* du Soudan et celle du Congo, habitées par des populations nègres.

3° **Le grand désert** *de Sahara*, presque aussi vaste que l'Europe, est formé de *plaines* sablonneuses, sèches, arides et salées, de collines rocheuses et nues, de vallées sans eau, où se rencontrent de rares *oasis*. Les tribus arabes habitent ces oasis et y cultivent le dattier; elles parcourent le Sahara à l'aide du dromadaire et en caravanes.

**145*. Climat.** — L'Afrique a un climat *très chaud* et généralement très sec, à cause de sa situation entre les tropiques, de l'absence de mers intérieures et de l'insuffisance de hautes montagnes, sauf dans l'Afrique centrale.

**146*.** L'**Afrique** est la troisième division de l'Ancien Continent. Elle se rattache à l'Asie par l'isthme de Suez.

Sa superficie égale 30 000 000 de km. car., c'est-à-dire 3 fois celle de l'Europe, et 56 fois celle de la France.

**147*. Bornes.** — L'Afrique est bornée, au N., par la Méditerranée; — à l'E., par la mer Rouge et l'océan Indien; — au S. et à l'O., par l'Atlantique.

**148*. Contrées.** — Au N., le *Maroc*, l'*Algérie*, la *Tunisie* et le *Tripoli*, autrefois appelés États barbaresques; — au N.-E., l'*Egypte* et l'*Abyssinie;* — au centre, le *Sahara*, le *Soudan* et la *Guinée* et le *Congo;* — à l'O., la *Sénégambie*, la *Guinée* et l'*Angola;* — au S.-E., la *colonie du Cap*, le *Mozambique*, le *Zanguebar* et l'île de *Madagascar*.

**149*. Mers.** — A l'O., l'**océan Atlantique**, qui forme au nord la *Méditerranée;*

A l'E., l'**océan Indien**, qui forme la *mer Rouge*.

**150*. Golfes.** — Le golfe de la *Sidre* ou Syrte, dans le Tripoli; — le golfe de *Guinée*, dans l'Atlantique; — et le golfe d'*Aden*, à l'entrée de la mer Rouge.

**151*. Détroits.** — Le détroit de *Gibraltar*, entre le Maroc et l'Espagne; — le canal de *Mozambique*, à l'O. de Madagascar; — et le *Bab-el-Mandeb*, entre l'Abyssinie et l'Arabie.

**152*. Iles.** — Dans l'Atlantique : les *Açores*, les *Madère*, les îles du *Cap-Vert*, appartenant aux Portugais; — les *Canaries*, aux Espagnols; — l'île *Sainte-Hélène*, aux Anglais; — dans l'océan Indien : la grande **île de Madagascar** et l'île de la *Réunion*, aux Français; — l'île *Maurice* et l'île *Socotora*, aux Anglais.

**153*. Isthme.** — L'Afrique est jointe à l'Asie par l'*isthme de Suez*, qui a 110 km. de largeur et qui est traversé par le canal navigable, dû à un Français, M. de Lesseps.

**154*. Caps.** — Le cap *Blanc*, au N. de la Tunisie; — le cap *Vert*, à l'O. de la Sénégambie; — le cap de *Bonne-Espérance*, au S. de la colonie du Cap, — et le cap *Guardafui*, à l'E. du Somal.

**155*. Montagnes.** — L'**Atlas**, qui traverse le Maroc, l'Algérie et la Tunisie; — les **collines de** *Kongs*, dans la Guinée septentrionale; — les monts de l'*Abyssinie;* — les monts **Ruwenzori, Kénia** et **Kilima-Ndjaro**, aux sources du Nil. Ce sont les plus hauts de l'Afrique, 6 000 m. d'altitude.

**156*. Volcans.** — Le *Piton de Fournaise*, volcan actif, dans l'île Bourbon; — le *Pic de Ténériffe*, volcan éteint, dans les îles Canaries.

**Bassins maritimes.** — L'Afrique forme trois grands versants maritimes, appartenant aux bassins de la *Méditerranée*, de l'*Atlantique* et de l'*océan Indien;* en outre, le *bassin fermé du Sahara*, dont les cours d'eau, d'ailleurs temporaires, ne communiquent pas avec l'Océan.

**157*. Fleuves.** — 1° Versant de la Méditerranée : le **Nil**, formé du Nil-Blanc et du Nil-Bleu, et traversant le Soudan, la Nubie et l'Égypte;

2° Versant de l'Atlantique : le *Sénégal* et la *Gambie*, en Sénégambie; — le **Niger**, dans le Soudan; — le **Congo**, dans l'Afrique centrale; — l'*Orange*, dans la colonie du Cap;

3° Versant de l'océan Indien : le **Zambèze**, dans l'Afrique australe.

Les cours d'eau les plus remarquables de l'Afrique sont : le *Nil*, dont les débordements fertilisent l'Egypte, et le *Congo*, qui a d'immenses affluents. Leurs sources sont alimentées par les *grands lacs* de la haute Afrique.

**158*. Lacs.** — Les lacs **Victoria** et *Albert*, traversés par le Nil-Blanc; le **Tanganyka**, tributaire du Congo; le *Nyassa*, tributaire du Zambèze; le lac *Tchad*, dans le Soudan.

## II. — Géographie politique.

**159*. Population.** — La *population* totale de l'Afrique est évaluée à 150 000 000 d'hab., et sa *population relative* à 5 hab. par km. carré.

**Races humaines.** Les Africains du nord sont des *blancs*. Les autres sont des *bruns* et des *noirs* ou nègres.

**Religion.** — Le *mahométisme* et le *fétichisme* ou idolâtrie dominent en Afrique, en même temps que la barbarie, l'esclavagisme et la malheureuse traite des nègres.

**160*. Divisions.** — La sultanie du **Maroc** a pour capitale **Fez**; ville princ. *Maroc*.

L'**Algérie**, capitale **Alger**, est une possession française.

La **Tunisie**, capitale **Tunis**, est soumise à la France.

Le **Tripoli** ou la Tripolitaine, capitale *Tripoli*, est soumis à la Turquie.

**161*.** La vice-royauté d'**Égypte**, occupée par les Anglais, a pour cap. **le Caire**; v. pr. **Alexandrie**; *Port-Saïd* et *Suez*, sur le canal;

La **Nubie**, ville princ. *Kartoum;*

L'**Abyssinie**, capitale *Gondar*, est sous le protectorat italien.

**162*.** Le **Sahara**, ou grand désert, est parcouru par des nomades. La partie centrale est sous l'influence française.

Le **Soudan**, villes princ. *Timbouctou*, sous l'influence française; *Sokoto*, *Kano*, sous l'influence anglaise.

**163*.** L'**État libre du Congo** a pour souverain le roi des Belges; villes princ. *Banana*, *Boma* et *Léopoldville*.

La **Sénégambie**, villes princ. *Saint-Louis* et *Dakar*, appartient aux Français.

**164*.** La **Guinée** comprend : *Freetown*, la *Côte d'Or* et le *bas* **Niger**, aux Anglais; — *Grand-Bassam*, le **Dahomey** et le **Gabon-Congo**, aux Français;

Le **Cameroun**, aux Allemands;

L'**Angola**, ville princ. *Saint-Paul de Loanda*, aux Portugais.

La **Hottentotie** est aux Allemands.

**165*.** La riche **Colonie du Cap**, capital **le Cap**, est aux Anglais, ainsi que les territoires situés sur le **Zambèze central**, jusqu'aux grands lacs.

Les républiques d'**Orange** et de **Transvaa[l]** y sont enclavées.

Le **Mozambique**, capitale Mozambique est aux Portugais.

Le **Zanguebar** *méridional* est **aux Alle**mands jusqu'au lac Tanganika.

Le **Zanguebar** *septentrional*, jusqu'a[u] Nil, est aux Anglais, avec la sultanie e[t] la ville de **Zanzibar**, dans une île.

La côte du Somal est aux Italiens.

L'île de **Madagascar**, cap. *Tananarivo* est soumise à la France.

**166*. Productions.** — Les *richesses minérales* [de] l'Afrique sont peu exploitées. — Les *végétaux* les plu[s] remarquables et les plus utiles sont le baobab, le pa[l]mier, l'oranger, le dattier, le caféier, etc. — Mais [ce] qui distingue surtout l'Afrique, c'est la *puissance d[u] règne animal*, dont les espèces principales sont : [le] singe chimpanzé et le gorille, le lion, l'hyène, l'éléphant, le rhinocéros, l'hippopotame, le dromadaire, [la] girafe, l'antilope, l'autruche, le crocodile, la grand[e] sauterelle, le scorpion, etc.

**167*. Commerce.** — L'Afrique fournit [à] l'Europe : 1° le marbre, le fer, les fruits et le[s] légumes de primeur d'Algérie.

Les cocos et les vins de Madère.

Les huiles de palme et d'arachide du Sénégal et du Congo.

Les plumes d'autruche, l'ivoire, **les datt[es]** du Sahara et du Soudan.

Le *coton*, les céréales, les gommes d'Egypte.

Les laines, les peaux de bœufs, l'or et le[s] diamants du Cap.

Le *sucre*, le café, la vanille de Maurice [et] de la Réunion.

---

## III. — Notice historique.

**168*. Les découvertes en Afrique.** Les Grecs [et] les Romains ne connurent en Afrique que le littoral [de] la Méditerranée et de la mer Rouge. Les Arabes pénétrèrent dans l'intérieur, mais sans nous le faire connaître. — Au XVe siècle, les Portugais découvrirent [et] occupèrent les îles et les côtes de l'Océan; et les autr[es] nations les suivirent. Mais l'intérieur du continent [ne] fut exploré qu'au XIXe siècle.

(1800-1806.) **Mungo-Park** (Ecossais), parti du Sénégal, va découvrir le Niger, et y meurt.

(1822-34.) **Clapperton** (Anglais) part de Tripoli [et] découvre le lac Tchad.

(1827-28.) *René* **Caillié** (Français) va du Sénégal [à] Timbouctou et au Maroc.

(1850-54.) **Barth** (Allemand) va de Tripoli au l[ac] Tchad, à Timbouctou, et revient à Tripoli.

(1859-60.) *Duveyrier* (Français) va de l'Algérie [à] Ghadamès, Ghat et Tripoli.

(1869-73.) *Nachtigal* (Allemand) va de Tripoli [au] lac Tchad, traverse le Darfour et revient par l'Égypt[e].

(1841-73.) **Livingstone** (missionnaire écossais), par[t] du Cap, parcourt toute l'Afrique australe. Il découv[re] le lac *Ngami* (1849) et le haut Zambèze (1854), tr[a]verse l'Afrique de Loanda à Quilimane (1856), découv[re] le lac *Nyassa* (1858), le haut Congo, gagne Nyango[ué] (1869) et revient mourir auprès du lac Banguélo, d'[où] ses restes sont transportés en Angleterre.

(1857-59.) **Burton** et *Speke* (officiers anglais) parte[nt] de Zanzibar et vont découvrir le lac *Tanganyka* (185[8]).

Au retour, *Speke* découvre le lac *Victoria* (1858).

(1862-63.) **Speke** (2e voyage) et *Grant* vont de Za[n]zibar au lac Victoria et découvrent le Nil-Victoria, q[ui] en sort; ils reviennent en descendant le Nil-Blanc. — A Gondokoro, ils rencontrent *Baker*, qui, sur leu[rs] renseignements, va découvrir le lac *Albert* (1863).

(1873-75.) *Cameron* (Anglais), parti de Zanzibar, découvre la Loukouga, qui unit le lac Tanganyka [au] Congo, gagne Nyangoué, d'où il traverse l'Afriq[ue] jusqu'au Benguéla.

(1870.) **Stanley** (Anglais) est envoyé de Londres [à] la recherche de Livingstone, qu'il rencontre près [du] Tanganyka (1871), puis il revient par Zanzibar.

(1874-77.) *Stanley* (2e voyage) explore les lacs Vi[c]toria et Tanganyka, en sort par la Loukouga, arri[ve] à Nyangoué et descend le *Loualaba-Congo* à trave[rs] toute l'Afrique jusqu'à l'océan Atlantique.

Dans un dernier voyage (1887-89), il retraverse l'Afriq[ue] du Congo à Zanzibar, découvrant les monts Ruwenzo[ri] et ramenant Emin-Pacha.

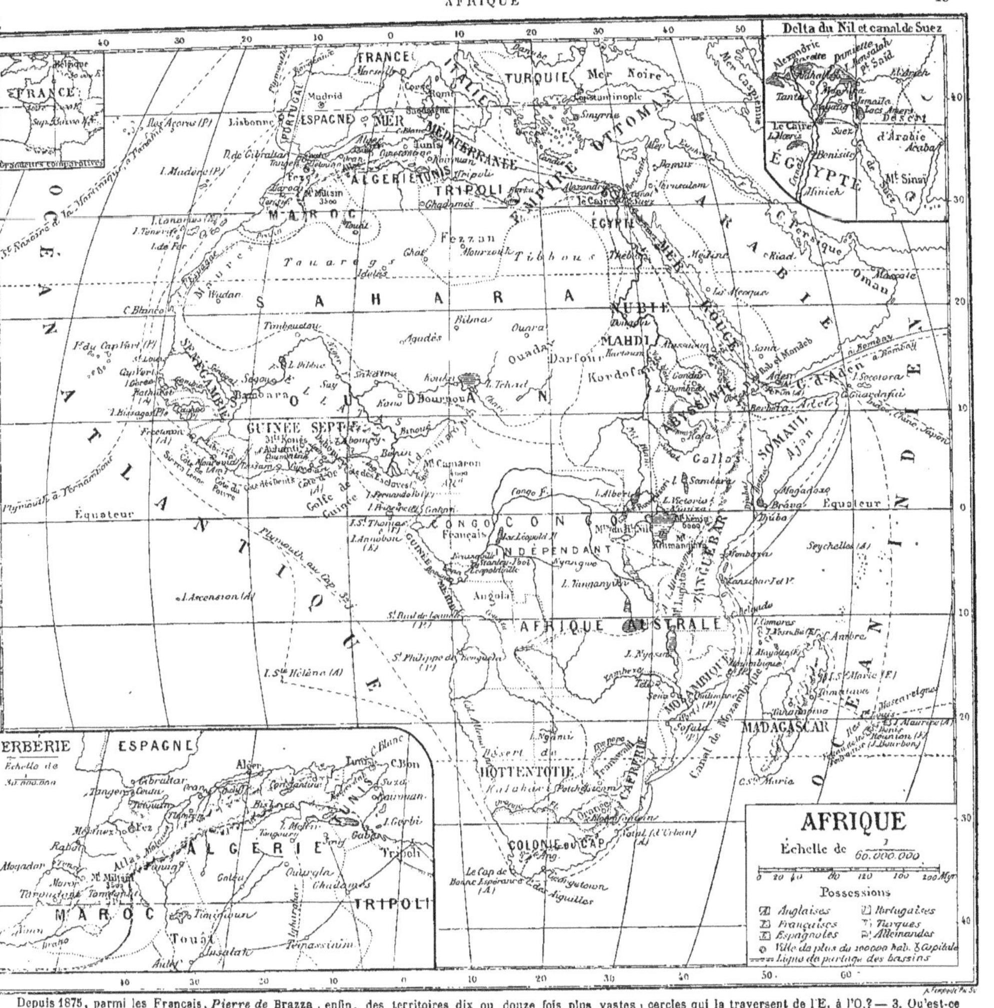


Depuis 1875, parmi les Français, *Pierre de* Brazza explore le Congo occidental; *Giraud*, le lac Banguélo; Binger, les régions au sud du Niger et la ville de Kong; *Trivier* traverse l'Afrique par le Congo, les lacs Tanganika et Nyassa et le bas Zambèze.

169*. **Le partage politique de l'Afrique** *date surtout du Congrès de Berlin en* 1885, et a eu pour causes déterminantes *la découverte du Congo, par Stanley*, coïncidant avec la création, par le roi des Belges, de l'*Association internationale africaine*, devenue l'*État du Congo*. — Dès lors, et comme à l'envi, les grandes puissances européennes se sont attribuées des *zones d'influence*, en se partageant les territoires africains. L'*Allemagne* a obtenu le Cameron, la Hottentotie et le Zanguebar; — l'*Italie*, l'Abyssinie et la Somal: — l'*Espagne*, la côte du Sahara: — le *Portugal*, le haut Zambèze: — l'*Angleterre*, le bas Niger, le Zambèze moyen, Zanzibar, le Zanguebar septentrional avec le bassin du haut Nil, tandis qu'elle occupe l'Egypte et la mer Rouge; — la *France*, enfin, des territoires dix ou douze fois plus vastes qu'elle-même. (Voir nº 318.)

Pour l'Afrique, plus encore que pour l'Asie, la conquête du pays par les Européens doit avoir des résultats favorables non seulement au développement des relations commerciales, mais encore pour l'abolition de la traite et de l'esclavage, la civilisation des indigènes, et surtout pour la propagation du christianisme et de ses principes humanitaires.

Les populations nègres, particulièrement incapables, semble-t-il, de se gouverner elles-mêmes, livrées à toutes les atrocités d'un fétichisme stupide ou exploitées par l'islamisme corrupteur et cruel, ont tout intérêt à se voir soumises aux peuples chrétiens, qui, du moins, amélioreront leur sort s'ils ne les amènent pas toujours à la connaissance et à la pratique de la vraie religion.

---

**Devoir 140.** — 1. Qu'est-ce que l'*Afrique*? — Est-elle au N. ou au S. de l'Europe? — 2. Quels sont les trois cercles qui la traversent de l'E. à l'O.? — 3. Qu'est-ce que la Guinée? — 4. A qui appartient la colonie du Cap? — 5. Pourquoi l'appelle-t-on *du Cap*, et de quel cap veut-on parler? — 6. Qu'est-ce que le Sénégal? — 7. Quelle ville y trouve-t-on? — 8. Quel est l'isthme qui sépare la mer Rouge de la Méditerranée? — 9. Comment fait-on communiquer ces deux mers?

**Devoir 141.** — 1. Qu'est-ce que l'Abyssinie? — 2. D'où sort le Nil? — 3. Quels pays arrose-t-il? — 4. Et le Niger? — 5. Nommez trois autres fleuves. — 6. Citez en Afrique 4 lacs, — 3 chaînes de montagnes, — 3 caps, — 3 groupes d'îles. — 7. Dites la nature et la situation des choses suivantes : Canaries, — Sidre, — Sainte-Hélène, — Kongs, — Tchad, — Gambie.

**Devoirs 142 et 142 bis.** — Appliquez à l'Afrique les questions des devoirs 138 et 139.

**Devoir 143.** — Complétez la carte de l'Afrique de la page 14 du cahier cartog. nº 1.

**Devoir 144.** — Tracez l'Afrique d'après ce même modèle et écrivez les noms.

# AMÉRIQUE

## I. — Géographie physique.

170*. **Caractères physiques** : 1° L'Amérique se caractérise par sa *forme allongée, s'avançant vers les deux pôles* plus que l'Ancien Continent : elle a 16 000 km. de longueur, mais sa largeur varie beaucoup.

2° Par sa *division en deux masses continentales*, dont la plus septentrionale est échancrée comme l'Asie ou l'Europe, et la plus méridionale arrondie comme l'Afrique.

3° Le relief du **sol** présente la *chaîne des Cordillères, la plus longue du globe,* bordant toute la côte occidentale, élevée en moyenne de 2 000 à 4 000 m., et renfermant de hauts *plateaux* et de *nombreux volcans actifs*.

4° Au centre et à l'est s'étendent de *vastes plaines* humides et plantureuses, appelées *prairies* ou *savanes* dans l'Amérique du Nord, — *llanos, pampas* et *selvas* dans l'Amérique du Sud.

**Climat.** — Le climat américain est *varié,* généralement plus *humide* et *moins chaud* que celui des parties de l'Europe et de l'Afrique situées sous les mêmes latitudes.

171*. L'**Amérique** est la quatrième partie du monde, et forme le deuxième continent. Elle comprend deux grandes régions ou presqu'îles jointes par l'isthme de Panama. Sa superficie égale 40 000 000 de km. car., c'est-à-dire 4 fois celle de l'Europe et 76 fois celle de la France.

172*. **Bornes.** — L'Amérique est bornée, au N., par l'océan Glacial du Nord ; — à l'E., par l'Atlantique; — au S. et à l'O., par le Grand Océan.

173*. **Contrées.** — Au N., le *Groenland*, l'*Alaska*, le **Canada**, les **États-Unis**, le **Mexique**, l'*Amérique centrale* et les *Antilles;*

Au S., la *Guyane*, le **Brésil**, le *Vénézuéla*, la *Colombie*, l'*Équateur*, le *Pérou*, la *Bolivie*, le *Chili*, l'**Argentine**, le *Paraguay* et l'*Uruguay*.

174*. **Mers.** — Au N., l'*océan Glacial arctique* ou *boréal*, formant la mer ou baie de *Baffin;*

A l'E., l'**Atlantique**, formant la mer d'*Hudson*, la mer du *Mexique* et la mer des *Antilles;*

A l'O., l'**océan Pacifique**, formant la mer de *Behring*.

175*. **Golfes.** — Le golfe du *Saint-Laurent*, dans l'Atlantique ; — le golfe de *Californie*, dans le Pacifique.

176*. **Détroits.** — Le détroit de *Behring*, entre l'Alaska et la Sibérie, — les détroits de la *Floride* et du *Yucatan*, au N. et à l'O. de l'île Cuba; — le détroit de *Magellan*, entre la Patagonie et la Terre-de-Feu.

177*. **Iles.** — Dans l'océan Glacial, le *Groenland*, appartenant aux Danois; — dans l'Atlantique, *Terre-Neuve*, aux Anglais; — les **Antilles**, dont les principales sont: **Cuba** et *Porto-Rico*, aux Espagnols; la *Jamaïque*, aux Anglais; *Haïti*, indépendante; — au sud, l'archipel de la *Terre-de-Feu;* — dans l'océan Pacifique, l'île *Vancouver*, aux Anglais, — et les îles *Aléoutiennes*, aux États-Unis.

178*. **Presqu'îles.** — Le *Labrador*, dans le Canada; — la *Floride*, dans les États-Unis; — le *Yucatan*, la *Vieille-Californie*, dans le Mexique, — et l'*Alaska*, à l'extrémité N.-O.

179*. **Isthme.** — L'isthme de *Panama*, qui joint les deux Amériques (65 kilom. de largeur), et qu'on a essayé de traverser par un canal.

180*. **Caps.** — Le cap *Saint-Roch*, à l'E. du Brésil; — le cap *Horn*, au S. de la Patagonie, — et le cap *Occidental*, au N.-O. de l'Alaska.

181*. **Montagnes.** — 1° Dans l'Amérique septentrionale, les monts **Rocheux** et les **Cordillères**, qui traversent les États-Unis et le Mexique; — les *Alléghanys*, dans l'est des États-Unis.

2° Dans l'Amérique méridionale, les **Andes**, ou *Cordillères du Sud*, qui traversent la Colombie, le Pérou, le Chili, etc.; — les *montagnes* de la *Guyane* et celles du *Brésil*.

182*. **Volcans.** — Parmi les volcans, qui sont nombreux dans les Cordillères, on cite l'*Aconcagua*, 6 840 m., dans le Chili; — le *Chimborazo*, dans la république de l'Équateur; — le *Popocatepetl*, 5 500 m., dans le Mexique, — et le *Saint-Élie*, dans l'Alaska.

183*. **Bassins maritimes.** — L'Amérique forme quatre versants principaux, appartenant aux bassins de l'*océan Glacial*, de l'*Atlantique du Nord*, de l'*Atlantique du Sud* et du *Pacifique*.

184. **Fleuves.** — 1° Versant de l'océan Glacial : le *Mackenzie*, qui arrose l'Amérique anglaise;

2° Versant de l'Atlantique du Nord : le **Saint-Laurent**, qui arrose le Canada; — le **Mississipi** et ses affluents le *Missouri* et l'*Ohio*, dans les États-Unis; — le *Rio-del-Norte*, au N. du Mexique.

3° Versant de l'Atlantique du Sud : l'*Orénoque*, qui arrose le Vénézuéla; **l'Amazone** et le *San-Francisco*, dans le Brésil; — la **Plata** et ses affluents le *Paraguay* et l'*Uruguay*, dans les républiques de mêmes noms;

4° Versant du Pacifique : le *Colorado* et l'*Orégon*, qui arrosent les États-Unis.

185*. **Lacs.** — Dans l'Amérique anglaise, les lacs du *Grand-Ours* et de l'*Esclave;* — dans le Canada, les grands lacs *Supérieur*, *Michigan*, *Huron*, *Érié* et *Ontario*, qui s'écoulent par le fleuve Saint-Laurent; — dans l'Amérique centrale, le lac *Nicaragua*, — et dans le Pérou, le *Titicaca*.

## II. — Géographie politique.

186*. **Population.** — La *population absolue* de l'Amérique est de 130 000 000 d'hab., et sa *population relative* de 3 hab. par km. car.

**Races humaines.** — La nouvelle population américaine est principalement formée de *blancs*, originaires d'Europe; on y rencontre aussi quelques millions de *rouges* ou Indiens indigènes, et de *nègres*, originaires d'Afrique.

**Religion.** — La religion dominante est le *catholicisme*, excepté dans les États-Unis, peuplés surtout d'Anglais et d'Allemands *protestants*.

187*. **Divisions.** — Amérique septentrionale. Le territoire d'**Alaska**, contrée froide et stérile, appartient aux États-Unis;

L'**Amérique danoise** est formée du *Groenland* et de l'Islande;

La *Confédération du* **Canada**, ou *Amérique anglaise*, 5 000 000 d'hab., est une immense contrée, déserte au N., mais habitée et florissante au S.-E., capitale *Ottawa;* villes princ. *Montréal* et *Québec*, sur le Saint-Laurent; *Toronto*, sur le lac Ontario.

Un tiers des Canadiens sont d'origine française.

188*. La *Confédération des* **États-Unis** de l'Amérique du Nord, 65 000 000 d'hab., est l'un des États les plus riches et les plus puissants du globe. Capit. **Washington;** villes princ. **New-York**, le troisième port du monde (après Londres et Liverpool) 2 600 000 hab., avec *Brooklyn;* — *Boston* **Philadelphie**, *Baltimore*, *Nouvelle-Orléans*, grands ports sur l'Atlantique; *Saint Louis*, sur le Mississipi; **Chicago**, 1 200 000 hab., sur le lac Michigan; *San-Francisco* port sur le Pacifique.

Les États-Unis, peuplés surtout d'Anglais sont très riches en mines et en produits coloniaux; ils rivalisent avec l'Europe pour l'industrie, le commerce, la navigation surtout pour les chemins de fer. Celui de New-York à San-Francisco a 4 500 km. de longueur.

189*. La république du **Mexique**, 12 000 000 d'hab., est une ancienne colonie espagnole (comme la plupart des autres États du Sud). Capit. **Mexico;** villes princ. *Puebla*, *Vera-Cruz*, port.

La république de l'**Amérique centrale** est divisée en 5 petits États; villes princ *Guatémala* et *San-Salvador*.

190*. Les **Antilles**, îles nombreuses et riches appartenant pour la plupart aux Européens sauf l'île d'*Haïti*, peuplée de nègres indépendants. — *Cuba*, v. pr. *La Havane*, et *Porto-Rico*, appartiennent aux Espagnols; — la *Jamaïque* et plusieurs petites Antilles, aux Anglais; — la *Martinique* et la *Guadeloupe*, aux Français.

191*. Amérique méridionale. Ses grandes divisions sont :

Les **Guyanes**, appartenant en partie aux Anglais, aux Hollandais et aux Français;

Les États-Unis du **Brésil**, 15 000 000 d'h. capit. **Rio-de-Janeiro**, 500 000 hab. villes princ. *Bahia* et *Pernambouc*, ports.

La république de **Vénézuéla**, capit. *Caracas;*

La république de **Colombie**, capit. *Bogota*, v. pr. *Panama*, port sur l'isthme de ce nom;

La république de l'**Équateur**, cap. **Quito** ville princ. *Guayaquil*, port;

La république du **Pérou**, capit. **Lima**; ville princ. *Callao*, port;

La république de **Bolivie**, cap. **La Paz**;

La république du **Chili**, capit. *Santiago*, villes princ. *Valparaiso*, port;

La république **Argentine**, ou de la Plata, cap. **Buénos-Ayres**, 600 000 h., gr. port.

La république du **Paraguay**, capit. *Assomption*, sur le Paraguay;

La république de l'**Uruguay**, cap. **Montévidéo**, port sur la Plata.

192*. **Productions.** — Les productions naturelles de l'Amérique sont importantes par les *minéraux*, tels que houille, pétrole, or, argent, — et par la *puissance du règne végétal*, comme prairies, forêts, pins, acajou, cotonnier, cacaoyer, aloès, cactus, etc. — Parmi les *espèces animales*, qui sont moins importantes que les minéraux et les végétaux, on doit citer les singes à queue prenante, le jaguar, le castor du Canada, le lama du Pérou, le condor des Andes, le vampire, les oiseaux-mouches, le caïman, le boa, et la cochenille du cactus.

193*. **Commerce.** — L'Amérique fournit à l'Europe :

Les fourrures et les bois du Canada.

Le *coton*, les céréales, les *farines* de froment et de maïs, le *tabac*, les viandes salées, l'*or* et le *pétrole* des Etats-Unis.

L'*argent* du Mexique.

Les denrées coloniales : le *sucre*, le café, le cacao, le caoutchouc, les *bois de teinture et d'ébénisterie* des Antilles et du Brésil.

Les *laines*, les *peaux brutes*, les viandes séchées des pampas argentins et du Brésil;

L'or, le *cuivre*, le guano du Pérou et du Chili.

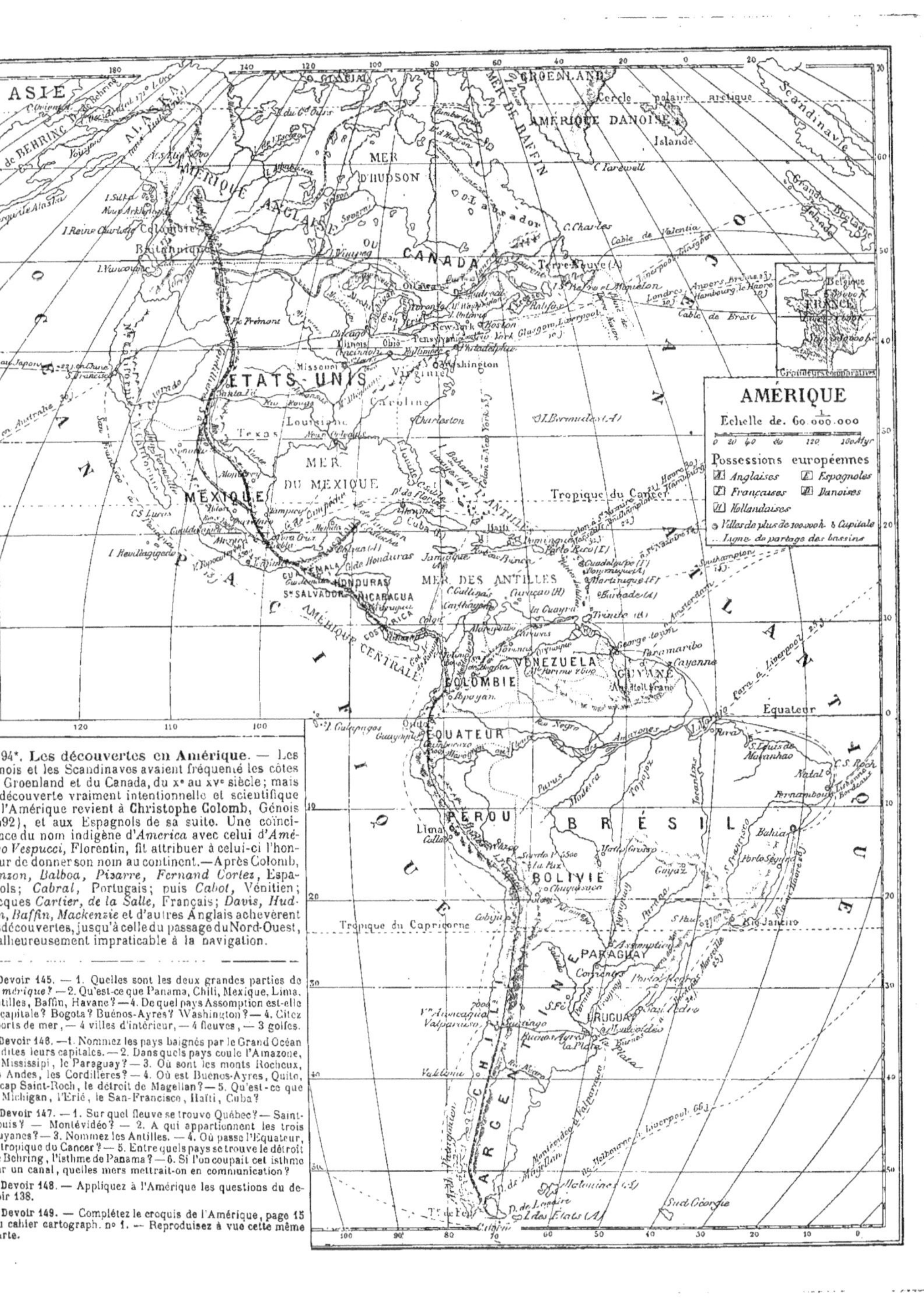


**194*. Les découvertes en Amérique.** — Les [Da]nois et les Scandinaves avaient fréquenté les côtes [du] Groenland et du Canada, du xᵉ au xvᵉ siècle; mais [la] découverte vraiment intentionnelle et scientifique [de] l'Amérique revient à **Christophe Colomb**, Génois [(1]492), et aux Espagnols de sa suite. Une coïnci[d]ence du nom indigène d'*America* avec celui d'*Amé[ri]go Vespucci*, Florentin, fit attribuer à celui-ci l'hon[ne]ur de donner son nom au continent. — Après Colomb, [P]inzon, *Balboa*, *Pizarre*, *Fernand Cortez*, Espa[g]nols; *Cabral*, Portugais; puis *Cabot*, Vénitien; [Ja]cques *Cartier*, *de la Salle*, Français; *Davis*, *Hud[s]on*, *Baffin*, *Mackenzie* et d'autres Anglais achevèrent [le]s découvertes, jusqu'à celle du passage du Nord-Ouest, [m]alheureusement impraticable à la navigation.

**Devoir 145.** — 1. Quelles sont les deux grandes parties de [l']*Amérique?* — 2. Qu'est-ce que Panama, Chili, Mexique, Lima, [A]ntilles, Baffin, Havane? — 4. De quel pays Assomption est-elle [la] capitale? Bogota? Buénos-Ayres? Washington? — 4. Citez [4] ports de mer, — 4 villes d'intérieur, — 4 fleuves, — 3 golfes.

**Devoir 146.** — 1. Nommez les pays baignés par le Grand Océan [et] dites leurs capitales. — 2. Dans quels pays coule l'Amazone, [le] Mississipi, le Paraguay? — 3. Où sont les monts Rocheux, [le]s Andes, les Cordillères? — 4. Où est Buénos-Ayres, Quito, [le] cap Saint-Roch, le détroit de Magellan? — 5. Qu'est-ce que [le] Michigan, l'Érié, le San-Francisco, Haïti, Cuba?

**Devoir 147.** — 1. Sur quel fleuve se trouve Québec? — Saint-[L]ouis? — Montévidéo? — 2. A qui appartiennent les trois [G]uyanes? — 3. Nommez les Antilles. — 4. Où passe l'Equateur, [l]e tropique du Cancer? — 5. Entre quels pays se trouve le détroit [d]e Behring, l'isthme de Panama? — 6. Si l'on coupait cet isthme [p]ar un canal, quelles mers mettrait-on en communication?

**Devoir 148.** — Appliquez à l'Amérique les questions du de[v]oir 138.

**Devoir 149.** — Complétez le croquis de l'Amérique, page 15 [d]u cahier cartograph. nº 1. — Reproduisez à vue cette même [c]arte.

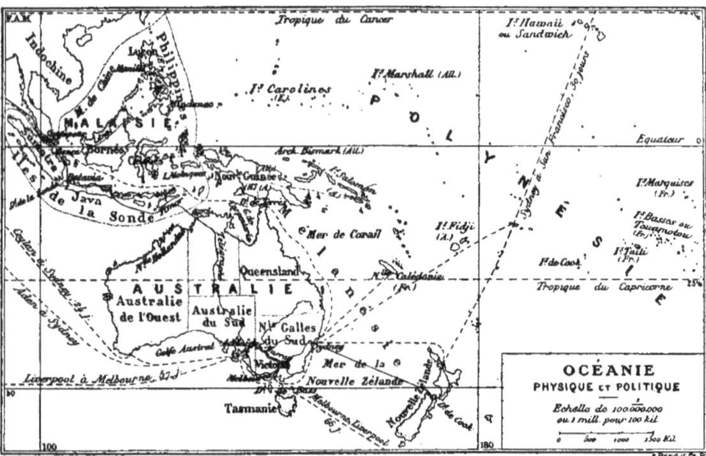


# OCÉANIE

## I. — Géographie physique.

195*. **Caractères physiques** : 1° L'Australie, qui est la plus petite des masses continentales, a une *forme arrondie*, des contours peu sinueux, un *relief peu élevé* et renferme de grands *déserts*.

2° Les *grandes îles* de la Malaisie sont hautes, volcaniques, fertiles et riches en mines. — Les petites îles de la Polynésie sont généralement *basses*, d'origine coralliaire ou madréporique, c'est-à-dire construites par de petits animaux marins.

3° Les *terres antarctiques* ou australes forment peut-être un continent; mais, *enveloppées de glaces* et de brumes, elles sont peu accessibles et *inhabitables*.

4° **Climat**. — Le climat de l'Océanie est généralement *tempéré et humide*, à cause des brises de la mer, qui viennent constamment rafraîchir les terres.

196*. **L'Océanie** est la cinquième partie du monde. Elle se compose d'un petit continent, l'*Australie*, et d'une multitude d'îles et d'archipels répandus surtout dans le Grand Océan. — L'ensemble des terres a une *superficie* égale à l'Europe, soit 10000000 de km. car.

197*. **Bornes**. — L'Océanie s'étend à l'O. jusque vers l'Asie et l'océan Indien; à l'E., jusque vers l'Amérique; au S., jusqu'au pôle austral.

198*. **Divisions**. — L'Océanie comprend trois grandes divisions naturelles :

1° **L'Australie**, qui avec plusieurs grandes îles de l'est : **Nouvelle-Guinée**, **Nouvelle-Zélande**, etc., forme la Mélanésie (Terres des noirs);

2° La Malaisie (îles des Malais), comprenant les îles **Sumatra**, **Bornéo**, **Philippines**, etc.;

3° La Polynésie, comprenant la multitude des archipels orientaux.

199*. **Mers**. — La mer de *Chine*, la mer de *Corail* et la mer de la *Nouvelle-Zélande*.

**Golfe**. — Celui de *Carpentarie*, au nord de l'Australie.

**Détroits**. — Le détroit de la *Sonde*, entre Sumatra et Java; le détroit de *Torrès*, entre l'Australie et la Nouvelle-Guinée; le détroit de *Bass*, entre la Tasmanie et l'Australie.

200*. **Iles et archipels**. — On les énumère plus commodément dans les divisions politiques ci-après.

**Montagnes**. — Les montagnes *Bleues*, dans l'Australie. — Les *volcans* sont nombreux dans les îles Malaises, qui sont très montagneuses, atteignant 4000 mèt. d'alt.

Le **fleuve** principal de l'Océanie est le *Murray*, dans l'Australie.

## II. — Géographie politique.

201*. **Population**. — La *population absolue* de l'Océanie est d'environ 45000000 d'hab., et sa *population relative* de 4 hab. par km. car.

**Races humaines**. — L'Océanie est peuplée par la *race brune*, surtout dans la Malaisie. L'Australie a des *noirs* indigènes et sauvages, et une population coloniale qui se compose de *blancs* venus d'Europe, surtout d'Anglais.

**Religion**. — Les Malais sont généralement *mahométans*, les noirs sont *païens*, et les blancs sont *chrétiens*.

202*. Les **divisions politiques** correspondent aux possessions des Européens.

203*. Les Anglais possèdent : 1° **l'Australie**, où ils ont établi plusieurs colonies très florissantes, avec 3000000 d'hab., villes princ. **Sydney**, **Melbourne**, 350000 hab., et *Adelaïde*; — 2° la **Tasmanie**, la **Nouvelle-Zélande**, les îles *Fidji* et de *Cook*; une partie de *Bornéo* et de la *Nouvelle-Guinée*.

L'Australie et la Nouvelle-Zelande, très riches en mines d'or, d'argent et de houille, et en pâturages nourrissant d'immenses troupeaux de moutons et de bœufs, ont acquis en peu d'années une puissance commerciale remarquable.

204*. Les Hollandais possèdent les îles de la **Sonde** : **Sumatra** et surtout **Java**, île très riche et très peuplée, capit. **Batavia**; l'île **Célèbes**, les **Moluques**, ou *îles aux Epices*; une partie de la **Nouvelle-Guinée** et de **Bornéo**, avec 30000000 d'hab.

**Devoir 150**. — 1. Qu'est-ce que l'Océanie? — 2. D'où vient ce nom? — 3. Quelles sont ses bornes? — 4. Ses grandes divisions? — 5. Ses grandes îles? — 6. Ses habitants? — 7. A qui appartient l'Australie? — les Philippines? — Java? — Bornéo? — Fidji? — les Marquises? — la Nouvelle-Zélande? — 8. Quelles sont les possessions françaises en Océanie? — 9. Dressez la carte de l'Océanie (Cah. cart. n° 1).

205*. Les Espagnols possèdent les belles îles **Philippines** : **Luçon**, capit. *Manille*; *Mindanao*, etc.

206*. Les Portugais se partagent l'île *Timor* avec les Hollandais.

207*. Les Français possèdent les îles *Taïti*, les *Marquises*, la *Nouvelle-Calédonie*, lieu de déportation, et les îles *Touamotou*.

208*. Les Allemands ont acquis récemment la partie N.-E. de la *Nouvelle-Guinée*, l'archipel *Bismarck* et les îles *Marshall*.

209*. Les îles Hawaï forment une royauté indépendante.

210*. **Productions**. — Les productions naturelles sont les mêmes dans la Malaisie que dans les Indes asiatiques : on cite comme espèces propres l'orang-outang de Bornéo et de Sumatra, le muscadier et le giroflier des Moluques. — L'Australie est riche en *mines* d'or, de cuivre et de houille, et possède des espèces végétales et animales particulières : araucaria, lin de la Nouvelle-Zélande, — kangurou, ornithorynque, oiseaux de paradis, aptérix ou oiseau sans ailes, etc.

210*. **Commerce**. — L'Océanie fournit à l'Europe :

1° L'*or*, le cuivre, les bestiaux, les *laines* et les farines de l'Australie et des autres colonies anglaises.

2° Les *denrées coloniales* : le café, le sucre, l'indigo, le poivre, les épices de Java et des Moluques (possessions hollandaises), l'étain de Banca et les cigares de Manille.

## RELATIONS INTERCONTINENTALES

211*. **Grands ports**. — Les principaux ports de commerce du monde, par ordre d'importance, sont :

*Londres*, *Liverpool* et *New-York*, qui font chacun annuellement pour plus de 3 milliards d'affaires; Hambourg, en Allemagne; Marseille, le Havre, en France; Anvers, en Belgique; Hull, Glascow, Southampton, en Angleterre; Calcutta, Bombay, aux Indes; Shanghaï, Canton, Hong-kong, en Chine.

212*. Les **services réguliers à vapeur** *les plus importants* de l'Europe sont :

1° *Vers l'Amérique* :

Les *lignes du Canada*, ou de Liverpool et Glascow à Québec et Montréal.

Les *lignes de New-York*, partant de Londres, de Liverpool, de Glasgow, de Southampton, de Hambourg, de Brême, d'Anvers, du Havre. Chacun de ces ports a son service direct pour New-York. Comme *services annexes* de prolongement, des bateaux partent de New-York pour la Havane, la Nouvelle-Orléans, Vera-Cruz ou Colon (isthme de Panama).

Les *lignes directes de l'isthme de Panama*, partant de Liverpool, de Southampton et de Saint-Nazaire pour les Açores, Saint-Thomas (Antille danoise) et Colon. — (Colon et Panama sont réunis par un chemin de fer.)

*De Panama*, des services annexes correspondent au N. avec Acapulco, San-Francisco et Victoria (île Vancouver); au S. avec Guayaquil, Callao et Valparaiso.

Les *lignes du Brésil et de la Plata*, partant de Liverpool, de Southampton, de Bordeaux, pour Lisbonne, Madère, les Canaries, l'île Saint-Vincent (du Cap-Vert), Pernambouc, Rio-de-Janeiro, Montévidéo, Buénos-Ayres, avec correspondance pour les ports de l'océan Pacifique.

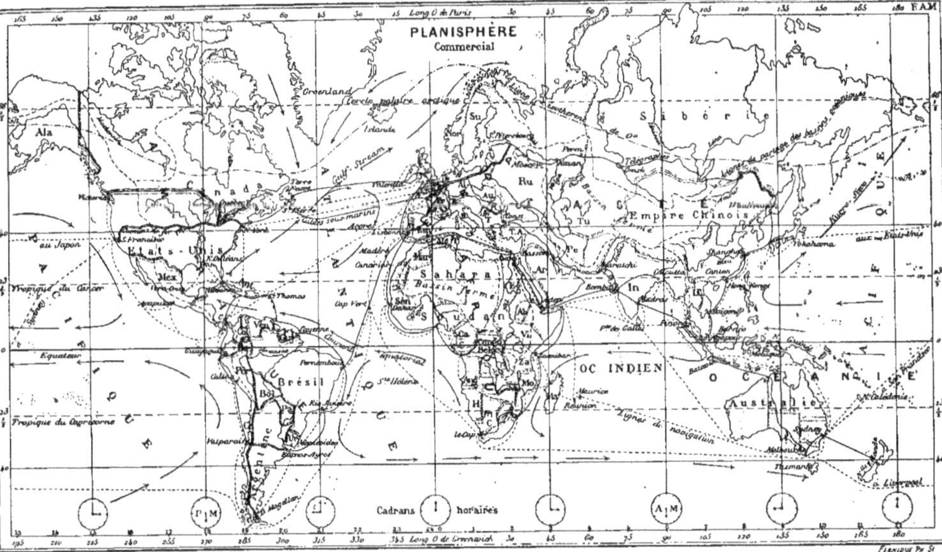


2° *Vers l'Afrique occidentale et méridionale:*

Les *lignes des côtes de Guinée*, partant de Liverpool, Hambourg, le Havre, Bordeaux, touchant à Lisbonne, Madère, Ténériffe, Dakar, Freetown, Libéria, Lagos, le Gabon, le Congo, l'Angola.

La *ligne du Cap*, partant de Plymouth pour Rio-de-Janeiro et le Cap, avec retour par Sainte-Hélène, l'Ascension et les Canaries.

3° *Vers l'Asie et l'Océanie :*

La *grande ligne des Indes*, partant de Southampton pour Gibraltar, Malte, Alexandrie, Suez, Aden, Bombay, — ou Aden, Pointe-de-Galles (Ceylan), Madras, Calcutta et Rangoun.

Les lignes annexes d'Aden aux îles Maurice et Bourbon.

La *grande ligne de la Chine et du Japon*, de Southampton ou de Marseille par Aden, Pointe-de-Galles, Poulo-Pinang, Singapour, Saïgon, Hong-kong, Shanghaï et Yokohama, avec correspondance pour San-Francisco.

Les lignes annexes de *Singapour à Batavia* et aux Moluques, et de *Pointe-de-Galles à Melbourne* et Sydney, avec correspondances pour la Nouvelle-Zélande, les îles Fidji, la Nouvelle-Calédonie et Panama, — ou les îles Hawaï et San-Francisco.

---

213. **Télégraphes intercontinentaux.** Les principales lignes télégraphiques intercontinentales, qui relient l'Europe aux contrées les plus lointaines, sont :

*Dans l'Atlantique :*

1° Les quatre *câbles* télégraphiques *sous-marins anglais* qui, partant de l'île Valentia (Irlande), aboutissent à Terre-Neuve, d'où ils communiquent avec le Canada et les États-Unis.

2° Le *câble sous-marin français* qui va de Brest à Saint-Pierre de Terre-Neuve, de là à Boston (États-Unis).

3° Le *câble portugais* qui relie Lisbonne, par les îles Madère, à Rio-de-Janeiro (Brésil).

*Dans l'océan Indien et le Pacifique :*

4° Le *câble anglais* qui, partant de Falmouth, va à Gibraltar, Malte, Suez, Aden, Bombay; — par terre, de Bombay à Calcutta et Madras; — par mer, de Madras à Pinang, Singapour, Saïgon, Canton, Shanghaï et Yokohama (Japon).

5° La ligne de Singapour à Batavia et Port-Darwin (Australie); d'où elle va par terre à Melbourne et à Sydney, par mer à la Nouvelle-Zélande.

*A travers l'ancien continent :*

6° La *ligne russe*, de Saint-Pétersbourg à Moscou, Kasan, Perm, traversant la Sibérie par Omsk, Irkoutsk, le fleuve Amour, Wladivostok, continuée par un câble sous-marin jusqu'au Japon.

7° La *ligne anglaise de l'Inde* par terre, de Constantinople à Bassora, de là par mer à la côte de l'Hindoustan.

---

HISTORIQUE

214*. **Les grandes découvertes.** — Les anciens ne connurent du globe qu'une partie de l'Europe, l'ouest de l'Asie et le nord de l'Afrique.

Au moyen âge, *Marco Polo*, Vénitien (mort en 1295), alla vers l'est, jusqu'en Chine et en Malaisie. — *Christophe Colomb*, Génois, traversa à l'ouest l'Atlantique et découvrit l'Amérique centrale (1492). — *Vasco de Gama*, Portugais, fit le tour de l'Afrique et, doublant le cap de Bonne-Espérance (1497), parvint dans l'Inde.

*Magellan*, Portugais, fit le « premier tour du monde » par le détroit de Magellan et les îles Philippines, où il mourut (1521), tandis que ses compagnons revinrent par le cap de Bonne-Espérance (1522). — *Drake*, Anglais, accomplit le second voyage autour du monde (1580).

*Tasman* et d'autres Hollandais découvrirent l'Australie ou Nouvelle-Hollande (1642); — *Bougainville*, Français, et le capitaine *Cook*, Anglais, explorèrent les petites îles de l'Océanie (1766-79).

Au XIXe siècle, les *Anglais* cherchèrent le passage du *nord-ouest* par le nord de l'Amérique, — et en 1878, *Nordenskiold*, Suédois, fit le tour de l'Asie par le *nord-est*, jusqu'en Chine.

Aujourd'hui les continents sont traversés par les *chemins de fer*, et les Océans sillonnés par les *bateaux à vapeur*, tandis que les *lignes télégraphiques* et les *câbles sous-marins* permettent de correspondre d'un bout du monde à l'autre.

## PRODUCTIONS NATURELLES

LES VÉGÉTAUX UTILES — (*Voir à la page suivante*).

215*. **Végétaux.** — Le froment est une plante de la famille des *graminées*. C'est la céréale la plus cultivée dans nos pays pour faire le pain.

Le *riz* est une graminée cultivée dans les sols humides des pays chauds. Le grain de *riz* forme la base de la nourriture en Chine et aux Indes.

Le maïs est une graminée à gros épis, dont le grain est la principale nourriture dans plusieurs contrées d'Amérique et d'Afrique. On le cultive même en France pour le bétail.

Le *dattier* est l'arbre providentiel du Sahara et des autres déserts brûlants. Ses fruits ou *dattes*, charnus et sucrés, de la grosseur du doigt, poussent en grappes et sont excellents à manger.

Le *cocotier* est, comme le dattier, un arbre de la famille des palmiers, et croît en pays chaud. Ses fruits ou *cocos* sont remplis d'un suc laiteux très nourrissant.

*L'arbre à pain* donne un fruit laiteux, gros comme la tête d'un homme, et dont se nourrissent les habitants de l'Océanie.

Le *bananier* est une plante à feuilles très grandes, donnant des grappes de *bananes* qui pèsent jusqu'à 30 kilos et sont très nutritives.

Le *cacaoyer* est un arbre de l'Amérique méridionale. Sa fève est le *cacao*, dont on fait le chocolat.

Le caféier est un arbrisseau cultivé surtout en Amérique, au Brésil, en Arabie et aux Indes. L'Europe consomme chaque année pour 300 millions de francs de *café*, qui est le noyau du fruit du caféier.

*L'arbre à thé* est un arbrisseau toujours vert, dont les feuilles infusées, ou le *thé*, donnent une boisson stimulante, très usitée en Chine, où on le cultive, et même en Europe.

La betterave est une plante-racine cultivée pour le bétail. On en extrait aussi une grande quantité de sucre, en Belgique, en France, en Allemagne.

La canne à sucre, qui ressemble à un grand roseau, est une graminée cultivée en Amérique et dans les autres pays chauds. On extrait de sa tige une liqueur sucrée dont on fait le sirop, le sucre et le rhum.

Le *poivrier* est une plante grimpante, dont la graine écrasée est le poivre de table. Il croît en Océanie et Malaisie. — Le *muscadier*, arbre dont la noix est la muscade, vient surtout des îles Moluques. — Le *cannelier*, plante dont l'écorce est la cannelle, se trouve à Ceylan et aux Indes. — Le *vanillier*, plante grimpante dont la gousse est la vanille, vient sous les tropiques. — Ce sont des *épices* dont on assaisonne les aliments.

## LES PRINCIPALES PLANTES UTILES.

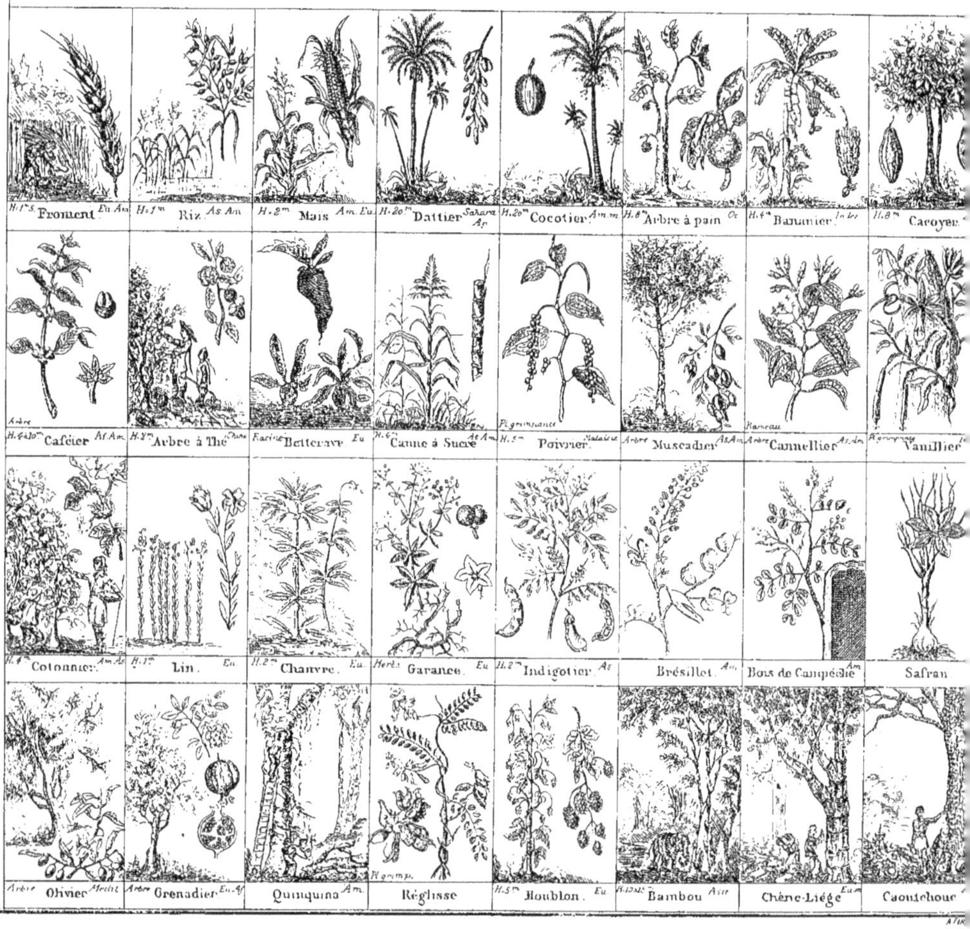

| | | | | | | | |
|---|---|---|---|---|---|---|---|
| H. 1m 5. Froment Eu. As. | H. 1m Riz As. Am. | H. 2m Maïs Am. Eu. | H. 20m Dattier Sahara Af. | H. 20m Cocotier Am. m. | H. 8m Arbre à pain Oc. | H. 4m Bananier Indes | H. 8m Cacoyer |
| H. 4 à 10m Caféier Af. Am. | H. 2m Arbre à Thé Chine | Racine Betterave Eu. | H. 6m Canne à Sucre As. Am. | H. 5m Poivrier Malaisie | Arbre Muscadier As. Am. | Arbre Cannellier As. Am. | Pl. grimpante Vanillier |
| H. 4m Cotonnier Am. As. | H. 1m Lin. Eu. | H. 2m Chanvre. Eu. | Herbe Garance. Eu. | H. 2m Indigotier. As. | Brésillet. Am. | Bois de Campêche Am. | Safran |
| Arbre Olivier Médit. | Arbre Grenadier Eu. Af. | Quinquina Am. | Pl. grimp. Réglisse | H. 5m Houblon. Eu. | H. 15m Bambou Asie | Chêne-Liége Eu. | Caoutchouc |

### LES VÉGÉTAUX (SUITE)

Le **cotonnier** est un arbuste cultivé en Asie et en Amérique. Sa capsule ou fruit contient un duvet floconneux, le *coton*, que l'on tisse surtout pour en faire de la toile à bon marché.

Le *lin* est une plante textile, comme le coton; mais il vient très bien dans nos pays. La graine de lin donne une huile, et sa farine sert à faire des cataplasmes.

Le *chanvre* est aussi une plante textile de nos pays; il est plus grand que le lin; on en fait des toiles solides, mais moins belles que celles du lin. Sa graine est oléagineuse; les oiseaux en sont friands.

La *garance* est une petite plante dont la racine donne une teinte rouge. — La *gaude*, sorte de réséda, sert à teindre les étoffes en jaune. — L'*indigotier* est une petite plante de l'Inde, dont le fruit donne une teinture bleue qui est l'*indigo*. — Le *brésillet* est un arbre du Brésil, qui donne une couleur rouge.

Le *bois de Campêche*, qui croît au Mexique, donne aussi une couleur rouge. — Le *safran* est encore une plante tinctoriale qui donne une couleur jaune. C'est un oignon, qu'on cultive en France.

**L'olivier**, qui ressemble à un saule, est un arbre dont le fruit, gros comme le doigt, l'*olive*, donne une huile à salade. Il vient dans le Midi. — Le *grenadier* est un bel arbre du Midi, dont les fruits rafraîchissants se nomment *grenades*. — Le *quinquina* est une plante grêle qui grimpe sur les gros arbres en Amérique. On en tire un médicament contre les fièvres. — Le *réglisse* est une plante grimpante des pays chauds. Son écorce est le *réglisse*, dont on fait des préparations rafraîchissantes.

Le **houblon**, qui vient très bien dans les Flandres, est une plante grimpante dont les fleurs amères ou *cônes* servent à conserver la bière.

Le *bambou* est une graminée haute comme les arbres, dont on construit les maisons en Afrique et dans l'Inde. L'éléphant s'en nourrit.

Le *chêne-liège* est un arbre du Midi et de l'Afrique, dont l'écorce sert à faire les bouchons de bouteilles.

Le **caoutchouc**, comme la *gutta-percha*, dont on fait divers usages, sont des substances produites par le suc desséché de plusieurs arbres des pays chauds.

### LES ANIMAUX

216*. Les **animaux** sont des corps vivants, doués de sensibilité et de mouvement volontaire.

Les **Singes** sont des animaux *quadrumanes*, ou quatre mains : cette conformation leur permet de viv facilement sur les arbres. Ils habitent les pays chau et sont *frugivores* ou mangeurs de fruits. Ils sont p utiles à l'homme.

Le **Tigre** est un carnassier ressemblant au ch mais il est de grande taille et très redoutable. Il hab l'Asie. Sa fourrure est estimée.

Le **Lion** est le plus grand des carnassiers, ou ma geurs de chair. C'est le roi des animaux. Il hab l'Afrique et l'Asie occidentale.

Le *Chien*, dont les espèces sont si nombreuses, un carnassier de moyenne taille. Par sa docilité ses belles qualités, il est devenu pour l'homme compagnon fidèle et très utile. — Le *Loup*, au contrair qui est de la taille d'un gros chien, est un carnassier m faisant qui souvent ravage les troupeaux et les bergerie — Le *Renard* est un carnassier mangeur de poules. se creuse des terriers dans les bois; on le prend moyen de cep.

**L'Eléphant** est le plus grand des animaux terrestre sa taille est de 5 mètres. Il est *herbivore*, ou mange d'herbes, et il habite l'Asie et l'Afrique. Intelligent

## LES ANIMAUX LES PLUS REMARQUABLES

tort, il est utilisé comme bête de somme ou porteur. On recherche l'ivoire de ses défenses.

Le **Rhinocéros** est, comme l'éléphant, un pachyderme, ou gros animal à peau dure. Il porte une ou deux cornes sur le nez. Très farouche, il n'est pas domestique; il habite l'Afrique et l'Inde.

L'**Hippopotame**, ou cheval des fleuves, est un lourd pachyderme habitant les contrées marécageuses de l'Afrique. Sauvage et défiant, il n'est pas domestique.

Le **Cheval** est un grand pachyderme dont l'homme s'est fait un excellent coursier et un utile auxiliaire dans ses travaux. — L'*Ane* est le cheval du pauvre. Il est sobre, patient, courageux, et mérite nos égards. — Le *Zèbre* ressemble à un joli petit cheval, mais il est sauvage. Il habite l'Afrique.

Le **Chameau** remplace le cheval comme coursier et porteur dans les déserts de l'Afrique et de l'Asie. Il donne en outre à l'homme son lait, sa chair et sa peau couverte de laine.

Le *Lama* est un petit chameau des montagnes de l'Amérique méridionale. C'est un animal ruminant, ou qui remâche ses aliments, comme la vache, le chameau, la brebis.

Le *Renne* est pour les Lapons, dans les pays froids du Nord, ce que le cheval, la vache et la brebis sont pour nos climats.

Le **Bœuf** et la **Vache** sont de grands herbivores ruminants, qui nous donnent la viande, le lait, la graisse, la peau dont on fait le cuir.

La *Chèvre* et le **Mouton** nous fournissent aussi leur viande, leur laine, leur graisse. Avec le cheval, la vache, etc., ce sont pour nos climats les animaux *domestiques*, ou vivant avec l'homme.

La *Marmotte* est plus grosse que le lapin et le lièvre. Elle se creuse des terriers dans les montagnes des Alpes, et les Savoyards les apprivoisent.

L'*Ecureuil* est un gentil animal qui habite les arbres de nos forêts. C'est un rongeur, comme le lapin, le rat et la souris. Il se nourrit de fruits.

Le *Vautour* est un grand rapace, ou oiseau de proie, de l'Amérique. Les rapaces de nos pays sont l'aigle, les éperviers, les chouettes, etc.

La **Poule** nous donne ses œufs et sa chair. Elle prend grand soin de ses poussins. Le *Coq* est plus beau que la poule.

Le *Cygne*, qui fait l'ornement des pièces d'eau dans les parcs et les jardins, est un palmipède, comme l'oie et le canard.

L'*Autruche*, le plus grand des oiseaux, parcourt les déserts de l'Afrique et nous donne de belles plumes.

La *Tortue* est un reptile à carapace dure, des pays chauds. Les serpents, les lézards, les grenouilles, les crapauds sont des reptiles de nos pays.

Les **Poissons**, dont la *morue* est une espèce, habitent les eaux douces et les mers; ils nous donnent leur chair à manger.

L'*Abeille* est un insecte qui va butiner sur les fleurs et rapporte la cire et le miel, qu'elle dépose dans sa ruche.

Le **Ver à soie** est la chenille d'un gros papillon. On le nourrit en France et dans les pays chauds, et il file la soie, dont on fait les plus riches vêtements.

Le *Corail* est une sorte de pierre produite dans la mer par de petits animaux. On en fait des colliers de parure.

### MINÉRAUX

217*. Les minéraux sont des corps bruts et sans vie.

Le **diamant** est le plus précieux des minéraux; il est très rare. En le taillant, on en fait des joyaux pour la couronne des rois.

La **houille**, le **pétrole**, le **fer**, le *cuivre*, et beaucoup d'autres minéraux, sont plus utiles que le diamant et rendent à l'homme les services les plus variés.

22822. — Tours, impr. Mame.

www.ingramcontent.com/pod-product-compliance
Lightning Source LLC
LaVergne TN
LVHW010056230826
846091LV00005B/1959

* 9 7 8 2 0 1 4 4 5 2 6 6 2 *